NORDFRIISK
INSTITUUT

D1720668

Für Monika

Geschichte Nordfrieslands
Herausgegeben vom Nordfriisk Instituut
in Zusammenarbeit mit der Stiftung Nordfriesland
Teil 4

Thomas Steensen

Im Zeichen
einer neuen Zeit

Nordfriesland
1800 bis 1918

Nordfriisk Instituut

Titelbild: Der Bau der Nordbahn auf Sylt, 1903 (Abb.: Sylter Archiv)
Bild auf der Rückseite: Westerländer Strandpromenade 1907 (Abb.: Arkivet ved Dansk Centrabibliotek for Sydslesvig, Flensburg)

Bibliographische Information Der Deutschen Bibliothek

Die Deutsche Bibliothek verzeichnet diese Publikation in der Deutschen Nationalbibliographie; detaillierte bibliographische Daten sind im Internet über http://dnb.ddb.de abrufbar.

Nr. 184

© Thomas Steensen und Verlag Nordfriisk Instituut, D-25821 Bräist/Bredstedt, NF · 2009
Verbesserte Neuauflage
Korrektur: Harry Kunz und Werner Stiebeling
Gesamtherstellung: Breklumer Print-Service, Breklum
25821 Brääklem/Breklum, NF

ISBN 978-3-88007-330-2

Inhalt

Bau der Nordbahn auf Sylt, 1903

Im Sommer 1842 wurde dem dänischen König Christian VIII. im Seebad Wyk auf Föhr ein festlicher Empfang bereitet. Der Raddampfer „Eider" hat so festgemacht, dass der hohe Gast beim Betreten der Insel eine Ehrenpforte durchschreiten kann. Eine große Menschenmenge wartet auf ihn, und Frauen in Föhrer Tracht haben Spalier gebildet an dem Weg, den der Landesherr in den Ort nehmen wird. Zahlreiche dänische Fahnen flattern im Winde. Die Loyalität zum dänischen Gesamtstaat scheint noch ungebrochen. Lithographie von Sievert Steenbock, 1844

Bis zum Ende des dänischen Gesamtstaats (1800-1864)

Signale einer neuen Zeit

Der dänische Gesamtstaat, zu dem Nordfriesland insgesamt seit 1713 gehörte, reichte von Island und dem Nordkap bis zur Elbe und umfasste verschiedene Völker. Er hatte sich in innerem und äußerem Frieden entwickelt. In der „Ruhe des Nordens" lebten die Menschen ihr in Traditionen verwurzeltes Leben. Doch zu Beginn des 19. Jahrhunderts wurde Dänemark auf der Seite Frankreichs in die Kriege Napoleons hineingezogen. Die Neutralitätspolitik, die dem Gesamtstaat Frieden und Wohlstand gesichert hatte, konnte nicht gewahrt werden. Eine fast hundertjährige Friedenszeit endete. Der Krieg brachte einschneidende Folgen. Dänemark musste 1814 als großer Verlierer Norwegen an Schweden abtreten.

Neue geistige und politische Strömungen, insbesondere die Aufklärung mit ihrem neuen Menschenbild und ihren Reformen, brachten weitere wichtige Veränderungen. Damit ging ein Wandel auf wirtschaftlichem und sozialem Gebiet einher. Nach und nach wurden die Menschen in die neuen Entwicklungen und in die neue Gedankenwelt einbezogen. Politik hörte langsam auf, nur eine Sache von Hof, Adel und Beamten, von ständischen und kirchlichen Würdenträgern zu sein. Eine neue Zeit kündigte sich an.

Kontinentalsperre, Staatsbankrott, Kosakenwinter

Zum eigentlichen Kriegsschauplatz wurde Nordfriesland zunächst nicht. Doch die Folgen der napoleonischen Kriege spürte man hautnah, vor allem durch den Niedergang der Seefahrt. Auch wurde die Aushebung von Soldaten jetzt strenger

Helgoland zur Zeit der Kontinentalsperre, Blick von der Düne auf Reede und Insel. Aquarell von Johann P. Fischer, 1810

Viehmarkt auf dem Kamp bei Husum. Steindruck, nach 1830

gehandhabt. Doch weiterhin mussten nur die Bauern in den Landgebieten Militärdienst leisten, und es gab viele Ausnahmen.

Für einzelne Gegenden Nordfrieslands brachte der Krieg anfangs eine kurze Scheinblüte. Als während der britischen Elbblockade 1803 bis 1807 der Hamburger Hafen nicht mehr angelaufen werden konnte, wurde Tönning fast über Nacht zu einem „Welthafen". In dieser abenteuerlichen Zeit verdreifachte die Stadt als „Klein-Hamburg" ihre Einwohnerzahl. Während der Kontinentalsperre wurde vor allem die Insel Helgoland zum Stapelplatz britischer Waren, nachdem die Briten sie 1807 besetzt hatten.

Der Schmuggel von „Klein-London" hinüber zum Festland blühte, vor allem mit britischen Luxusgütern wie Kaffee, Tabak, Reis, Zucker, Baumwolle und Gewürzen. Von Tönning aus brachte man die Waren

mit Wagen zu Lande und Küstenschiffen zu Wasser nach Altona und Hamburg. Auf Amrum kam es 1810 zu einem „Kaffeekrieg", als die Briten – erfolglos – eine vom Strandvogt beschlagnahmte Kaffeeladung zurückerobern wollten. Im selben Jahr wurden die Bestimmungen verschärft und Verstöße härter bestraft. Schmuggel, Schwarz- und Schleichhandel kamen damit fast zum Erliegen. 1811 wurden Schmuggler zu hohen Zuchthausstrafen verurteilt und die als unzuverlässig angesehenen Magistrate von Husum und Tönning abgesetzt. Einer der größten Kriegsgewinnler war der aus Rostock stammende Joachim Lexow, der es in Tönning zu ungeheurem Wohlstand brachte, sein Vermögen dann aber noch schneller verlor.

Die Hemmnisse der Kontinentalsperre und die hohen Kriegslasten führten Staatshaushalt und Wirtschaft in den

Ruin. Auch permanente Steuererhöhungen und die Herausgabe von ungedecktem Papiergeld reichten nicht mehr zur Finanzierung des Kriegs. In den ersten Januartagen des Jahres 1813 musste der dänische Gesamtstaat den Staatsbankrott erklären. Kopenhagen beschlagnahmte die Barbestände der Schleswig-Holsteinischen Bank und führte eine abgewertete gesamtstaatliche Einheitswährung ein. Der neue Reichsbanktaler fand wenig Gegenliebe, zumal das Münzsystem höchst kompliziert war. Aller Grundbesitz wurde mit einer sechsprozentigen Zwangshypothek belegt. Dies belastete vor allem die Bauern, und zwar insbesondere in Schleswig-Holstein, denn den Landwirten im Königreich wurde ein Großteil der Abgaben erlassen. Diese Ungleichbehandlung verursachte zusätzliche Verbitterung. Auch in Nordfriesland mussten viele Bauern ihre Höfe aufgeben. Das Vertrauen in den dänischen Gesamtstaat wurde bei vielen Menschen zum ersten Mal beschädigt.

Erstmals seit nahezu hundert Jahren strömten dann im Dezember 1813 und im Januar 1814 feindliche Soldaten ins Land.

Die schwedisch-russisch-preußische Armee stand unter dem Oberbefehl des schwedischen Kronprinzen Karl Johann, besser bekannt als ehemaliger französischer Marschall Jean Baptiste Bernadotte. Sie nahm das Land in „Geiselhaft", um vom dänischen König Friedrich VI. die Abtretung Norwegens an Schweden zu erzwingen, was binnen kurzem gelang. Als „Kosakenwinter" blieb der äußerst harte Winter vielen im Gedächtnis. Denn vor allem diese fremdländisch anmutenden russischen Reitersoldaten prägten das Bild der „Nordarmee", so ihr offizieller Name. Sie galten als „zügellose Banden", doch mancher erlebte sie dann als „überaus gutmütig". In den von Napoleons Truppen besetzten Landen wurden sie vielfach als Befreier begrüßt. In den dänischen Gesamtstaat aber kamen sie als feindliche Soldaten.

Auf welcher Seite man eigentlich stand, war in dieser politischen Gemengelage den einfachen Soldaten häufig gar nicht klar oder fast gleichgültig. Der Nordfriese Hans Peter Feddersen, der später als Porträtmaler bekannt wurde, schrieb in sein Tagebuch: „Wir wußten gar nicht, ob wir

Jahrmarkt in Niebüll, Federzeichnung von Hans Peter Feddersen d. Ä. Die Bedeutung der Jahrmärkte nahm im Laufe des 19. Jahrhunderts mehr und mehr ab. Zunehmend versorgten Krämer in den Städten, Höker und Hausierer auf dem Lande die Bevölkerung.

mit oder gegen die Franzosen streiten, wußten nicht, was wir von unserem Zuge denken sollten." Nationale Kriegsbegeisterung gab es noch nicht.

Fast ganz Nordfriesland, die Inseln zumeist ausgenommen, litt unter der Besatzung, hier vor allem durch die Kosakenbrigade unter dem deutschen Generalmajor Friedrich Karl Freiherr von Tettenborn, die überwiegend aus großrussischen Kosaken vom Don bestand. Sie zeigten sich erstmals am 9. Dezember 1813 am Friedrichstadt gegenüberliegenden Eiderufer und mussten mit dem so genannten Königlichen Fährprahm mühsam übergesetzt werden. Beängstigend wirkten lodernde Feuer, sogar auf dem Marktplatz, an denen sich die unter freiem Himmel lagernden Kosaken wärmten. Eine Woche später kapitulierte die kleine dänische Batterie in Vollerwiek auf der Halbinsel Eiderstedt. Die Sieger sowie zur Arbeit gezwungene Bürger demolierten die militärische Anlage, von der sodann kaum noch etwas zu erkennen war.

Tettenborn schlug sein Hauptquartier vorübergehend in Tönning auf. Der Magistrat der Stadt klagte, jeder Soldat verlange „des Morgens und Nachmittags Kaffee, des Mittags sowohl als des Abends warmes Essen und außerdem Branntwein, so viel als er zu trinken Lust hatte". Bis zu 200 Kosaken waren in einem größeren Lager bei Rödemis und Mildstedt untergebracht, in Husum weitere 150 Soldaten. Die überaus ängstlichen städtischen Beamten ließen es an Unterwürfigkeit nicht fehlen. Sie überreichten dem zum Stadtkommandanten ernannten Kosaken-Rittmeister von Wenckstern vorsorglich ein „Geschenk" von 1600 Reichsbanktalern. Doch die Stadt musste erhebliche „Requisitionen" hinnehmen. So ließen sich die Kosaken neu einkleiden, die Offiziere mit feinstem Flanell.

Das Problem, die von den Besatzungstruppen in großen Mengen benötigten Waren verschiedenster Art herbeizuschaffen, überließen die Kosaken-Offiziere zumeist einheimischen Kommissionen, die sie eigens zu diesem Zweck eingesetzt hatten. Aufzubringen waren Nahrungsmittel, Pferdefutter, Holz, Tuch, Stiefel, „kurz alles, was Handwerker mit ihrer Kunst und Arbeit hervorbringen konnten", hieß es in Friedrichstadt.

Neben „Requisitionen" kam es zu Plünderungen. In Tetenbüll drangen Kosaken in das Privathaus von Boye Tetens ein und erbeuteten Silber sowie Kleidung. In den sehr heterogen zusammengesetzten Truppen ließ sich die Disziplin nicht immer durchsetzen, obwohl harte Strafen ausgesprochen wurden. Ein drastisches Beispiel wird aus Tönning berichtet: Bei einer Festgesellschaft hatten einfache Kosaken Hüte gestohlen. Die Männer wurden in Säcke eingenäht, in die Eider getaucht und in jenem strengen Winter unter freiem Himmel auf den Marktplatz gelegt.

Der Friedrichstädter Kaufmann Jacob Günthrath zog diese Bilanz des „Kosakenwinters": „Indes doch zufrieden! Unser Schicksal hätte schlimmer werden können. Keine Exzesse außer unbedeutenden, keine öffentlichen Plünderungen haben stattgefunden, und unsere Weiber und Töchter sind nicht gekränkt."

Die drückenden Einquartierungslasten wirkten lange nach. Auch andere Begleiterscheinungen machten sich bemerkbar. Mit den fremden Truppen, so klagte der Bredstedter Landvogt Christian Levsen (1757-1831), seien „weibliche Subjecte" ins Land gekommen, und so hätten sich Geschlechtskrankheiten verbreitet, wo diese bis dahin zu den „äußersten Seltenheiten" gehörten.

Wachstum der Bevölkerung

Seit der zweiten Hälfte des 18. Jahrhunderts wuchs die Bevölkerung auch in Nordfriesland stark. Die Ernährungslage hatte sich insgesamt verbessert. Die Gedanken der Aufklärung sorgten zudem für Verbesserungen in der Gesundheitsfür-

sorge. So siedelten sich in den größeren Orten im beginnenden 19. Jahrhundert studierte Ärzte an.

Im Gebiet des heutigen Kreises Nordfriesland mit in der Gegenwart etwa 166 000 Einwohnern wurden 1803 erst 67 300 Einwohner gezählt, 1835 rund 71 000, 1845 etwa 77 000 und 1871 sodann 84 620. Das entspricht einer Zunahme um 25,7 Prozent. Die Bevölkerung Schleswig-Holsteins vergrößerte sich im selben Zeitraum von 602 000 im Jahre 1803 auf 863 300 im Jahre 1871. Der Zuwachs lag mit 43,4 Prozent also noch höher als in Nordfriesland. In den städtischen Zentren, vor allem an der Ostküste, wuchs die Bevölkerung viel stärker als in den ländlichen Gebieten. Diese Tendenz zeigte sich auch in Nordfriesland. Der Zuwachs betraf hier ebenfalls vorwiegend die Städte und Flecken, während in manchen ländlichen Gegenden zeitweise ein Stillstand oder gar eine Abnahme zu verzeichnen war. Diese gegenläufige Entwicklung hing mit Veränderungen in den wichtigsten Erwerbsarten Nordfrieslands zusammen.

Seefahrt und Landwirtschaft

Landwirtschaft für die Bewohner des Festlands und der großen Marschinseln Nordstrand und Pellworm, Seefahrt für die Insulaner – das waren am Ende des 18. Jahrhunderts die beiden großen Erwerbsquellen in Nordfriesland. Geradezu von einer „Scheidung unseres Volkes in Ackerbau und Viehzucht treibende Festlandsfriesen und in seefahrende Inselfriesen" sprach der Sylter Chronist Christian Peter Hansen in seiner „*Chronik der Friesischen Uthlande*".

Die Seefahrt der Inselfriesen kam durch die Kontinentalsperre seit 1806/07 fast zum Erliegen. Napoleon wollte Großbritannien durch eine wirtschaftliche Abschließung des europäischen Festlandes in die Enge drängen, und London antwortete mit einer Blockade der Häfen Frankreichs und seiner Verbündeten. Zahlreiche Seeleute gerieten in britische Kriegsgefangenschaft. Sie fristeten ihr Dasein in Lagern oder an Bord der gefürchteten „Gefängnishulks", ausgedienten Schiffsrümpfen, die in britischen Hä-

„Frau Anna", Glückstadt, Kommandeur Georg Hinrich Simons von Amrum, 1824

fen vor Anker lagen und mit Gefangenen voll gestopft waren. Das Leben auf den Inseln wurde geradezu um Jahrhunderte zurückgeworfen. Mühsam ernährte man sich durch Fischfang und Jagd, Gelegenheitsarbeiten und Kleinlandwirtschaft für den eigenen Bedarf. Mit der Kontinentalsperre endete das „goldene Zeitalter" der Nordfriesischen Inseln. Nach den napoleonischen Kriegen wurde nie mehr die einstige Zahl inselfriesischer Seefahrer erreicht.

Die „Grönlandfahrt" der Inselfriesen lohnte sich mittlerweile kaum mehr. Der Bestand an Walen war durch übermäßiges Bejagen stark zurückgegangen. Tran wurde außerdem zunehmend durch Rapsöl ersetzt. Aber noch bis 1860 fuhren manche Schiffe unter inselfriesischen Kommandeuren auf Walfang und vor allem auf „Robbenschlag". Viele Sylter waren schon um die Mitte des 18. Jahrhunderts zur Handelsschifffahrt übergegangen, jetzt viel häufiger von Altona und Hamburg aus als von Kopenhagen und den Niederlanden. Zunehmend wechselten auch Amrumer und Föhrer zur Handelsfahrt. Diese brachte es mit sich, dass die Männer jetzt mehrere Jahre lang fort waren und nicht, wie beim Walfang üblich, in jedem Winter auf die Insel zurückkehrten. Schwere Schiffsunglücke konnten weiterhin Trauer auf die Inseln bringen. Im Jahre 1820 verloren 20 Sylter ihr Leben, mehrere in Westindien durch das gelbe Fieber. Zwischen 1833 und 1836 blieben jährlich jeweils 16-17 Sylter auf See.

Seit der Landaufteilung, zuerst seit 1772 auf Osterland-Föhr, pflügte mancher Seemann lieber den Erdboden als die Weltmeere. Der Alltag auf den Inseln veränderte sich einschneidend. Bereits im Jahre 1820 war die Landwirtschaft nach Angaben des Föhrer Chronisten O. C. Nerong wieder „der erste Erwerbszweig unsrer Insel". Hatte man hier früher Getreide und Schlachtvieh in großen Mengen eingeführt, so konnte bald sogar exportiert werden. Der Ökonom Georg

Hanssen bezifferte die Zahl der Seefahrer auf Föhr für 1769 auf 1600-1700 bei einer Einwohnerzahl von 6000; während der Kriegswirren fuhr kaum einer aus, 1830 gab es dann wieder 500 Seeleute bei 4000 Einwohnern.

Über Amrum heißt es in Hanssens auf das Jahr 1830 bezogenen „Statistischen Mittheilungen": „Ungefähr 50-60 Amrumer fahren jährlich für englische und holländische Rechnung zur See, meistens auf Kauffahrteischiffen. Sie bringen ihre Ersparnisse nach der Heimath zurück, und belegen ihr Geld in den Marschkommünen an der Westseite, wie dies von allen diesen Inseln geschieht."

Um die Mitte des 19. Jahrhunderts ging es nochmals aufwärts mit der Seefahrt. Im Jahre 1860 fuhr jeder vierte Mann von Sylt zur See; gezählt wurden 275 Seefahrer bei einer Gesamtbevölkerung von 2870. In den 1870er Jahren setzte der endgültige Niedergang ein. Die meisten Inselfriesen mochten sich auf die neuen Dampfschiffe nicht einstellen. Immerhin wurden aber zum Beispiel auf Föhr noch um 1900 etwa 100 Seeleute gezählt, davon 16 Kapitäne sowie 30 Steuerleute und Maschinisten.

Der Schriftsteller Adelbert Graf Baudissin bereiste 1864 die Insel Föhr und wurde auf die fortbestehende Verbindung der kleinen Insel mit der großen Welt aufmerksam. Eine junge Föhringerin erzählte ihm von den Reisen mit ihrem Vater, einem Schiffskapitän. „Es kam mir vor, als wenn ich ein Märchen läse, und ich mußte mir Gewalt anthun, um die junge Friesin nicht merken zu lassen, welchen Eindruck ihre Redeweise auf mich machte. Sie sprach über Petersburg und Canton, über London und Longwood, wie unser Einer über Kassel und Marburg ...; trotz ihrer Weltkenntniß war sie aber ein einfach bescheidenes Kind geblieben, das auf die kleine Heimatsinsel zurückgekehrt war, um der Mutter und den jüngeren Geschwistern bei der Feldarbeit zu helfen!" Auf Sylt fragte Baudissin, warum

fast nur Frauen die landwirtschaftliche Arbeit verrichteten, und erhielt zur Antwort, „daß die Männer zur See wären, in China, Japan, Ostindien und Afrika". Die Zeit der Seefahrt hat bis in die Gegenwart hinein Spuren in den inselfriesischen Dörfern und Häusern wie auch im Bewusstsein der Menschen hinterlassen.

Der Rückgang der Seefahrt ließ den Wohlstand spürbar sinken und brachte den Inseln zeitweise einen Bevölkerungsrückgang. Auf Amrum und Sylt konnte die Landwirtschaft aufgrund der ungünstigeren Bodenverhältnisse nicht in dem Umfang wie auf Föhr betrieben werden, obwohl durch die Rodung von Heide neue Nutzflächen gewonnen wurden. Auf Sylt intensivierte man den Kartoffelanbau. Man suchte zusätzliche Erwerbsmöglichkeiten etwa im Heringsfang, in der Küstenfischerei oder in der Austernzucht. In großen Mengen wurden Waren aus Schafswolle hergestellt und ausgeführt. Von Sylt gingen 1843 etwa 7000 Jacken und 3000 Paar Strümpfe nach Hamburg; erfolgreich wurden hier heimische Erzeugnisse verarbeitet und vermarktet.

Reihum trafen sich die Frauen in den Sylter Häusern zum Stricken. In großen Mengen wurden, auch auf Amrum, „Reepen" aus Strandhafer oder Strandroggen hergestellt. Als Seilwerk etwa zum Binden von Reetdächern fanden sie guten Absatz. Dabei hatte die Landesherrschaft das Schneiden von Dünenhalm verboten, um die Bildung von Wanderdünen zu verhindern. Aus Heidekraut und Krähenbeere wurden Besen gebunden.

In den Jahren des Niedergangs und der Orientierungslosigkeit suchten viele Menschen offenbar Zuflucht im Alkohol. Der Sylter Chronist Christian Peter Hansen berichtet von „dem eine Zeitlang zunehmenden Genusse des Branntweins". Enthaltsamkeitsvereine wurden zum Beispiel 1843 auf Sylt und etwa gleichzeitig auf Hallig Hooge gegründet. Hansen spricht auch von einer immer wieder hervortretenden „unverkennbaren Neigung" vieler Inselfriesen zur Schwermut. Er führt dies auf die häufigen Schiffsunglücke, die stete Sorge um Angehörige und die große Einsamkeit auf den Inseln, namentlich auf den Halligen, zurück. Im ersten Viertel

Bauernhof und Mühle in Munkmarsch auf Sylt, wohl Ende des 19. Jahrhunderts

Lundenberg, Hof des Deichgrafen Iwersen-Schmidt in der Hattstedter Marsch. Aquarell von Julius Grelstorff, 1879

des 19. Jahrhunderts hätten sich auf Sylt sieben Frauen „aus Schwermuth dort selbst entleibt".

Die Landwirtschaft hatte durch die durchgreifende Agrarreform seit 1768 eine völlig neue Grundlage erhalten. Die Aufteilung der Dorffluren und des Gemeindelandes, Vermessung und Bonitierung des Nutzlandes waren um die Wende vom 18. zum 19. Jahrhundert weitgehend abgeschlossen, endgültig dann 1823. Die Bewirtschaftung eigenen Bodens, in großen Teilen der nordfriesischen Marsch schon lange die Regel, war damit auch auf der Geest Nordfrieslands eingeführt. Nur auf den Halligen, die aber ohnehin für Ackerbau nicht in Frage kamen, und auf manchen Heideflächen blieb die gemeinsam bewirtschaftete

„Der Eiderstedter Stier". Aus einer Festgabe für Land- und Forstwirte von 1847

Allmende bestehen. „Die Teilung förderte den Landbau und zersplitterte völlig, was vom Gemeinsinn noch übrig war", bemerkte 1845 der romantische Schriftsteller Knut Jungbohn Clement von der Insel Amrum. In dieser kritischen Beurteilung spiegeln sich die beiden Seiten der Reform. Das Geflecht gemeinsamer

Interessen und überkommener Lebensformen, die Geborgenheit vermitteln konnten, erhielt einen Riss an einer entscheidenden Stelle. Die Bewirtschaftung des Landes aber wurde intensiver, die Arbeitskraft des einzelnen Bauern herausgefordert, die Spezialisierung und Arbeitsteilung gefördert. Die damit verbundene größere Eigenständigkeit hatte langfristig politische Folgewirkungen, da das gestiegene Selbstbewusstsein nach Beteiligung verlangte.

Doch die Wirren der napoleonischen Kriege und der dänische Staatsbankrott brachten auch der Landwirtschaft eine schwere Krise. Zudem erließ Großbritannien 1815 ein Getreideeinfuhrverbot und erschwerte Viehimporte durch einen neuen Zoll. Missernten kamen hinzu. Andererseits führten überaus ergiebige Ernten zu einem Preisverfall. Manche Bauern verloren in dieser Zeit für immer ihre Höfe, die „für ein Pfund Tabak" die Besitzer wechselten. In der Wiedingharde mussten in den Jahren 1827-29 mehr als 70 Höfe Konkurs anmelden. Der Bredstedter Pastor und Chronist Godber Nissen berichtete über die Jahre 1829/30: „Das Korn verfaulte, und der Marschbe-

wohner, besonders der keine Wintersaat bestellen konnte, verarmte. Die Nachwehen dieser Mißjahre werden lange noch schmerzen." Auch in manchen Gegenden Nordfrieslands litten Menschen Hunger. Auf Pellworm war die Not so groß, dass „Exzesse" befürchtet wurden. Deicharbeiter taten sich zusammen und demonstrierten für ihre Belange. Es kam zu einem „Auflauf" von 150 Arbeitern vor dem Hause des Landvogts. Doch gelang es, „die Gemüter zu beruhigen".

Nach 1830 begannen „goldene Jahrzehnte" für die Landwirtschaft, die bis etwa 1870 fortdauerten. Die Preise für Agrarerzeugnisse stiegen aufgrund eines Bevölkerungszuwachses und zunehmender Nachfrage aus den sich entwickelnden Industriegebieten deutlich an. Zudem hob Großbritannien das Korneinfuhrverbot wieder auf. Durch Anfänge einer Bemergelung und den Einsatz neuer Düngerarten konnten die Erträge vermehrt werden.

In der Marsch, vor allem in Eiderstedt, gingen viele Bauern seit Anfang des 19. Jahrhunderts vom Ackerbau zur Viehzucht über. Jahrzehntelang drehte sich hier alles um den Ochsenhandel. Im Früh-

Friesische Landschaft Aventoft.

Bauernhöfe
in Aventoft

Armenhäusler mit Arbeitsschürze. Studie von Carl Ludwig Jessen, 1884

jahr wurden die Tiere aus Jütland auf dem Markt in Husum gekauft und dann auf den üppigen Weiden gemästet. Wenn sie im Herbst südwärts zum Verkauf getrieben wurden, verloren sie allerdings viel Gewicht, und mit jedem Pfund wurden auch die Gewinne der Bauern magerer. Seit den 1840er Jahren entwickelte sich ein Direkt-Export nach Großbritannien, dem Mutterland der Industrialisierung, wo die Fleisch-Nachfrage stark wuchs. Bis zu 50 000 Rinder und 60 000 Schafe jährlich transportierten Schiffe von Tönning dorthin. Im Gegenzuge wurden große Mengen britischer Güter angelandet: Steinkohle, Butter, Kaffee, Tee, Zucker, Reis und vieles mehr.

Wohlstand und Armut

„Wie muß es den Arbeitern zu Muthe seyn, die immer nur ihr sauer verdientes bescheidenes Teil erhalten, indes dem Hofbesitzer das seinige so reichlich zugemessen wird", fragte schon 1795 der Rektor der Lateinschule in Garding, Friedrich Carl Volckmar, angesichts des Reichtums mancher Eiderstedter Großbauern. „Der Marschhofbesitzer ist ein Herr, der es nicht nöthig hat, im Schweiße seines Angesichts zu arbeiten", stellte der

Armenhaus in Bargum. Foto von 1930

Schriftsteller Theodor Mügge 1846 fest. Angesichts weiter wachsenden Wohlstands mahnte der Eiderstedter Propst Friedrich Feddersen 1853, der Eiderstedter Hofbesitzer müsse über sich wachen, „daß der Geldstolz ihn nicht erfasse und ihn lieblos gegen Geringere mache". Schon habe das gemeinschaftliche Essen mit dem Gesinde an den meisten Stellen aufgehört. Wer in einen Haubarg trete, glaube oft, „in einer eleganten Stadtwohnung zu sein".

In der Jahrhundertmitte bestanden im reichen Eiderstedt allein 12 Armenhäuser. Da das Land jetzt fast ausschließlich als Viehweide genutzt wurde, brauchten die Bauern viel weniger Arbeitskräfte. Unter allen Ämtern und Landschaften Schleswig-Holsteins lag der Anteil der Almosenempfänger hier im Jahre 1835 mit 13,2 Prozent am höchsten. Der Durchschnittswert für das Herzogtum Schleswig betrug 6,7 Prozent. In Oldenswort lebte fast jeder Dritte von Almosen. Mit Blick auf Eiderstedt bemerkte 1846 der Reiseschriftsteller Johann Georg Kohl (1808-1878): „Es scheint, als müsse der Reichthum immer Armuth neben sich hervorrufen, wie man bei hellem Licht dunkle Schatten sieht." Zum Rummelpottlaufen – ursprünglich ein Bettelbrauch armer Kinder, nachweisbar seit dem Anfang des 19. Jahrhunderts – wurde in Eiderstedt gesungen: „Een Stück Speck un een Stück Broot, dat is goot för Hungersnoot."

Die Zahl der Armen nahm in der ersten Hälfte des 19. Jahrhunderts stark zu. Armut wurde zu einem Massenproblem, Pauperismus genannt. Seit der Armenverordnung von 1808 musste der Geburtsort immer dann einspringen, wenn der Bedürftige in keiner anderen Gemeinde länger als drei Jahre gewohnt hatte. Dies führte aber dazu, dass von Verarmung Bedrohte häufig vorsorglich in andere Orte abgeschoben wurden. Die Aufklärer erkannten eine Zuständigkeit der Gesellschaft, insbesondere für „unschuldig" in Armut Geratene, und wollten durch Erziehung und Arbeit Abhilfe schaffen. Schon früh wurde in Husum 1761 eine „Freye-Armen-Schule" eingerichtet, die über 100 Jahre lang bestehen blieb, außerdem eine „Armen-Spinnerey-Anstalt" und ein „Werkhaus". 1805 bildete sich hier eine „Gesellschaft der sich freywillig versammelnden Armen-Freunde". Ehrenamtliche „Armenpfleger" und „Armencollegien" wurden eingesetzt. Die Stadt Husum musste 1816, also während der Wirtschaftskrise nach dem dänischen Staatsbankrott, mehr als die Hälfte des städtischen Gesamtetats für das Armenwesen aufwenden.

Vielerorts entstanden, insbesondere seit Anfang der 1830er Jahre, Armen- und Arbeitshäuser. Auf engstem Raum lebten hier Witwen, Waisen, Kranke, „Arbeitsscheue", Kleinkriminelle und andere Gestrauchelte zusammen. Die Hausordnungen glichen denen in Gefängnissen. Unter strenger „Zucht" mussten die Insassen spinnen, nähen, Fußmatten flechten, Besen binden, Straßen reinigen, Fäkalien beseitigen, bei der Ernte helfen. Die „Alumnen" konnten an Privatleute vermietet werden. Über das 1837 in Bredstedt eröffnete Armenhaus schrieb der dortige Pastor Godber Nissen: „Alle sind ihrer Freyheit beraubt." Pastor

Haus-Ordnung
für die Alumnen der Armen- und Arbeits-Anstalt zu Husum.

§ 1. Jeder in die Anstalt Eintretende hat sich unter Aufsicht des Oeconomen, beziehentlich dessen Ehefrau, einer gründlichen körperlichen Reinigung zu unterwerfen.

§ 2. Sofort nach dem Aufstehen, welches im Sommer Morgens 5 Uhr, im Winter um 7 Uhr stattzufinden hat, begeben sich die Alumnen nach vorheriger gründlicher Waschung in die ihnen angewiesenen Arbeitslocale, wo das Frühstück portionenweise verabreicht wird.

§ 3. Die Arbeitszeit währt in den 4 Monaten Mai bis August von 6 Uhr Morgens bis Mittags, und Nachmittags von 1 bis 7 Uhr; in den übrigen 8 Monaten von 7 Uhr Morgens bis Mittags, und Nachmittags von 1 bis 7 Uhr, Morgens und Nachmittags während des ganzen Jahres durch eine halbstündige Ruhepause unterbrochen.

§ 4. Die Alumnen haben die ihnen vom Oeconomen übertragenen Arbeiten mit möglichstem Fleiß zu verrichten, und sich dabei aller störenden, namentlich aber aller unsittlichen Gespräche zu enthalten.

§ 5. Um 12 Uhr wird zu Mittag gegessen, nachdem vorher ein Gebet gesprochen ist.

§ 6. In den Ruhepausen während der Arbeitszeit können die Alumnen sich nach Anweisung des Oeconomen auf dem Hofplatz der Anstalt im Freien ergehen.

§ 7. Um 7½ Uhr Abends wird das Abendbrot verabreicht und um 9 Uhr zu Bette gegangen.

...

Strafbestimmungen.

Vergehen der Alumnen, namentlich Trunkfälligkeit, werden nach vorhergegangener fruchtloser Verwarnung durch den Oeconomen nach eingeholter Zustimmung des Vorstehers mit Einzelhaft bis zu 3 Tagen bestraft, oder auch der Polizeiverwaltung, beziehentlich den Gerichten, zur Bestrafung überwiesen.

Husum, den 25. März 1884.

Die Armen-Commission.
Emanuel Gurlitt.

Martin Hinrich Kaftan, Vater der beiden bedeutenden Kirchenmänner Julius und Theodor Kaftan, wandte sich 1853 in einer Eingabe an die Stadt Husum gegen die Zwangsarbeit, die das Denken und die Tatkraft der Menschen abstumpfe. In dem 1856/57 trotz dieser Bedenken eröffneten Husumer Arbeitshaus herrschten zeitweise schlimme Bedingungen. Der Amtsarzt schrieb 1861, die Menge der dortigen Wanzen könne „nicht mehr nach Tausenden wie nur nach Millionen geschätzt werden".

Das 1840 erbaute Armenhaus im Norderfriedrichskoog bei Uelvesbüll bot auf einer Fläche von 36 Quadratmetern drei, zeitweise sogar fünf Familien eine Heimstatt. In einem Raum soll ein Kreidestrich die Grenze zwischen zwei Familien markiert

Haus-Ordnung der Armen- und Arbeitsanstalt Husum, 1884

Armenstock in der Kirche von Neukirchen, Wiedingharde

haben. In einem Bericht heißt es: „Die Eheleute, wie auch die Kinder, schliefen in Alkoven, drei bis vier in einem Bett, es sollen sogar fünf Kinder in einem Bett gelegen haben, drei der Länge nach und zwei quer über. In einem Armenhaus war von sogenannter Wohnkultur nicht die geringste Spur. ... Die Fußböden waren gestampfte Erdsoden, die im Laufe der Zeit doch allerlei Löcher aufwiesen. Die Wände waren nur gekalkt. Der Herd war aufgemauert. ... Zu dieser Zeit und auch noch weit in das 20. Jahrhundert hinein wurde kein ertrunkenes Schaf vergraben, sondern mit Freuden von der armen Bevölkerung verspeist."

Einerseits der Notlage breiter Bevölkerungsschichten, andererseits dem wirtschaftlichen Aufschwung trug seit Beginn des 19. Jahrhunderts die Gründung von Sparkassen Rechnung. Sie förderten Landwirtschaft und Handwerk, indem Sparkapital angesammelt und verzinst sowie Kredite für Investitionen vergeben wurden. Den „kleinen Leuten" sollten sie eine Rücklage für Notfälle ermöglichen, Hilfe zur Selbsthilfe leisten, zudem durch das Sparen „Moralität und Sittlichkeit" fördern. In vielfacher Weise wurden außerdem Gelder für gemeinnützige Zwecke zur Verfügung gestellt. Sparkassen entstanden in Nordfriesland zuerst in Tönning 1819, Tondern 1820, Keitum/ Sylt 1821, Garding 1822, Friedrichstadt 1824/26, Husum 1831, Pellworm 1837, Bredstedt und Oldenswort 1840, Tetenbüll 1843.

Neues Gewerbe

Das Handwerk war in Nordfriesland traditionell eng mit der alles beherrschenden Landwirtschaft verbunden. Die Gewerbefreiheit wurde offiziell erst 1867 eingeführt, sie bestand in weiten Teilen Nordfrieslands, insbesondere auf den Inseln, in Eiderstedt und in vielen Kögen, aber schon lange. Zum Schutz der teils in „Ämtern" organisierten Handwerker in den Städten und Flecken, den Orten mit „bürgerlicher Nahrung", durfte in einer „Bannmeile" von drei Meilen auf der Geest und zwei Meilen in der Marsch (1 Meile = etwa 7,5 Kilometer) eigentlich kein Gewerbe betrieben werden. Aber dies blieb weitgehend wirkungslos. Die Handwerker auf dem Lande gehörten in der Regel zur Unterschicht, betrieben nebenher Landwirtschaft oder arbeiteten als Tagelöhner.

Auch für das Handwerk bahnte sich ein tief greifender Wandel an. Der Vielzahl von Meistern und Gesellen fehlte es häufig an Arbeit. Die Handwerke der Schuster und Schneider galten um 1835 als hoffnungslos überfüllt. Immer mehr Fabrikwaren drangen nach Nordfriesland vor, ermöglicht durch den Ausbau der Verkehrswege. Berufe wie Knopfmacher und Nagelschmiede wurden von den modernen Produktionsmethoden verdrängt. Das traditionelle Weberhandwerk war in den 1870er Jahren so gut wie verschwunden.

Kupferschmied Gabriel Sandberg, Norderberg in Bredstedt

Industriebetriebe fehlten in dem weitab der Zentren gelegenen Nordfriesland in der ersten Hälfte des 19. Jahrhunderts fast vollständig. Es gab nur einige kleine Betriebe, die aber größtenteils noch handwerklich ausgerichtet waren, zum Beispiel Werften in Wyk, Husum, Tönning, Tabak-„Fabriken", Ziegeleien oder Bierbrauereien. In Husum bestanden zwar bereits am Ende des 18. Jahrhunderts eine Zuckersiederei und eine Kattundruckerei mit immerhin 69 Beschäftigten im Jahr 1798. Aber diese überstanden die Wirtschaftskrise zu Beginn des 19. Jahrhunderts nicht. Drei kleinere Betriebe allein in Husum verarbeiteten Zichorienwurzeln zu Kaffeeersatz. In Leck bestand 1830 eine Tuchfabrik. Die Arbeitsgeräte wurden von Pferden durch eine Rossmühle in Bewegung gesetzt und erst 1872 auf Dampfbetrieb umgestellt – angeblich eine der ersten Dampfmaschinen im Kreis Tondern, fast ein halbes Jahrhundert nach ihrer Einführung in Schleswig-Holstein. Ein Industriebetrieb im eigentlichen Sinne entstand 1852 in Husum mit dem Eisenwerk, das Öfen, Kochgeschirr, Fenster und andere Gusswaren produzierte und gut 20 Menschen beschäftigte. Eben nördlich Nordfrieslands wurde 1853 in Hoyer ein ähnlicher Betrieb gegründet.

In Bredstedt sah das Pastorenkind Johannes Claussen Anfang der 1860er Jahre zum ersten Mal eine Dampfmaschine in einer Branntweinbrennerei: „Das gleichmäßige Auf- und Abgehen des Kolbens, das Arbeiten des blanken Gestänges, das Schnurren der Wellen und Räder, das Schnaufen und Zischen des Dampfes erschien mir wie eine Offenbarung."

Neue Wege

Die Grundlagen des Verkehrswesens waren durch die Jahrhunderte im Wesentlichen gleich geblieben. Auch auf diesem Gebiet setzte nun ein Wandel ein.
Die Wege auf dem Lande ließen bis weit in das 19. Jahrhundert hinein vieles zu wünschen übrig. Ein Reisender verglich sie 1846 mit den miserabelsten in ganz Europa, etwa im ungarischen Banat und in Südrussland. Aus Leck hieß es über die „üblen Verkehrsverhältnisse": „Die Wege waren nach allen Richtungen ein bodenloser Sand mit tiefen Unebenheiten." Ein Wanderer zwischen Klixbüll und Niebüll geriet 1844 in eine „mordiöse Patsche" und sah sich schon „am Rande des Verderbens". Nur auf wenigen kürzeren Strecken gab es gepflasterte „Steindämme". Reisende waren zumeist auf

Weg in der Marsch bei Deezbüll

Wege-
markierung

An der
Chaussee
zwischen
Husum und
Tondern
wurden
15 „Aus-
spannwirt-
schaften"
erbaut. Sie
bestanden
aus dem
Wohnge-
bäude mit
Gaststube
und einer
Durchfahrts-
diele zum
Ausspannen
der Fuhr-
werke. Die
Ansichtskarte
von 1901
zeigt den
Krug in Mön-
kebüll.

Postkutschen angewiesen, die aber nur selten und auf wenigen Strecken verkehrten. Die „Postschnecken" legten auf den schlechten Wegen durchschnittlich nur gut fünf Kilometer in der Stunde zurück. Mit dem Ausbau von Kunststraßen, versehen mit einer gewalzten Oberfläche aus zerschlagenen Steinen, verdoppelte sich die Geschwindigkeit. Aber erst 1832 erhielt Schleswig-Holstein die erste Chaussee zwischen Altona und Kiel. Das Herzogtum Schleswig mit Nordfriesland musste noch länger warten. Erst die Wegeordnung für Schleswig-Holstein von 1842 leitete eine wesentliche Umgestaltung des Straßenwesens ein. Von 1843/44 an entstanden die ersten Chausseen in Nordfriesland, zuerst zwischen Husum und Flensburg, sodann zwischen Husum, Friedrichstadt und Tönning-Garding. Die Chaussee von Husum nach Bredstedt und weiter nach Tondern als Nord-Süd-Strecke durch Nordfriesland folgte erst 1857-59 bzw. 1863-64; auf dieser Linie verläuft noch heute im Wesentlichen die Bundesstraße 5. Auf dem schweren Marschboden war der Chausseebau besonders schwierig und aufwendig.

Für die Unterhaltung der neuen Straßen wurde bis 1875 eine Benutzungsgebühr erhoben; das „Chausseegeld" war Meile für Meile an Chausseehäusern mit Schlagbäumen zu entrichten. Die Straße

zwischen Husum und Tondern säumten 15 „Ausspannwirtschaften", jeweils mit Durchfahrt und Stall, in denen Pferde und Reisende ausruhen konnten. Eine Klinkerchaussee zwischen Deezbüll und Dagebüll wurde 1861-65 gebaut. Besondere Bedeutung für das nördliche Nordfriesland erlangte die bald angelegte Chaussee zwischen Niebüll und Flensburg.

Die erste Nordfriesland berührende Eisenbahn, zugleich die erste im Herzogtum Schleswig, wurde 1854 von Flensburg über Husum nach Tönning errichtet, nachdem seit 1837 verschiedene Planungen fehlgeschlagen waren. Zum Vergleich: Die erste Eisenbahn der Welt fuhr 1825 in England, die erste in Deutschland 1835, die erste in Schleswig-Holstein 1844 zwischen Altona und Kiel. Ermöglicht wurde die Querbahn Flensburg-Husum-Tönning nicht zuletzt durch den Viehtransport von Tönning aus. Eine der daran beteiligten Reedereien, die *Northern Steam Packet Company*, stellte das nötige Kapital zur Verfügung, um dem englischen Handel ein „Tor zur Ostsee" aufzustoßen. Die von einer britischen Firma erbaute Strecke benannte man nach dem Landesherrn „Frederik VII. Südschleswigsche Eisenbahn". Der König nahm an der Einweihung teil und wurde von einer großen Volksmenge mit Hurra-Rufen begrüßt. Die Strecke erhielt durch eine Verbindung zwischen Ohrstedt (seit 1869 Jübek) und Rendsburg Anschluss an das holsteinische Bahnnetz. Als eine Folge des Bahnbaus entstanden neue Unternehmen, und die Bautätigkeit wurde angeregt.

Die Chausseen und mehr noch die Eisenbahn wurden zu Schrittmachern der neuen Zeit. Der Schiffstransport, der um 1830 in den Herzogtümern noch dominiert hatte und der gerade für Nordfriesland und die Friesen besonders bedeutsam gewesen war, nahm immer mehr ab. Die abgelegene Region geriet so zusätzlich in den Windschatten der wirtschaftlichen Entwicklung.

Jensen's Gasthof.

Erster Bahn-
hof in Husum
an der 1854
eröffneten
Linie von
Flensburg
nach Tönning

Dorfleben, Alltag

Anschauliche Berichte über das ländliche Leben in Nordfriesland haben zwei bedeutende Männer verfasst, zeitlich getrennt durch zwei Generationen, örtlich nur durch einige Kilometer. Der Pastor Christian Feddersen wurde 1786 in Wester-Schnatebüll geboren, der Pädagoge und Philosoph Friedrich Paulsen 1846 in Langenhorn. Paulsen beschreibt das Dorf als eine „übersehbare Lebensgemeinschaft":

„Das tragende Grundgerüst machten die selbständigen Bauernhöfe aus. Daran lehnten sich die Handwerke: alle notwendigen Arbeiten waren vertreten, jeder Handwerker hatte regelmäßig eine Anzahl Bauern als seine Kundschaft, der Müller, der Schmied, der Rademacher usw.; ihre Aufträge waren die Unterlage seiner Lebenshaltung. Dazu kam als eine dritte Gruppe der Pastor, der Schullehrer, der Arzt, der Beamte: sie standen einigermaßen außer oder über der Gesellschaft, sie mit Leistungen versehend, die nicht auf einheimischen, bodenständigen Künsten beruhen. Ebenso trat die

soziale Schichtung, die Klassenbildung in primitiver Form faßlich zutage. Es gab Großbauern, sie waren mehr in den neuen Kögen heimisch, die nicht selbst mit Hand anlegten bei der Arbeit, dann eine sehr breite Schicht von mittleren Bauern, die regelmäßig mehr oder minder sich selber an der landwirtschaftlichen Arbeit beteiligten. Dann folgte eine Schicht kleiner Besitzer, die auf dem eigenen Landbesitz nicht mehr ausreichende Arbeit für die Familienglieder hatten und daher durch übernommene Dienste ihr Einkommen steigerten, sei es durch Fuhrdienste oder durch Krämerei, Tagelohn und Handwerk. Endlich kamen die eigentlichen Tagelöhner, die nur ein Haus mit Garten und vielleicht noch Land für eine Kuh oder ein paar Schafe hatten, sonst es mieteten, sie standen meist in regelmäßigem Arbeitsverhältnis zu einem Bauernhof, ihre Kinder gingen erst als Hütejungen, dann als Dienstboten in Stellung. Endlich am Rand eine sehr kleine Schicht von Armen, meist durch Krankheit und Unglück heruntergekommene oder auch durch eigene Schuld, durch Trunk und Trägheit verkommene Familien: sie lebten von gelegentlicher

Christian
Feddersen

Friedrich
Paulsen

Arbeit und vom Betteln. Einige Insassen des Armenhauses, erwerbsunfähige Alte, unversorgte, meist uneheliche Kinder, Krüppel, Idioten, machten den Beschluß." Paulsen stellt die „Einheit der Lebensgemeinschaft" heraus, in der es „nirgends eine Spaltung, eine Kluft zwischen den Klassen" gegeben habe. Aus der Rückschau wird hier das Dorfleben, geprägt von natürlicher Nachbarschaftshilfe und einer festen Einordnung in überkommene Strukturen, wohl zu sehr als Idyll gemalt. Insbesondere in einigen Kögen gab es krasse Gegensätze, während auf der Geest die sozialen Unterschiede weniger stark spürbar waren.

Die bäuerlichen Haushalte versorgten sich weitestgehend selbst mit allem, was man zum Essen, Kleiden und Wohnen brauchte. „Der landwirtschaftliche Betrieb mit seinen beiden Zweigen, der Viehzucht und dem Ackerbau, lieferte fast alles, was im Haushalt verarbeitet und verbraucht wurde", erinnerte sich Paulsen. Die Kinder wurden früh in die verschiedenen Arbeiten einbezogen. Christian Feddersen beschreibt das Grasmähen mit der Sense, die Heuernte, das Schneiden und Dreschen des Korns, das Stechen und Trocknen von Torf, das Sammeln von Kartoffeln. Es wurde gemolken, gebuttert, Käse hergestellt, Brot gebacken.

Seit Generationen verlief das Leben auf dem Lande fast unverändert in denselben Bahnen, stark beeinflusst von den Jahreszeiten. Im Sommer stand man spätestens um fünf, im Winter um sieben auf. In der dunklen Jahreszeit wurde vielfach im Haus gearbeitet. Abends saß man zusammen, die Männer kratzten Wolle, die Frauen spannen und webten. Der Winter galt als eine Zeit der Erstarrung, konnte aber für die Kinder besonders erlebnisreich werden, wenn die großen Wasserflächen zugefroren waren und man weite Wege auf Schlittschuhen zurücklegte.

Zumindest den ganzen Vormittag verbrachte die Mutter in der Küche. Über das Essen schreibt Christian Fedder-

Rosenkranz, ganz im Norden Nordfrieslands

sen: „Morgens und abends standen da Schüsseln mit der schmackhaftesten Grütze, und daneben andere mit der ausgesuchtesten, schneeweißen Milch oder schönem Bier." Und weiter: „Unsere Mutter bereitete die schönsten, leckersten Kartoffelgerichte, schöne Puddings, allerliebste Pfannkuchen und Waffeln, alles übertreffende Ofenpfannkuchen, schmackhafte Hülsengerichte und dünne Perlgraupengrütze, die wir Welling nannten". Nur sonntags kamen statt der Grütze „Thee und Butterbrod" auf den Tisch. Die Kinder liefen im Sommer barfuß, im Winter in selbst gestrickten Strümpfen und Holzschuhen, „worin ein Geflecht von Stroh gelegt wurde", berichtet Christian Feddersen. Nur sonntags trugen sie vom Dorfschuster gefertigte Schuhe. Die Kleidung, zumeist aus Wolle, war ebenfalls großenteils selbst gemacht, „mit den eigenen Künsten und Mitteln des Haushalts", schreibt Friedrich Paulsen. Besondere Stücke fertigte der Schneider, der ins Haus zur Arbeit kam.

Städte, Flecken, Ämter, Landschaften

„Nordfriesland hat es niemals zu einer politischen Gesamtpersönlichkeit bringen können, indem die in sehr früher Zeit eingetretene weltliche Distriktseintheilung sowie die natürliche Zerstücktheit des Insellandes der innigen Vereinigung entgegenstand", schrieb der Historiker A. L. J. Michelsen in seinem 1828 erschienenen Werk „Nordfriesland im Mittelalter". Sowohl in wirtschaftlicher als auch in rechtlicher, kultureller und politischer Hinsicht war die vielgestaltige Landschaft durch Vielfalt und nicht durch Einheitlichkeit geprägt. Kleinräumlichkeit bestimmte das Leben der Menschen. Vor allem die Föhrer, Amrumer und Sylter neigten sogar dazu, bemerkte 1846 der Reisende Kohl, sich „als besondere kleine Nationen von dem größeren Stamme

ausscheiden zu wollen". Dank der Seefahrtstradition trat bei ihnen indes häufig eine gewisse Weltläufigkeit hinzu, so dass eine besondere Verbindung zwischen Enge und Weite entstand.

Das Verwaltungs- und Gerichtswesen in Nordfriesland war bunt und vielgestaltig und von zahlreichen historisch gewachsenen Sonder- und Ausnahmebestimmungen geprägt. Der Festlandsbereich Nordfrieslands gehörte zum Amt Tondern, zum Amt Bredstedt, zum Amt Husum und zu der nach wie vor von umfangreicher Selbstverwaltung geprägten Landschaft Eiderstedt. An der Spitze der Amtsverwaltung stand jeweils der vom König und Herzog eingesetzte Amtmann. In der Regel besorgte ein Landvogt insbesondere die Rechtsprechung und Polizeiangelegenheiten, doch galten hier gerade in Nordfriesland zahlreiche Sonderregelungen. Weitere Beamte in den

Land-
schaften

Ämter

Adlige
Güter

Octroyierte
Köge

Städte

Königreich
Dänemark

Nordfriesland
um 1848

Ämtern waren etwa der Amtsverwalter, der vor allem die Abgaben erhob, der Branddirektor und der Gerichtsschreiber. Unterschiedlich gestaltete sich auch die Mitwirkung der Einwohner an den öffentlichen Angelegenheiten in den Ämtern, Städten und Dörfern. Sie war zumeist auf wenige Besitzende beschränkt.

Stadt und Amt Husum

Größte Stadt in Nordfriesland war und blieb das am Rande des friesischen Sprachgebiets gelegene Husum. In knapp 100 Jahren, zwischen 1769 und 1867, wuchs die Einwohnerzahl von 3384 auf 4967, das sind 47 Prozent. Zum Vergleich: In Heide, dem Hauptort Dithmarschens, nahm die Bevölkerung im selben Zeitraum um 134 Prozent zu; der Ort überflügelte Husum schon kurz nach 1800. Nach Flensburg, Schleswig und Hadersleben war Husum 1769 die viertgrößte Stadt im Herzogtum Schleswig gewesen, fiel aber sodann hinter Apenrade auf den fünften Rang zurück.

Husum kann sicherlich nicht als Hauptstadt Nordfrieslands bezeichnet werden, zumal es ja eine politische oder verwaltungsmäßige Einheit nicht gab. Dennoch strahlte der Ort in mancher Beziehung weithin aus. Besonders der Frühlingsmarkt für mageres Vieh sowie Woll- und Krammärkte wurden stark besucht. Im Hafen lag dann „die Flottille der Inseln und Halligen zum größten Theile", berichtete ein Besucher 1844. „In den belebten Straßen hat man fortwährend interessante Augenweide, denn die Menge, welche sie durchziehet, ist aufs Auffallendste staffiret und coloriret durch das schöne Geschlecht des Inselreiches in seinen hauptsächlich durch die Kopfbedeckungen ausgezeichneten Nationaltrachten und die Ostenfelderinnen in ihren Mamelucken-Uniformen." Auf die 1527 gegründete „Lateinschule", die einzige ihrer Art in Nordfriesland, schickten wohlhabende

Eltern aus der gesamten Region ihre begabten Kinder.

Husums beste Zeit als Handelsstadt lag lange zurück. Biedermeierliche Genügsamkeit war in den Ort eingezogen, was auch in den Novellen Theodor Storms anklingt. Ein Besucher beschrieb Husum um die Wende vom 18. zum 19. Jahrhundert als ein „Landstädtchen ohne bedeutende Beamte, ohne viel Gelehrte, voll Kleinstädterei und prosaischer Befangenheit und Eingenommenheit der Bürger für alles, was husumsch war".

Ein besonderes Husumer Problem war der verschlickte, für große Schiffe kaum zugängliche Hafen. „De harr all längstens Weltverkehr, wenn he en beten natter weer", brachte später der dichtende Bürgermeister Emanuel Gurlitt das Problem auf den Punkt. Im Zusammenhang mit Diskussionen über eine Eisenbahn zwischen Flensburg und Husum wurde Ende der 1830er Jahre der Plan für einen großzügigen Hafenausbau gefasst. Die Regierung hoffte, auf diese Weise einen Großteil der Handelsströme von Hamburg nach Husum umleiten zu können. Die 1847 endlich begonnenen Arbeiten, in deren Rahmen der Dockkoog gewonnen wurde, kamen nach dem Krieg von 1848-50 aber nicht zum Abschluss. Ohnehin, meinte 1846 der Reisende Theodor Mügge spöttisch, werde der „Welthandelshafen" Husum aufgrund fehlenden „Hinterlandes" und der Nähe zu Hamburg mit seiner leicht beschiffbaren Elbe „schwerlich je eine bedeutende Rolle spielen und der öden Stadt ein neues Leben verleihen". Die einst Husum zugedachte Rolle sollte für Dänemark nach dem Verlust Schleswig-Holsteins der 1868 ausgebaute Hafen Esbjerg spielen. Von Husum aus wurden vor allem Rinder in großer Zahl nach Großbritannien verschifft.

Das Schloss vor Husum, das indes mit den Umbauten Mitte des 18. Jahrhunderts viel von seinem Glanz verloren hatte, diente als Verwaltungssitz des Amtes

Husum und zum Teil als Amtsgefängnis. Der Amtmann war zugleich für das benachbarte Amt Bredstedt zuständig und Oberstaller der Landschaft Eiderstedt, so dass Husum als Verwaltungszentrum für das ganze südliche Nordfriesland diente. Für den Südosten des Amtes Husum war der an der Treene gelegene Flecken Schwabstedt von einer gewissen überörtlichen Bedeutung. Er wuchs von 622 Einwohnern im Jahre 1769 auf 877 im Jahr 1871. Vor allem Kartoffeln und Kohl wurden hier angebaut und ebenso wie die beliebten Schwabstedter Pflaumen in die benachbarten Städte verkauft. Nur wenige seien wohlhabend, die übrigen nicht viel mehr als Bettler, hieß es von hier 1835.

Dem Amt Husum vorgelagert waren die beiden großen Marschinseln Nordstrand und Pellworm. Nordstrand bildete eine eigene Landschaft bzw. seit 1853 die „Nordstranderharde" mit dem Husumer Amtmann als Oberbeamten. In vielen Bereichen blieb das Leben auf der Insel geprägt durch ihre von Niederländern vorgenommene Bedeichung. Der an der Spitze der Landschaft stehende Staller wurde weiterhin von den „Hauptpartizipanten", inzwischen sieben an der Zahl, gewählt und bedurfte keiner königlichen Bestätigung. Von 1779 Einwohnern im Jahre 1835 waren 1500 Lutheraner, aber immer noch 244 Katholiken und 35 Jansenisten, in deren Theresienkirche noch auf Holländisch gepredigt wurde. Im Gegensatz zum größten Teil der sonstigen Marsch Nordfrieslands herrschten hier Getreideanbau und Milchwirtschaft vor. Die sozialen Unterschiede waren auf der Insel krass. Ein Schlaglicht darauf wirft eine Statistik von 1835/37: „Von den Einwohnern betreiben 394 die Landwirthschaft, 34 die Seefahrt, 198 die Bearbeitung und Veredlung der Producte, 62 den Handel und Waarenumsatz, 892 leben von Tagelohn und Handarbeiten; aus der Armencasse werden 173 unterstützt". Zur Nordstranderharde zählten auch die Halligen Nordstrandischmoor, Pohnshallig, Beenshallig, Hamburger Hallig und Buphever, die anderen Halligen dagegen zu Pellworm.

Die Landschaft Pellworm – 2360 Einwohner wurden hier 1867 gezählt – gehörte zum Amt Husum und verfügte ebenfalls nicht über einen eigenen Oberbeamten. Ein Landvogt war für Justiz und polizeiliche Aufsicht zuständig. Dem – nach wie vor nach Nordstrander Landrecht urteilenden – Dinggericht gehörten neben dem Landvogt vier „Ratmänner" der Insel und vier von den Halligen an. Auf der Insel dominierte die Landwirtschaft

Husum in der Mitte des 19. Jahrhunderts, von Westen aus gesehen. Lithographie nach einer Zeichnung von Julius Gottheil

auf einem Boden, der als „vielleicht der schwerste des Landes" bezeichnet wurde. Schifffahrt und Fischerei waren von untergeordneter Bedeutung. Der Hafen konnte nur von kleinen Schiffen angelaufen werden. Doch bestand eine Reede für größere Schiffe, die Vieh und Getreide nach Hamburg, Großbritannien und in die Niederlande exportierten. Das tief gelegene Inselland war schon bei schweren Sturmfluten in den 1790er Jahren in große Gefahr geraten, „wo der völlige Untergang drohte". Aber mit Hilfe der Regierung hatten die Deiche instand gesetzt werden können.

Landschaft Eiderstedt

Die Landschaft Eiderstedt verfügte weiterhin über ihre in Jahrhunderten gewachsene Selbstverwaltung. Fast „eine kleine Republik" sah hierin 1850 der britische Schriftsteller Samuel Laing, doch durften nur die Land besitzenden Bauern mitwirken. Die Landschaft wurde 1854 trotz der hier bestehenden sozialen Probleme „die fruchtbarste und wohlhabendste der

Monarchie" genannt. Die Eiderstedter stünden „wohl auf einer höhern Stufe der Kultur als die größte Anzahl der Bewohner der übrigen dänischen Staaten", hieß es 1795 in einer Beschreibung der Landschaft.

Starken Nutzen aus der landwirtschaftlichen Konjunktur zogen Garding und Tönning, mit ihren Stadtrechten von 1590 die ältesten Städte in Nordfriesland. Die Kleinstadt Garding, inmitten der Halbinsel gelegen und mit dieser wirtschaftlich aufs engste verflochten, konnte ihre Bevölkerungszahl zwischen 1769 und 1867 von 838 auf 1736 mehr als verdoppeln. Tönning blühte als Hauptausfuhrhafen der Agrarlandschaft Eiderstedt auf, es war seit 1784 Mündungsplatz des Eiderkanals und ab 1854 Endpunkt der Südschleswigschen Eisenbahn. Die Stadt verdoppelte ebenfalls ihre Einwohnerzahl im Verlauf von knapp 100 Jahren, von 1487 auf 3039 im Jahre 1867. Mehrfach wurde der Tönninger Hafen ausgebaut. Er galt als der beste „an der Westsee in Schleswig und Jütland".

Demgegenüber verloren viele Dörfer Eiderstedts Einwohner in großer Zahl,

Tönninger Marktplatz, um 1805. Die Kirche St. Laurentius nimmt den höchsten Punkt ein. Der Kanal im Vordergrund, der Markt und Schlossplatz trennt, ist die Norderbootfahrt. Deckfarbenmalerei von F. F. Dau und M. Stender

Marktplatz in Friedrichstadt zu Beginn des 19. Jahrhunderts. Temperabild von P. J. du Ferrang

seit die Bauern von den 1840er Jahren an immer mehr zur Weidemast übergingen, für die kaum Arbeitskräfte benötigt wurden. Im Unterschied zu allen anderen Gegenden Schleswig-Holsteins nahm die Bevölkerungszahl auf der Halbinsel insgesamt ab.

Friedrichstadt

Ganz anders verlief die Entwicklung des 1621 mit großen Hoffnungen gegründeten Friedrichstadt. Die Bevölkerung stagnierte hier bei rund 2200 Einwohnern. Der Zuwachs zwischen 1769 und 1867 betrug gerade drei Prozent, das war der geringste unter allen Städten und Flecken Nordfrieslands und ganz Schleswig-Holsteins. Der zum Amt Hütten gehörige Ort, im „Bannkreis" der Städte Husum und Tönning gelegen, vermochte sich kein größeres eigenes Einzugsgebiet zu erwerben. Eine Sonderrolle nahm die kleine Stadt am Zusammenfluss von Treene und Eider weiterhin in religiöser

Beziehung ein. Von den 2228 Einwohnern im Jahre 1835 waren 393 Juden, 86 Remonstranten, 85 Katholiken und 49 Mennoniten. Noch bis in die Mitte des 19. Jahrhunderts wurde der Gottesdienst in der Remonstrantenkirche in niederländischer Sprache gehalten. Die jüdische Gemeinde, die einzige in Nordfriesland, wuchs bis 1850 sogar auf rund 500 Mitglieder, nahm aber nach der Judenemanzipation im Herzogtum Schleswig 1854 stark ab, auf 212 im Jahre 1867.

Kulturell spielte Friedrichstadt nicht selten eine Vorreiterrolle. Schon 1799 erschien hier eine Zeitung. In einer „Theatralischen Liebhabergesellschaft" übten Laien erfolgreich Bühnenstücke ein. Durchaus fortschrittlich war die kleine Stadt auch in wirtschaftlicher Beziehung, wie verschiedene Unternehmensgründungen zeigten, denen jedoch in der Regel kein größerer und dauerhafter Erfolg beschieden war. Immerhin besaß der Hafen 1864 die zahlenmäßig größte Handelsflotte unter allen Anlegeplätzen in Nordfriesland.

Marktplatz
in Bredstedt,
etwa 1864

Amt Bredstedt

Stetig, wenn auch langsam aufwärts entwickelte sich der Flecken Bredstedt, inmitten der alten Nordergoesharde und – wie die meisten geschlossenen Siedlungen Nordfrieslands – am Geestrand in unmittelbarer Nachbarschaft der fruchtbaren Marsch gelegen. Die Bevölkerung wuchs zwischen 1769 und 1867 um immerhin 71 Prozent auf 2208 Einwohner. Der Flecken erfüllte in wirtschaftlicher und verwaltungsmäßiger Hinsicht die Aufgaben eines Mittelpunktsorts für die Marsch- und Geestbewohner zwischen Arlau und Soholmer Au.

In seiner 1870 entstandenen Versdichtung „De Heisterkrog" hat Klaus Groth, der Begründer der neuniederdeutschen Literatur, dem Bredstedter Michaelismarkt ein literarisches Denkmal gesetzt; es steht stellvertretend für das bunte Treiben an Markttagen in den Städten und Flecken Nordfrieslands:

„In Bredsted weer't vundaag Michelimarkt. / Vör Dag al weer dat luut worrn in den Ort / Vun Wagen fahrn, vun ropen un vun ballern. / Jungveh un Ossen knojen langs de Steen, / Man hör se kam un langsam wieder pusten ..."

Das Amt Bredstedt wurde zeitweise „Landschaft" genannt, ohne indes über entsprechende Sonderrechte zu verfügen. Es war 1785 vom Amt Flensburg getrennt und zu einem eigenen Amt erhoben worden, doch stand seit 1799 der Husumer Amtmann an seiner Spitze.

Für den Norden des Amtes hatte das aus mehreren Siedlungen zusammengewachsene Kirchdorf Langenhorn mit seinen Märkten und Handwerkern Bedeutung. Der Bredstedter Landvogt Christian Levsen nannte es 1821 „wohl unstreitig das größte Dorf nicht nur in den Herzogthümern, sondern in den sämmtlichen dänischen Staaten". Die Einwohnerzahl stieg hier zwischen 1803 und 1867 von 1584 auf 1936.

Für den Osten des Amtes Bredstedt spielte das Kirchdorf Viöl eine wichtige Rolle, zum Beispiel mit zwei jährlichen Vieh- und Pferdemärkten. 1871 zählte der Ort 322 Einwohner. Hier in „Fjolde" sprachen damals noch etliche Plattdänisch, das *Sønderjysk*, das aber im Rückgang begriffen war. Wie in anderen Geestgebieten Nordfrieslands wurde in den Mooren viel Torf gewonnen und zum Teil weiterverkauft.

Stadt und Amt Tondern

Der nach Husum zweitgrößte Ort an der schleswigschen Westküste war Tondern. Die älteste Stadt der Region lag zwar einige Kilometer nördlich des friesischen Siedlungsgebiets, strahlte aber hierher aus und wurde zum Teil von zugezogenen Friesen bewohnt. Die Bevölkerung wuchs viel langsamer als in Husum, und zwar zwischen 1769 und 1871 nur um 24 Prozent von 2717 auf 3370. Der einstige Wohlstand der Bürger war gesunken, Handel und Schifffahrt stark zurückgegangen. Im Jahre 1854 verfügte die Stadt nur noch über zwei eigene Schiffe. Aufgeblüht war demgegenüber das 1786 von dem Propsten Balthasar Petersen (1703-1787) gegründete Seminar für die Ausbildung von Lehrern.

Große Bedeutung für die Stadt und ihre Umgebung hatte seit Jahrhunderten das Spitzenklöppeln. Es wurde, nicht selten unter unwürdigen Arbeitsbedingungen, teils als „Hausfleiß", teils in Manufakturen betrieben. Mit angeblich 20 000 Klöpplerinnen wurde 1800 ein Spitzenwert erreicht. Doch der Geschmack veränderte sich, vielleicht auch eine Folge der Französischen Revolution. Außerdem wurde 1820 auf der Leipziger Messe eine effektive Klöppelmaschine vorgestellt. Bis zur Mitte des 19. Jahrhunderts kam das traditionsreiche Klöppeln in Tondern fast ganz zum Erliegen.

Balthasar Petersen

Unter den königlichen Beamten mit dem Amtmann an der Spitze war ein Landschreiber als Hebungsbeamter und Gerichtsschreiber ausdrücklich für die friesischen Marschharden zuständig. Die Wiedingharde und Bökingharde hatten sich vor allem im Rechtswesen noch ein Eigenleben bewahrt. Das ordentliche Gericht bildete ein Rat mit zwölf Ratmännern. Für das Polizeiwesen war in jedem Kirchspiel ein Lehnsvogt zuständig, seit 1856 ein Hardesvogt. Die verhältnismäßig dünn besiedelte Wiedingharde wies Marschböden von sehr unterschiedlicher Qualität auf. Unter den Sturmfluten der 1790er Jahre und der Krise in der Landwirtschaft litten ihre Bewohner besonders stark.

Zumeist fruchtbarer und dichter besiedelt war die Marsch in der benachbarten Bökingharde. Der Boden in den Christian-Albrechts-Kögen wurde 1854 als „von der höchsten Bonität und fast der fruchtbarste in der ganzen Monarchie" gerühmt. Das mitten in der Bökingharde auf einer Höhenfläche gelegene Risummoor wies vier dicht bebaute Kirchdörfer auf, von denen Niebüll als Gerichtssitz und Marktort über eine gewisse überörtliche Bedeutung verfügte. In einer Reisebeschreibung hieß es 1842: „Niebüll zeichnet sich durch Lebhaftigkeit aus und hat am meisten Städtisches von den das Risummoor umfangenden Örtern." Die Einwohnerzahl verdoppelte

Leck – Südansicht vom Ochsenweg her, 1844

sich von 1098 im Jahre 1769 auf 2323 im Jahr 1867. Niebüll „laboriere" an Überbevölkerung, hieß es 1835, „hier wohnen Krämer, Wirthe, Handwerker aller Art und eine Menge Tagelöhner".

Einen friesischen Mittelpunktsort mit Ausstrahlung auf ein größeres Umland gab es im gesamten nordfriesischen Sprachgebiet nicht. Von den Kirchspielen am Risummoor sei Niebüll das vornehmste, „wetteifernd mit Leck in Beziehung auf seine schönen Gebäude", schrieb Christian Feddersen in seinen Jugenderinnerungen. Dieser Marktort nahm eine besondere Bedeutung für die auf der Geest gelegenen Karrharde ein. Die Bevölkerung wuchs hier zwischen 1835 und 1867 von 763 auf 1071 Einwohner.

Das große Amt Tondern umfasste auch Sylt und Osterland-Föhr, die aber als „Landschaften" mit eigenen Landvögten über eine gewisse Eigenständigkeit verfügten. Der Westen Föhrs und die Insel Amrum bildeten von alters her eine eigene „Westerharde" mit einem Birkvogt in Nieblum an der Spitze und gehörten, ebenso wie das Listland auf Sylt, weiterhin unmittelbar zum Königreich Dänemark und hier zum Amt Ripen, waren also kein Teil des Herzogtums Schleswig. Als König Friedrich VI. 1825 auch Sylt besuchte, empfing ihn bei der Kampener Vogelkoje eine Ehrenpforte, auf deren einer Seite „Amt Tondern", auf der anderen „List, Amt Ripen" stand.

Im Unterschied zu den meisten anderen Gebieten wuchs die Bevölkerung auf den Inseln kaum, nahm zeitweise sogar ab – ein Spiegelbild der damaligen wirtschaftlichen Schwierigkeiten. Auf Amrum lebten 1796 noch 606 Menschen, 1834 nur 580, aber 1845 dann wieder 626. Auf Sylt verkleinerte sich die Einwohnerschaft von 2814 im Jahre 1769 auf 2510 knapp 60 Jahre später. Auch die Bevölkerung des Fleckens Wyk verringerte sich zunächst erheblich, von 772 im Jahre 1788 auf 580 im Jahre 1820. Von 180 Familien wurden 1811 gerade 20 als wohlhabend, „alle übrigen aber als beinahe dürftig" betrachtet. Ein Neubau des verschlickten Hafens 1805/06 konnte die drohende Verarmung nicht aufhalten. Erst als eine neue Erwerbsquelle gefunden war, stieg die Einwohnerzahl von etwa 1840 an auf 1347 im Jahre 1867.

Segelschiffe und ein Dampfschiff vor Wyk auf Föhr. Lithographie, um 1860

Der Anfang des Fremdenverkehrs: Wyk 1819

Mit der Gründung des Seebades Wyk auf Föhr begann im Jahre 1819 ein neues Zeitalter für die Nordfriesischen Inseln. Doch das ahnte damals kaum jemand. Der Anfang war eher unscheinbar. Die Initiative ergriff der Land- und Gerichtsvogt Johann Friedrich von Colditz, der im Jahr zuvor auf die Insel gekommen war und deren Besonderheiten vielleicht besser einzuschätzen wusste als die meisten Einheimischen. Eine Aktiengesellschaft mit 20 Teilhabern erwarb ein Haus, in dem Bäder in warmem Seewasser genommen werden konnten, und mehrere Karren für das Baden im Meer, die von einem Pferd ins Wasser gezogen wurden. Dessen Qualität hatte der örtliche Apotheker einer Untersuchung unterzogen mit dem Ergebnis, dass „das hiesige Seewasser, welchem durch keinen benachbarten Strom süßes Wasser zugeführt wird, an Gehalt das Wasser aller bisher angelegten Seebäder" übertreffe.

Bis weit ins 18. Jahrhundert hinein war das Meer allgemein als feindliches und gefahrenvolles Element angesehen worden. Im Zuge einer Bewegung „zurück zur Natur" wurden sodann Meer und Küste zögernd als Landschaft mit eigenen Reizen entdeckt, und fortschrittliche Mediziner erkannten dem Meerwasser und -klima Heilkräfte zu. Nach dem Vorbild Englands wurden Ende des 18. Jahrhunderts die ersten Seebäder in Deutschland gegründet: Heiligendamm bei Doberan in Mecklenburg war 1794 das erste an der Ostsee, an der Nordsee folgte 1797 die ostfriesische Insel Norderney. Wyk

„Sonntagnachmittag im Seebad Wyk auf Föhr", 1854. Ölgemälde von David Jacobsen

Von „Badekarren" aus wurden Bäder in der Nordsee genommen.

wurde das erste Seebad an der „Westsee" Schleswig-Holsteins, einmal abgesehen von einer 1818 gegründeten kleinen Anstalt in Tönning, die aber „wegen des abschüssigen und schlickigen Ufers der Eider" nicht florierte. Für das nach einer dänischen Königstochter benannte „Wilhelminen-Seebad" Wyk warb man 1824 mit einem Wort des schottischen Schriftstellers Walter Scott: „Es gibt zwei Dinge, welche im Universum schwerlich ihres Gleichen finden werden – die Sonne am Himmel und die Nordsee auf der Erde!" In Deutschland machte Heinrich Heine die Nordsee literaturfähig: „Ich liebe das Meer wie meine Seele." Heine besuchte neben Norderney die Insel Helgoland, die 1826 ebenfalls zum Seebad wurde.

In Wyk zählte man im Gründungsjahr 61 Gäste, die 484 Bäder nahmen. 1820 kamen 102, aber erst um 1840 konnte das zweite Hundert übersprungen werden. Ferien, eine Urlaubsreise gar, das war damals eine Angelegenheit einer kleinen privilegierten Schicht. In besonderem Glanz konnte sie sich in Wyk sonnen, als in den Jahren 1842 bis 1847 der dänische König Christian VIII. den kleinen Ort als Sommersitz erkor. Standesgemäße Gebäude wurden errichtet, das gesellschaftliche Leben und der Wohlstand der Einwohner hoben sich, die Zahl der Sommergäste wuchs auf etwa 1000. Besonders gern promenierten die Hoheiten mit Blick auf die Kette der Halligwarften am Sandwall, dessen Schatten spendende Ulmen der Landesherr dem jungen Seebad zum Geschenk gemacht hatte. Im königlichen Gefolge kam 1844 der Märchendichter Hans Christian Andersen (1805-1875) nach Wyk und schwärmte: „Ich habe jeden Tag gebadet, und ich muß sagen, es ist das unvergeßlichste Wasser, in dem ich gewesen bin." Wenig Gefallen allerdings fand er an der anstrengenden Anreise und nannte unter deren Eindruck den Fährhafen Dagebüll das „erbärmlichste Loch auf der Erde". Mehr und mehr Badegäste zog die Insel

an, obwohl diese doch, fand 1858 der Kunstmaler Wilhelm von Kügelgen (1802-1867), „nichts von allem aufzuweisen hat, was man sonst schön nennt, nur flache Weiden, Moor und Heideland und etwas spärlichen Ackerbau".

Ein großer Teil der Badegäste stammte aus Hamburg. Wer sich in der ersten Hälfte des 19. Jahrhunderts von dort aus zu Lande nach Wyk aufmachte, musste unterwegs mit nicht weniger als drei Übernachtungen rechnen. Schneller ging es mit dem Schiff über Helgoland, was nur eine Zwischenübernachtung erforderte, aber das Risiko einer Seekrankheit einschloss. Erst die Eisenbahn beschleunigte die Anreise entscheidend.

Strandordnung und Deichreglement von 1803

Zwei der Reformen, die zu Beginn des 19. Jahrhunderts im Sinne der Aufklärung verwirklicht wurden, waren für Nordfriesland von besonderer Bedeutung: die neue Strandordnung und das Deichreglement, beide aus dem Jahre 1803.

Namentlich die Insulaner nutzten die häufigen Strandungsfälle als willkommenen Nebenerwerb. Kaum eine andere Küste der Welt hat so viele Strandungen aufzuweisen wie die Nordfrieslands. Im Bereich der Amrumer Küste etwa gab es, solange Segelschiffe in größerer Zahl fuhren – also noch das ganze 19. Jahrhundert hindurch –, kaum ein Jahr ohne Strandung. Es kam sogar vor, dass an besonders stürmischen Tagen auf Sylt drei Schiffe gleichzeitig strandeten. Häufig ging es dabei um Leben und Tod, und erhebliche Werte standen auf dem Spiel. Sobald der Sturm ein verunglücktes Schiff heranführe, hieß es 1795 aus Eiderstedt, vergesse der Mensch „seiner Religion und seiner Vernunft, alle Pflichten, die er Gott, den Gesetzen und der Menschlichkeit schuldig ist, und wird zum wütenden Raubthier".

Die neue Strandordnung vom 30. Dezember 1803 führte nun einheitliche Grundsätze und einige Neuerungen in das Strandrecht ein, um derartige Auswüchse zu verhindern. Die Bergung durfte erst auf Verlangen des Schiffers oder Steuermanns vorgenommen werden. Größeres Gewicht als bisher erhielten „Veranstaltungen zur Rettung der Schiffsleute". Die Zuständigkeit des Strandvogts und die Bergelöhne wurden genau geregelt. Bis dahin hatte zumeist die Regel gegolten: ein Drittel vom Wert des Geborgenen für den Landesherrn, ein weiteres Drittel für die Berger und lediglich ein letztes Drittel für die Eigentümer von Schiff und Ladung. Der Landesherr verzichtete nun auf seinen Anteil, wenn der Eigentümer bekannt war. Diebstahl und Unterschlagung konnten gemäß der Strandordnung mit sechs Monaten bis zwei Jahren Zuchthaus bestraft werden; wer falsche Signale gab oder auf andere Weise eine Strandung absichtlich herbeiführte, musste mit lebenslanger Haft rechnen. Als 1816 die englische Brigg „Emoulous" auf dem Kniepsand strandete und etliche Güter spurlos verschwanden, mussten nicht weniger als 27 Männer von Amrum Gefängnisstrafen verbüßen.

Gerade in den Notjahren, als die Seefahrt daniederlag und der Staatsbankrott von 1813 viele Werte raubte, hatten Strandungsfälle und Bergelöhne für die Inselbevölkerung erhebliche Bedeutung. Ende 1824 strandeten auf der Untiefe Junge Japp zwischen Hooge und Amrum zwei Schiffe, die Hamburger Brigg „Hercules" und die englische Brigg „The Vine". Strandvogt Volkert Quedens bot fast die gesamte arbeitsfähige Bevölkerung Amrums auf, um die Mannschaften sowie die Ladung an Land zu bringen. Nach der Strandauktion errechnete sich für die Amrumer Berger und die zuständigen Behörden ein Bergelohn von insgesamt 74 000 Mark Courant, das entsprach in etwa dem Brandkassen- und Steuerwert der Inseldörfer Nebel und Süddorf mit

Strandung bei Kampen auf Sylt, Oktober 1904

zusammen 106 Häusern! Im selben Jahr kam es nach der Strandung der englischen Brigg „Elisabeth" an der Eiderstedter Küste zu Plünderungen und Gewalttaten. Eine regelrechte Strandschlacht entwickelte sich 1839 an der Südspitze Sylts, als sich Sylter und Amrumer um die Tabakladung eines gestrandeten Bremer Schiffes stritten; die Amrumer entkamen mit der begehrten Fracht.

Auf Strandauktionen ließ der Strandvogt geborgene Güter meistbietend versteigern. Dieses Amt, das noch bis 1990 bestand, zählte in älterer Zeit zu den begehrtesten auf den Inseln. Solche Auktionen bildeten besondere Ereignisse im Inselleben und boten die Gelegenheit, außergewöhnliche Waren zu erwerben, bis hin zu exotischen Genussmitteln. Mancher Mast und Schiffsbalken wurde auf den Inseln beim Hausbau verwendet. Weniger aufregend als Schiffsstrandungen verlief der alltägliche Strandgang. Ständig waren die Insulaner unterwegs,

um angetriebener Güter habhaft zu werden. Der Strandgang blieb auf den Inseln
und teilweise an der Festlandsküste wichtig, vor allem für die ärmere Bevölkerung
und in Notzeiten.

Strandungsfälle kamen zum Teil auch der
Allgemeinheit zugute. Für Amrum wurde
1821 ein „Strandlegat" zugunsten des
Kirchen-, Schul- und Armenwesens in der
Gemeinde St. Clemens errichtet. Fast alle
bergungsfähigen Männer verpflichteten
sich, fünf Prozent der Bergelöhne in das
Legat einzuzahlen. Der Strandvogt hatte
auch für das Bergen und Einsargen von
Strandleichen zu sorgen. 1855 ließ der
Sylter Strandvogt Wulf Hansen Decker
am Südrand Westerlands einen ersten
Friedhof für die namenlosen Opfer der
See errichten. Früher hatte man die
Strandleichen nicht selten einfach in den
Dünen verscharrt.

Was das Deichwesen anging, so hatte bereits der Philosoph, Naturwissenschaftler
und spätere Etatsrat Johann Nicolaus
Tetens (1736-1807) in einem Bericht von
1788 schwerwiegende Mängel aufgezeigt.
Die Außenköge sahen sich mit der Auf-
gabe, die Seedeiche aus eigenen Kräften
standsicher zu halten, überfordert. „Die
mit Seedeichen belasteten Commünen

waren zum Theil schon so verschuldet,
schwach und muthlos", schrieb der
Bredstedter Landvogt Christian Levsen
1821, „daß keine Zeit zu verlieren war,
wenn sie gerettet werden sollten."

Als erstes wurde im Jahre 1800 durch
die Einsetzung von drei königlichen
Deichinspektoren für die Marschge-
biete Schleswig-Holsteins eine straffe
staatliche Aufsicht eingeführt. Jedem
Deichinspektor stand ein „in den mathematischen Wissenschaften geprüfter und
in Aufmessung und Kartierung geübter
Conducteur" zur Seite. Die Kosten der
neuen Deichbeamten sollten auf alle
Landbesitzer in den Marschen umgelegt
werden. Der seit langem zunehmende
staatliche Einfluss auf das Deichwesen
trat damit in ein neues Stadium.

Das Allgemeine Deichreglement vom
6. April 1803 stellte die Deichunterhaltung auf eine neue Grundlage. Von nun
an sollte die Sicherheit der gesamten
Marsch durch eine stärkere Beteiligung
der zurückliegenden Köge an der Erhaltung der Seedeiche gewährleistet werden. Ordentliche Deicharbeiten hatten
weiterhin die Außenköge zu leisten, aber
gemäß dem Grundsatz der „Prägravation"
(Vorausbelastung) nur noch bis zu einer

bestimmten Obergrenze. Wurde diese überschritten, so trat die gesamte im Schutz des Seedeichs liegende Marsch ein. Das „Spadelandesrecht", wie es jahrhundertelang gegolten hatte, war damit praktisch außer Kraft gesetzt.

Auf der Grundlage dieses Rahmengesetzes entstanden 1803/05 drei „Deichbände", denen, ausgenommen nur der kleine Porrenkoog bei Husum, sämtliche Köge der Festlandsmarsch zugeordnet wurden. An ihrer Spitze stand jeweils der Amtmann als Oberdeichgraf.

Der I. Schleswigsche Deichband umfasste nach einer Übersicht von 1854 die 32 Köge des Amtes Tondern, der II. Schleswigsche Deichband die 13 Köge des Amtes Bredstedt sowie die Hattstedter Marsch, der III. Schleswigsche Deichband die Südermarsch und die Marsch um Schwabstedt sowie die Köge Eiderstedts. Auf der im Deichwesen besonders fortschrittlichen Halbinsel galten im Wesentlichen schon seit dem Regulativ von 1767 die 1803 verbindlich gemachten Bestimmungen. Die Deichverbände auf den Inseln wurden nicht in die Festlandsdistrikte einbezogen und nahmen daher nicht an dem Umlageverfahren teil. Dieses wurde etwa von den Pellwormern als ungerecht angesehen, da ihre vorgeschobene Insel dem Festland Schutz biete.

Eine wichtige Ergänzung zum Deichreglement von 1803 brachte ein Patent von 1808. Demnach wurde die Umlage der Deichkosten nicht mehr nach dem alten Grundsatz „Demat dematgleich" vorgenommen, sondern es wurde jetzt auch die Bodengüte der Köge berücksichtigt und die Beitragspflicht nach sechs Klassen abgestuft.

Wie andere Neuerungen zuvor wurde die Reform des Deichwesens vielfach mit Skepsis begleitet. Sie bewährte sich jedoch in vielen Jahrzehnten und wirkte sich bis an die Schwelle zur Gegenwart aus. Etwa gleichzeitig wurden der Wiedingharder Seedeich, der als eine besondere Gefahrenquelle galt, und später

weitere Deiche verstärkt. Die Verteilung von Kosten auf mehrere Schultern ermöglichte es, dass bei diesen Arbeiten die neue Bauweise des „Bermedeichs" mit flacherer Böschung angewandt werden konnte. Die Höhe der Deiche betrug damals etwa fünf Meter. Neue Köge entstanden in Eiderstedt, und zwar der Wilhelminenkoog 1821, der Simonsberger Koog 1861/62 und der Süderheverkoog 1862, außerdem vor Tondern der Neue Friedrichskoog 1859-61.

Die Sturmflut von 1825, Hallig- und Dünenschutz

In der Nacht vom 3. zum 4. Februar 1825 suchte die bis dahin vielleicht höchste Sturmflut aller Zeiten die gesamte Nordseeküste heim. Wie schon 1717 waren mehrere Sturmflutserien zwischen 1821 und 1824 vorangegangen. Friedrich Feddersen, damals Pastor in Uelvesbüll, erinnerte sich: „Nach der Stärke des Sturms durfte man eine so schlimme Fluth doch nicht erwarten, und Viele schliefen die Nacht ruhig, sahen erst am Morgen, wie Sturm und Fluth gewüthet hatten." Auf dem nordfriesischen Festland gab es zwar viele schwere Deichschäden und Überspülungen, aber keine Deichbrüche. Nur in Süderhöft bei Sankt Peter durchbrach die Flut die Dünenkette, so dass weite Flächen überschwemmt wurden. Ohne die zu Anfang des Jahrhunderts vorgenommenen Deichverstärkungen wäre, so urteilten Zeitgenossen, der II. Deichband „fast spurlos verschwunden" und Eiderstedt von der Flut „verschlungen" worden. Zerstörerisch wirkte sie vor allem auf den Inseln Nordstrand, Pellworm und Föhr, wo an mehreren Stellen die Deiche brachen.

Besonders hart aber betraf diese Sturmflut die Halligen, so dass sie auch als „Halligenflut" bezeichnet wird. Von deren insgesamt 937 Bewohnern starben 74, darunter alle 12 Bewohner von Südfall,

Flutmarke in Oldsum auf Föhr

Das „Monument" an der Chaussee zwischen Wyk und Nieblum erinnert an den Besuch des dänischen Königs Friedrich VI. auf der Insel Föhr. Es trägt die Inschrift: „Stenen bevarer hans navn, hjerterne hans minde" (Der Stein bewahrt seinen Namen, die Herzen sein Angedenken).

wo von Menschen und Häusern „nebst Schafen und Kühen auch keine Spur übrig blieb". Die Überlebenden mussten tagelang hungern und frieren. Sie blieben von der Schreckensnacht gezeichnet. Nur 21 von insgesamt 339 Häusern waren nach der Flut bewohnbar geblieben. Die Kirchen von Nordmarsch-Langeneß und Gröde wurden völlig zerstört. 234 Menschen verließen ihre Hallig, viele von ihnen für immer; ein großer Teil siedelte sich in Wyk auf Föhr an. Aber die meisten bauten doch schon bald nach der Katastrophe ihre Behausungen wieder auf. Nur auf Norderoog wurde kein Haus mehr errichtet. Selbst der Bewohner der Blumentäler Indiens hänge nicht mit solcher Liebe an seiner schönen Heimat wie der Halligbewohner an seinem Eiland, schrieb beeindruckt 1846 der Schriftsteller Theodor Mügge.

Zum letzten Mal starben 1825 in Nordfriesland in größerer Zahl Menschen bei einer Sturmflut. An der gesamten Nordseeküste waren damals etwa 800 Tote zu beklagen. Dass die Zahl der Opfer nicht annähernd so hoch lag wie bei den Katastrophen von 1634 und 1717, war wesentlich auf das verbesserte Deichwesen zurückzuführen.

Nach der Sturmflut setzte eine Welle der Hilfsbereitschaft ein. Schon am 9. Februar befahl König Friedrich VI. eine Kirchenkollekte und Haussammlung im Königreich und in den Herzogtümern. Im Sommer besichtigte er die Flutschäden, unter anderem auf Hooge und Nordmarsch. Die Stube, in der er auf der Hooger Hanswarft nächtigte, erhielt den Namen „Königspesel". In Husum bildete sich noch im Februar 1825 ein „Privat-Hülfsverein", und selbst aus dem Ausland gingen Kleidungsstücke, Lebensmittel und Geldspenden ein.

Die Halligbewohner hatten ohnehin unter dem Niedergang der Schifffahrt, ihres einst bedeutendsten Erwerbszweiges, besonders zu leiden gehabt, und viele waren schon vor der Sturmflut auf

die Armenkasse angewiesen. Bereits im 18. Jahrhundert war die Bevölkerungszahl auf den Halligen stark zurückgegangen. Für Nordstrandischmoor wurden für 1717 vor der Sturmflut 142 Bewohner genannt, 1753 nur noch 60. Die Gesamtbevölkerung der Halligen schätzte der Chronist C. P. Hansen für 1769 auf „vielleicht nahe an 2000". Vor der Sturmflut 1825 wurden nur noch 937 Bewohner gezählt. Bis 1867 sank die Einwohnerschaft weiter auf 569.

Die Wirtschaftsflächen wurden immer kleiner, denn die Halligkanten waren noch nicht gesichert und brachen immer weiter ab. Bald wurden grundsätzliche Überlegungen angestellt, wie die Existenz der Halligen und ihrer Bewohner gesichert werden könne. Nicht wenige sahen sie „dem sicheren Untergange geweiht", wie etwa der Maler Wilhelm von Kügelgen. Weitblickende maßen den kleinen Inseln die Bedeutung von Wellenbrechern für das Festland zu. Der Vorschlag, sie nur als „salze Gräsung" von den Inseln und vom Festland aus zu nutzen, fand bei einer Gutachter-Kommission keine Zustimmung. Der Landgewinnung und zugleich der Beruhigung der

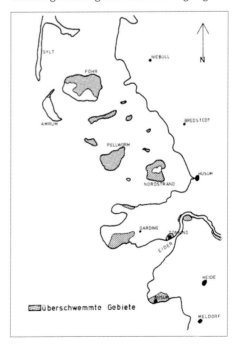

Die 1825 überfluteten Gebiete in Nordfriesland

überschwemmte Gebiete

Dünenpflanzer vor ihrer Hütte im Kladdigdeel zwischen Puan Klent und Hörnum auf Sylt

Wattenströme diente ein erster, um 1860 errichteter Lahnungsdamm zur Hamburger Hallig. Wenn er den Fluten auch nicht lange standhielt, so rückte damit doch zum ersten Mal der zukunftweisende Gedanke einer Verbindung von Inseln mit dem Festland in greifbare Nähe. Mehrere Vorschläge zur Sicherung der Halligen wurden entwickelt, bis zum Ende des dänischen Gesamtstaats 1864 aber nicht mehr verwirklicht.

Die Sturmflut von 1825 ließ die abgelegenen kleinen Eilande bekannter werden. Werke der Literatur trugen dazu bei. In der zuerst 1835 erschienenen christlichen Novelle *„Die Halligen oder die Schiffbrüchigen auf dem Eiland"* schilderte der aus Elmshorn stammende Pastor Johann Christoph Biernatzki (1795-1840) das Halligleben und die Sturmflutnacht, die ihn zum Verlassen der Hallig Nordstrandischmoor bewegte. Hans Christian Andersen, der während seines Föhr-Aufenthalts 1844 auch Oland besucht hatte, ließ einen großen Teil seines 1848 erschienenen Romans *„Die zwei Baronessen"* auf dieser Hallig spielen. Eine Bewohnerin lässt er darin sagen: Das Meer „kann das Haus und uns und alle Inseln wegspülen; und das wird einmal geschehen, aber es kann noch hundert Jahre währen, und dann sind wir tot, es kann jedoch auch diese Nacht geschehen." In

seinen Lebenserinnerungen *„Märchen meines Lebens"* schildert er die Schrecknisse der Sturmflutnacht, fährt indes fort: „Und doch lieben die Halligbewohner ihre kleine Heimat; sie können es auf dem Festlande nicht aushalten, sondern werden vom Heimweh zurückgetrieben."

Auch der für Sylt, Amrum und Sankt Peter-Ording besonders wichtige Dünenschutz wurde im Laufe des 19. Jahrhunderts vorangebracht und zunehmend unter staatliche Aufsicht gestellt. Immer wieder waren durch Sandflug und Dünenwanderung Häuser und Ländereien zunichte geworden. Das „Halmpflücken" stand schon seit dem 17. Jahrhundert unter strenger Strafe. Der Dünenhalm oder Strandhafer diente teils als Viehfutter, teils als Grundstoff für Seile und wurde vor allem von der ärmeren Bevölkerung genutzt. Seit der Landaufteilung um 1800 wuchs das Bewusstsein für den Schutz des nun eigenen Landes. Man begnügte sich nicht mehr damit, das „Halmpflücken" zu verhindern. Das auf Sylt schon verbreitete aktive Bepflanzen der Dünen wurde nun auch auf Amrum systematischer betrieben. Ansonsten werde Amrum, hieß es 1800, „dereinst aus der Klasse der bewohnbaren Inseln heraustreten".

Die Sylter Dünen waren dem Zugriff des Meeres unmittelbar ausgesetzt. Um Dü-

Königspesel
auf Hallig
Hooge

nenabbruch und Sandflug zu bekämpfen, sollen allein im Jahr nach der Sturmflut 1825 in den Dünen Westerlands mehrere Millionen Halmpflanzen gesetzt worden sein. Zur Regulierung des Sandflugs wurden Erdwälle aufgeschüttet.

Besonders betroffen war das Dorf Rantum, dessen mittellose Bevölkerung kaum Gegenwehr leisten konnte. Nordsee und Dünen drängten die Siedlung nach und nach in südöstlicher Richtung zurück. Das letzte Haus des alten Rantum musste 1821 wegen des Sandflugs abgerissen werden. Eine besonders arme Rantumerin lud den dänischen König Friedrich VI. während seines Inselbesuchs 1825 in ihre Hütte und sagte ihm in friesischer Sprache: „Komm nur herein, kleiner König, und sieh, was wir haben." Der Landesherr soll sehr beeindruckt gewesen sein.

Neben dem Küsten-, Hallig- und Dünenschutz war die Ableitung des Binnenwassers ein Grundproblem Nordfrieslands. Wochen- und monatelang standen in der regenreichen Jahreszeit weite Marschflächen unter Wasser, zumal große Geestgebiete ebenfalls zur Nordsee hin entwässerten. Auch auf diesem Gebiet gab es manche Verbesserungen. Von Bedeutung für das mittlere Nordfriesland waren etwa die Anlage des neuen Bongsieler Kanals 1856-59 sowie der Bau neuer Sielanlagen. Aber selbst im Sommer konnte es zu Überschwemmungen kommen, weil das Binnenwasser nicht schnell genug ablief. Als Hans Christian Andersen auf seinem Weg nach Wyk im August 1844 durch die nordfriesische Marsch fuhr, notierte er: „Die Wiesen standen unter Wasser, so dass sie wie richtige Seen aussahen. Das Ganze kam mir wie etwas Finnisches vor."

Aufklärung und Liberalismus, Romantik und Nationalgefühl

Tief im Überlieferten verwurzelt, auf Gewohntem beharrend – so kann die Grundhaltung der ländlichen Bevölkerung Nordfrieslands um die Wende vom 18. zum 19. Jahrhundert gekennzeichnet werden. Diese konservative Einstellung, wie sie auch für andere ländliche Gebiete festzustellen ist, blieb ein bestimmender Zug in der Geschichte Nordfrieslands.

Die Aufklärung vor allem seit der zweiten Hälfte des 18. Jahrhunderts wollte die Menschen aus ihrer Unwissenheit befreien und zu verantwortlichem Handeln sich selbst und der Allgemeinheit gegenüber führen. In diesem Sinne leitete auch der absolutistisch regierte dänische Gesamtstaat Reformen ein. In der Bevölkerung Nordfrieslands stießen sie aber weithin auf Ablehnung und sogar Gegenwehr. Dies hatte sich schon bei der Agrarreform seit 1768 gezeigt, aber auch bei manch anderer Neuerung. „Dann ist auch immer der größte Theil der Bewohner geneigt, alles beim Alten zu lassen, weil auch jezuweilen das Neue eben nicht viel taugt",

bemerkte 1821 der Bredstedter Landvogt Christian Levsen. Kopfschüttelnd stellte er jedoch fest, dass sich der Widerwille oft gegen Reformen richte, deren Vorteil auf der Hand liege und später auch von niemandem mehr bezweifelt werde, wie etwa die Einführung geprüfter Hebammen in jedem Kirchspiel oder die Instandsetzung von Wegen und Brücken.

Die Anhänglichkeit der Insulaner dem Alten gegenüber erschwere jeden Fortschritt, bedauerte 1824 ein Besucher der Insel Föhr und fuhr fort: „Vor mehreren Jahren versuchte ein Bauer zu mergeln. Seine Nachbarn schalten ihn verrückt. Ein unglücklicher Zufall wollte, daß der Mann in einer heftigen Krankheit wirklich den Verstand verlor, und Niemand denkt auf Föhr mehr ans Mergeln." Diese Anekdote indes bezeichnete ein Inselkenner als „Erdichtung": Der Insulaner hänge am Alten, bis er vom Besseren überzeugt sei. „Bis dahin ist er nicht geneigt, jede angepriesene Verbesserung sogleich anzunehmen und zu befolgen."

Ackerland auf Föhr, im Hintergrund der Flecken Wyk, im Vordergrund die Carolinenhöhe. Lithographie von J. F. Fritz, um 1840

Streit um eine neue Gottesdienstordnung

Vor allem die akademisch Gebildeten trugen das Gedankengut der Aufklärung nach Nordfriesland und wollten die Landbevölkerung nun endlich an den Segnungen der Vernunft teilhaben lassen. Auf besonders starke Gegenwehr stieß im Jahre 1797 eine neue Ordnung für den Gottesdienst, der damit den Vorstellungen der Aufklärer angepasst werden sollte. Viele Bauern sahen hierin einen Bruch mit dem „alten Glauben". Es kam zu regelrechten Volksaufläufen und Tumulten. „Der gemeine Haufe" und „Pöbel" setzte die großenteils schon vom Gedankengut der Aufklärung beeinflussten Geistlichen unter Druck, von der neuen Agende abzulassen.

In Ockholm beschimpften aufgebrachte, randalierende Menschen ihren Pastor als „Fabelprediger" und „falscher Prophet". Ihr Anführer, ein „fanatischer Schuster" wurde verhaftet, dann aber von einer lärmenden, mit Stöcken und Heugabeln bewaffneten Menge aus dem Bredstedter Stockhaus zurückgeholt. Amtmann Gustav Gotthard von Blücher befürchtete einen regelrechten Aufruhr. Protestformen, wie sie im revolutionären Frankreich angewandt wurden, zielten hier also auf die Bewahrung des Überkommenen und gerade nicht auf Veränderung! Zugleich zeigte sich darin aber die soziale Unruhe in weiten Teilen der Bevölkerung.

Ockholm war in den Jahren 1791-93 von schweren Sturmfluten betroffen worden. Auswärtige Deicharbeiter brachten vielleicht die Ideen der Französischen Revolution mit in die nordfriesische Marsch.

Die Regierung wich schließlich zurück und überließ den einzelnen Kirchengemeinden die Entscheidung über die neue Gottesdienstordnung. Fast überall in Nordfriesland blieb es daraufhin beim Alten. Entsprechend erhielt die von dem aus Dithmarschen stammenden Kirchenmann Claus Harms (1778-1855) ausgelöste religiöse Erweckungsbewegung hier große Zustimmung. In seinen zum Reformationsjubiläum 1817 in Kiel veröffentlichten 95 Thesen kritisierte er scharf, dass man den „Götzen Vernunft" an die Stelle Gottes setze: „Die sogenannte Vernunftreligion ist entweder von Vernunft oder von Religion oder von beydem entblößt."

Eine christlich untermauerte Form der Aufklärung, eine Fortsetzung des Pietismus fand indes auch im ländlichen Nordfriesland ihre Anhänger. Ein beeindruckendes Beispiel gibt Harke Feddersen (1741-1816) aus Wester-Schnatebüll, der als sein Ziel festhielt: „Ein braver Mann, ein frommer Christ will ich werden und wo möglich auch recht viel lernen." Er erlernte mehrere Sprachen, las neueste Werke aus den verschiedensten Wissenschaften und unterrichtete seine Söhne neben der Schule „täglich wenigstens 5-6 Stunden". Aus seiner Familie gingen

Harke
Feddersen

Links: Hans
Momsen.
Miniatur-
porträt von
C. A. Jensen

Die alte
Marienkirche
in Husum
und die 1833
erbaute neue
Kirche

bedeutende Kunstmaler und Pastoren hervor. Als seine drei Söhne Christian, Friedrich und Hans Peter 1817 ein kleines Buch mit eigenen Gedichten herausgaben, fanden sich nicht weniger als 551 Subskribenten. Dass nordfriesische Bauern schon damals Bücher kauften, war also keineswegs selten.

Wie wach das geistige Leben auf dem Lande sein konnte, macht auch das Wirken des Landmanns Hans Momsen (1735-1811) in Fahretoft deutlich. Seine naturwissenschaftlichen Kenntnisse, die er sich aus eigenem Antrieb erwarb, und die von ihm gefertigten Instrumente fanden auch bei Gelehrten Anerkennung. Schon 1800 schrieb sein erster Biograph: „Er ist Landmann und einer von den Wenigen, die durch eigen Genie und eisernen Fleiß, ohne mündlichen Unterricht und ohne alle Unterweisung, in die höheren mathematischen Wissenschaften eindrangen." Theodor Storm erwähnte ihn in seiner Novelle „*Der Schimmelreiter*" und verknüpfte damit das Wort: „Die Friesen rechnen gut." Im Jahre 1985 sollte der Kreis Nordfriesland seinen Kulturpreis nach dem stillen Gelehrten aus Fahretoft benennen.

Ein Zeichen der Zeit war 1807 der Abriss der alten, baufälligen Marienkirche in Husum, weil ihre Unterhaltung zu teuer

erschien. Ihr gotischer Baustil erinnerte manchen Rationalisten zudem wohl an das „finstere Mittelalter". Die „gebildete" Oberschicht setzte den Abbruch gegen breite Ablehnung in der Bevölkerung durch. Geradezu in einer Nacht- und Nebelaktion ließ der Magistrat den Abriss beginnen, obwohl für einen Neubau keinerlei Vorsorge getroffen war. Das wertvolle Inventar wurde verkauft. Der Volksmund spottete über die „vernünftigen" Husumer: „De Tönninger Torn is hoch un spitz. De Husumer Herrn hemm de Verstand in de Mütz."

Erst 1829-33 wurde eine neue Kirche errichtet, und zwar ganz im Stil des rationalen Klassizismus. Architekt war C. F. Hansen (1756-1845), dessen Vater aus Husum stammte und der im dänischen Gesamtstaat zu den berühmtesten Baumeistern zählte; bereits drei Jahre zuvor war nach seinen Plänen eine neue Kirche im benachbarten Simonsberg errichtet worden. Die Husumer taten sich

lange schwer mit dem nüchtern wirkenden Gotteshaus. Theodor Storm etwa bezeichnete es als „ein gelbes, häßliches Kaninchenhaus mit zwei Reihen viereckiger Fenster" und „einem Turm wie eine Pfefferbüchse". Erst später wuchs das Verständnis für dieses Werk eines klaren Klassizismus.

Zeitungen, Lesegesellschaften, Schulreform

Vor allem das gebildete Bürgertum der Städte und Flecken wurde von den neuen Ideen der Aufklärung – und später vom liberalen und nationalen Gedankengut – zuerst erfasst: Advokaten, Pastoren, Ärzte, Apotheker, höhere Beamte, wohlhabende Kaufleute. Die neue Zeit zeigte sich in Gründungen verschiedener Art. In ihnen zeichneten sich Konturen einer Bürgergesellschaft ab.

In der ersten Hälfte des 19. Jahrhunderts entwickelten sich Zeitungen zu wichtigen Informationsträgern und Kommunikationsmitteln. Schon vorher wurden in manchen Häusern Blätter wie der *Altonaer Mercur* gelesen. Am 27. Juni 1799 erschien in der Friedrichstädter Buchdruckerei Bade & Fischer die erste Zeitung im Gebiet des heutigen Kreises Nordfriesland. Daneben gab es in den Herzogtümern um 1800 gerade ein gutes halbes Dutzend Zeitungen. Sie beschränkten sich zumeist auf amtliche Bekanntmachungen und lokale Anzeigen, später kam ein unterhaltender Teil hinzu.

Bedeutsam für Nordfriesland wurden zwei im Jahre 1813 gegründete Zeitungen. In Tondern gab Margaretha Elisabeth Forch-

hammer geb. Wiggers (1761-1857) das *Wöchentliche Tondernsche Intelligenzblatt* heraus. Nach dem Tod ihres Mannes 1810, der die Bürgerschule und das Lehrerseminar in der Stadt leitete und reformierte, erwarb die Mutter von sieben Kindern die dortige Druckerei; ihre Zeitung wurde auch im Norden Nordfrieslands gelesen. Im Süden gründete der Buchdrucker Heinrich August Meyler (1774-1835) das *Gemeinnützige Wochenblatt für Husum und die umliegende Gegend*, das sich bald *Husumer Wochenblatt* nannte. Als erste Zeitung auf der Halbinsel erschien seit 1841 in Tönning das *Eiderstedter Wochenblatt*.

Politische Nachrichten verbreiteten diese Blätter zunächst kaum. Mit keinem Wort etwa erwähnte die Husumer Zeitung 1813 den Untergang der napoleonischen Armee in Russland. Erst in den 1830er Jahren wurde sie „politischer". Die in Nordfriesland verbreiteten Zeitungen erschienen in deutscher Sprache, denn Hochdeutsch war die Sprache von Kirche, Schule und Verwaltung. So bereiteten auch sie den Weg für die spätere Hinwendung der meisten Nordfriesen zur deutschen Nation.

Auch erste Zusammenschlüsse für gemeinsame Interessen und Neigungen wurden gegründet. Bis dahin bestanden in Nordfriesland neben den berufsständischen Zünften nur sehr wenige Vereinigungen, darunter als wohl älteste die Schützengilden in Husum und Tondern, oder „Brand-" und „Totengilden" zur Hilfe in Notfällen. Ringreitergilden wie etwa seit 1783 in Bredstedt, 1812 in Friedrichstadt, 1823 in Tönning oder 1826 in Husum vereinten die Mitglieder zu Wettkampf und Geselligkeit nach den überkommenen Ritualen des Gildewesens.

Seit dem ausgehenden 18. Jahrhundert führte die im Zeichen der Aufklärung wachsende Wissbegier zur Gründung von Lesegesellschaften, in denen Bücher und Journale gehalten und zum Teil gemeinschaftlich gelesen wurden. Das spätere öffentliche Büchereiwesen nahm hier sei-

nen Anfang. Die erste Lesegesellschaft in Schleswig-Holstein entstand 1773 in Kiel. Spätestens 1788 gab es eine ähnliche Vereinigung in Garding. Im Jahre 1795 wurden Lesegesellschaften in Husum, Friedrichstadt, Tönning und Witzwort genannt. In Husum verfügte die seit 1763 aufgebaute Bibliothek der Gelehrtenschule 1822 bereits über rund 6000 Bände und lieh regelmäßig Bücher aus.

Aus Lesegesellschaften entwickelten sich manchmal „Klubs". In Keitum entstand 1817 der Sylter Verein, um „dem Geiste Erheiterung im Genuß anständiger Vergnügungen und geselliger Munterkeit zu geben". Die gut 20 Mitglieder des Klubs, dem 1819 eine „Lese-Bibliothek" angegliedert wurde, trafen sich wöchentlich zweimal. Allerdings sank der Verein dann zu einem „Kartenspielerklub" herab und wurde 1835 aufgelöst. Auf der Insel bestanden 1846 bereits fünf Schul- oder Dorfbüchereien, zumeist vom jeweiligen Lehrer geführt. Aus dem Flecken Wyk

Margaretha Elisabeth Forchhammer

hieß es 1819: „Auch ist unter den ehemaligen Schiffscapitainen und Schullehrern viel Sinn für Lectüre und es besteht ein Lesezirkel für politische Zeitschriften und andere Bücher von allgemeinem Interesse." In Oevenum rief der dortige Schullehrer 1845 eine Volksbibliothek für Osterland-Föhr ins Leben, die 1876 bereits 1400 Bände zählte. Vor allem Pastoren gründeten in Eiderstedt 1825 einen „theologischen Leseverein".

In Tönning bestand 1830 ein Wohltätigkeitsverein, der auch für die Armenfürsorge zuständig war. Die Schulmeister auf Sylt schlossen sich 1838 in Keitum zu einem Lehrerverein zusammen. An mehreren Orten wurden um diese Zeit außerdem „Mäßigkeitsvereine" gegen das Alkoholtrinken gegründet.

Von großer Bedeutung für das ländliche Nordfriesland waren die jetzt entstehenden landwirtschaftlichen Vereine. Der 1837 gegründete für Eiderstedt richtete unter anderem eine jährliche Tierschau aus, ließ fachliche Schriften zirkulieren und ermöglichte den Erfahrungsaustausch unter seinen Mitgliedern. Ähnliche Ziele verfolgte der im Februar 1848 in Bredstedt gebildete Nordfriesische Landwirtschaftliche Verein mit 55 Mitgliedern, der, neben praktischen Zwecken wie Guano- und Mergelversuchen, für die „Erweckung und Belebung des Gemeinsinns und allgemeine Volksbildung" wirken wollte und eine liberale schleswig-holsteinische Richtung aufwies. Eine wichtige Rolle im Verein spielten die beiden Landwirte und Landmesser Joachim Heinrich Ingwersen (1801-1865), Hattstedt, und Jens Paulsen (1797-1886), Efkebüll, die beide der schleswigschen Ständeversammlung angehörten.

Eine wesentliche Voraussetzung für die verstärkte Teilnahme der Menschen am gesellschaftlichen und politischen Geschehen schuf die Verbesserung des Schulwesens. Zum Ende des 18. Jahrhunderts konnte vermutlich erst jeder Fünfte lesen und schreiben. Die Reform des Generalsuperintendenten Jacob Georg Christian Adler (1756-1834) aus dem Jahr 1814 stellte Unterricht, Lehrerbesoldung und -ausbildung auf eine festere Grundlage.

Der Schulbesuch nahm nun auch auf dem Lande zu, doch blieben die Schüler etwa in der Erntezeit weiterhin reihenweise dem Unterricht fern. Jungen wurden als Viehhüter gebraucht, Mädchen arbeiteten häufig schon mit 12 Jahren als Dienstmagd. Eine Schülerin in Utersum auf Föhr etwa besuchte 1816, in ihrem ersten Schuljahr, gerade an 16 Tagen den Unterricht. Auch andere Teile der Reform wurden nicht überall umgesetzt, etwa die Verbesserungen für die Schullehrer. Christian Peter Hansen führte die Verzögerung auf der Insel bis 1860 auf die „Lässigkeit" der Behörden und die „Engherzigkeit und Kurzsichtigkeit des Sylter Volkes" zurück. Positiv bewertet er, dass der verbreitete Aberglaube durch den vermehrten Unterricht bekämpft werde.

Die Schulklassen, in denen häufig alle Jahrgänge zusammengefasst wurden, waren groß. Als 1854 in Oldsum auf Föhr eine neue Schule errichtet wurde, standen immerhin zwei Klassenräume mit insgesamt 120 Quadratmetern für 113 Kinder zur Verfügung. Aber noch in der zweiten Hälfte des 19. Jahrhunderts waren Klassen mit 100 und mehr Schülern keine Seltenheit. Nis Albrecht Johannsen (1855-1935) berichtete über die Schule in Klockries:

„Als ich zum ersten Mal nach Ostern 1860 die Dorfschule betrat, war ich eben erst 5 Jahre alt geworden. ... Die äußere Schuleinrichtung war äußerst primitiver Art; der enge Schulraum vermochte die 110 Kinder der verschiedenen Altersstufen kaum zu fassen. Viele mußten an den Fensterbänken stehend ihre Arbeit machen. Es kam wohl selten vor, daß wir alle vollzählig beisammen waren, denn der Schulzwang wurde seitens der Behörde sehr schwach gehandhabt, und dieser Umstand wurde von mancher Seite weidlich ausgenutzt. Im Sommer wurden die größeren Kinder fast ohne Ausnahme zur Arbeit im Hause oder auf dem Felde herangezogen und sahen die Schule von Ostern bis Martini [11. November] nur von der Außenseite. ... Das Schulzimmer war so niedrig, daß die großen Knaben die graue Balkenlage bequem erreichen konnten. ... Es gab auch nicht das Geringste, was das Auge erfreute und den Sinn für das Schöne hätte wecken können."

Um die Mitte des 19. Jahrhunderts dürften die meisten Menschen in Nordfries-

Schulklasse in Borgsum auf Föhr, 1907

Nikolaus Falck

land über Lese- und Schreibfertigkeiten verfügt haben. Über das Amt Bredstedt hieß es 1847: „Die Erwachsenen können durchgängig lesen und schreiben, die ältere Generation durchgängig ersteres."
Erste zaghafte Anzeichen für eine verstärkte Beteiligung am politischen Geschehen zeigten sich 1816/17 im Zusammenhang mit einer „Petitionsbewegung", die Friedrich Christoph Dahlmann (1785-1860), Geschichtsprofessor an der Kieler Universität, eingeleitet hatte. Man befürchtete, dass aufgrund der Deutschen Bundesakte von 1815 allein Holstein eine Verfassung erhalten und sich die Verbindung mit Schleswig somit lockern würde. Aus Nordfriesland wandten sich die Magistrate und Bevollmächtigten der Städte Tönning, Husum und Tondern sowie als einzige Landgemeinde Schwabstedt mit Gesuchen (Petitionen) an den König und Herzog. Sie betonten die Zusammengehörigkeit der beiden Herzogtümer. Hierin zeigte sich jedoch noch kaum deutsches Nationalgefühl. In der Zeit nach dem dänischen Staatsbankrott waren wirtschaftliche Gesichtspunkte besonders wichtig. So verlangte der Husumer Magistrat eine ständische Mitwirkung namentlich in finanziellen Angelegenheiten. Eine politische Gemeinsamkeit mit Holstein wurde nicht zuletzt im Hinblick auf die Bedeutung Hamburgs als Handelspartner für notwendig gehalten.

Neues Interesse an Nordfrieslands Geschichte

Als eine Gegenbewegung zum reinen Vernunftdenken der Aufklärer betonte die romantische Zeitströmung stärker die Verwurzelung der Menschen in der Gemeinschaft, in dem durch eigene Geschichte und Sprache geprägten Volk. Das geschichtliche Interesse an und in Nordfriesland entfaltete sich aufs Neue, nachdem es im 18. Jahrhundert stark zurückgegangen war. Nikolaus Falck

(1784-1850) gab 1819 Heimreichs „Nordfresische Chronik" von 1666 neu heraus. Er stammte aus Emmerleff nördlich von Hoyer, war Rechtsprofessor an der Kieler Universität und gehörte mit Dahlmann zu den bedeutendsten „älteren Liberalen" in Schleswig-Holstein. Geschichte solle „die gegenwärtige Ordnung der Dinge" begreifen lehren und „im Ganzen und im Einzelnen dem Dasein selbst größere Bedeutung und Würde" geben, schrieb Falck zur Begründung. Die Kenntnis der regionalen Geschichte galt ihm als eine Voraussetzung zur Teilnahme am öffentlichen Geschehen, zur Mitgestaltung der unmittelbaren Lebensumwelt, zur Partizipation – ein zutiefst freiheitlicher Gedanke!
In diesem Sinne strebte Falck 1818 die Gründung einer friesischen „Geschichtsgesellschaft" an – 15 Jahre, bevor eine solche Vereinigung dann für ganz Schleswig-Holstein tatsächlich gebildet wurde. Die geplante Gesellschaft sollte unter anderem Dokumente sammeln, einzelne Bereiche der Geschichte sowie Sitten und Sprache des Volkes erforschen und letztlich eine „friesische Geschichte zum Zwecke der Volkslectüre" herausgeben.

Sie wurde jedoch nicht gegründet, vermutlich weil die politische Rückwärtsentwicklung im Deutschen Bund dem entgegenstand.

Auch Andreas Ludwig Jakob Michelsen (1801-1881), der Schüler und Nachfolger Dahlmanns als Geschichtsprofessor in Kiel, wählte sich Nordfriesland zum Forschungsgegenstand und konnte 1828 seine Untersuchung *Nordfriesland im Mittelalter* veröffentlichen. Er wollte damit „das historische Gedächtnis, welches ein Lebenspuls des Gemeinsinnes und das Auge der Vaterlandsliebe ist", von Neuem wecken und stärken.

Der Schriftsteller Johann Georg Kohl sah sich durch Michelsens Werk veranlasst, die Bedeutung der regionalen Geschichtsschreibung hervorzuheben: „Erst wenn jede Stadt, jede Provinz, jede Commune ihren classischen und zuverlässigen Historiker gefunden hat, der die Geschichte seines Erdwinkels nicht mit engherzigem Provinzialsinn, sondern mit weitblickendem Weltgeiste schreibt und diesen kleinen Erdwinkel immer in seinem

Zusammenhange mit dem großen Weltorganismus zeigt, erst dann werden auch die Welthistoriker im Stande sein, eine wahrhaft ersprießliche Weltgeschichte zu schreiben, die ahnen läßt, wie das, was in dem großen Weltsaale sich regt und bewegt, in tausend Echos in den Ländern wiederhallt und in tausend Bildern sich mannigfaltig abschattirt."

Es war kein Zufall, dass gerade Nordfriesland ein so großes historisches Interesse auf sich zog. Denn hier wie in Dithmarschen fanden die „älteren Liberalen" die wohl freiheitlichste und eindrucksvollste geschichtliche Entwicklung von allen Landschaften Schleswig-Holsteins vor. Was sie allgemein erreichen wollten, nämlich eine Reform von Verfassung und Gemeinwesen, konnten sie hier am Beispiel freiheitlicher kommunaler Selbstverwaltung vor Augen führen.

Bei den Friesen erblicke man lebendig, schrieb Michelsen, „was bei den anderen deutschen Stämmen entweder frühzeitig unterging oder gar, so weit das Auge der Geschichte reicht, niemals vorhanden war". Zugleich sorgten diese historischen Arbeiten aber für Geschichtsmythen, die zum Teil bis an die Gegenwart heran wirksam blieben. So pries Michelsen die Nordfriesen als „eine deutsche Eiche mit eisenfestem Stamm und zäher, tief geschlagener Wurzel".

Welchen Schatz die nordfriesische Geschichte bietet, sah deutlich der dänische Dichter Hans Christian Andersen. Er verglich die Friesen mit den Schotten, deren abenteuerliche Vergangenheit Walter Scott in seinen Werken literarisch gestaltet hatte. Die friesische Geschichte erschien Andersen, so schrieb er 1848 in seinem Roman „*Die zwei Baronessen*", wie „Marmor in den Bergen", würdig, von einem Homer oder Walter Scott bearbeitet zu werden.

A. L. J. Michelsen

Hans Christian Andersen, 1836. Gemälde von Christian Albrecht Jensen aus Bredstedt

Uwe Jens Lornsen – ein liberaler Reformer

Mit dem Auftreten Uwe Jens Lornsens im revolutionären Herbst 1830 begann in Schleswig-Holstein und Dänemark der Weg zur parlamentarischen Demokratie. Sein Einsatz für eine liberale Verfassung in Schleswig-Holstein hing mit der Herkunft aus Nordfriesland zusammen.

Am 18. November 1793 in Keitum auf Sylt geboren, wuchs der Kapitänssohn hinein in eine Inselgemeinschaft, die noch ganz geprägt war von den weltumspannenden Verbindungen der Seefahrer. Von insgesamt etwa 2500 Einwohnern führten zur Zeit seiner Kindheit mehr als 100 Kapitäne große Schiffe vor allem von Hamburg, Kopenhagen und den Niederlanden aus auf alle Weltmeere. Diese selbstbewussten Männer prägten auch das kommunale Leben der Landschaft Sylt. Jürgen Jens Lorensen war einer der Sylter Ratmänner, so dass sein Sohn von Kindheit an mit der Selbstverwaltung auf der Insel vertraut wurde.

Selbstverständlich wollte auch Uwe zur See fahren, doch aufgrund der anhaltenden Kontinentalsperre zerschlugen sich seine Hoffnungen. Er nahm ein Jurastudium in Kiel auf und kam hier mit Professor Nikolaus Falck in nähere Verbindung.

Falck, der ebenfalls Sohn eines Kapitäns war und einige Zeit auf Sylt verbracht hatte, gewann den jungen Mann für seine friesische Geschichtsgesellschaft. Lornsen wurde sofort Mitglied und suchte auch seinen Vater für – so schrieb er ihm – „diese unsere eigentliche vaterländische Geschichte" einzunehmen. Diese Formulierung zeigt, wie sehr Lornsen, dem auch seine friesische Muttersprache wichtig war, durch seine Herkunft geprägt wurde. Denn die „eigentliche vaterländische Geschichte" war ihm offenbar die friesische.

Beim Studium in Jena waren es die Ideen der deutschen Burschenschaften von Freiheit und deutscher Einheit, die Lornsen tief beeindruckten und seinem Leben, wie er schrieb, „eine ganz andere und höhere Tendenz" gaben. Für „Freiheit und Menschlichkeit" wollte er etwa auf Haiti und in Griechenland kämpfen. Doch sein Vater, der ihm Vorbild und Maßstab für sein Handeln blieb, verurteilte solch „schwärmerische Gedanken"

Geburtshaus Uwe Jens Lornsens in Keitum. Kohlezeichnung, 1930

Jürgen Jens
Lorensen

Uwe Jens
Lornsen, ge-
zeichnet von
C. P. Hansen

sollte zu einer Union zwischen Dänemark und Schleswig-Holstein umgebildet
werden, wobei er wohl den Doppelstaat
Schweden-Norwegen als Vorbild sah.
Gemeinschaftlich bleiben sollten das
Militär, die Außenpolitik und der Landesherr: „Laßt uns Hand in Hand als Brüder,
jeder in freier, selbstständiger Entwicke-
lung, den König an unserer Spitze, der
Zukunft entgegen gehen. Nur der König
und der Feind sey uns gemeinschaftlich."
Eine vollständige Trennung Schleswig-
Holsteins von Dänemark forderte er also
nicht, auch wenn dies später immer wieder behauptet wurde.

Lornsen war bemüht, für seine Ziele in
Schleswig-Holstein einen „Petitions-
sturm" zu entfachen. Doch es zeigte
sich sehr schnell, dass die Loyalität zum
dänischen Gesamtstaat damals in ganz
Schleswig-Holstein noch stark ausgeprägt war. Niemand wollte vorangehen.
Die von Lornsen beabsichtigte Bewegung
brach in sich zusammen, noch bevor sie
sich gebildet hatte. Er selbst betonte
gegenüber dem Amtmann von Tondern,
dass er von seinen Zielen keineswegs ab-
lassen und auch als Sylter Landvogt dafür
wirken wolle. Um keinen Preis wollte er
einer der „Revolutionäre" sein, „welche
zu Kreuze kriechen". Nach wenigen Tagen in der Tinnumer Landvogtei wurde er
verhaftet und zu einjähriger Festungshaft
verurteilt, die er in Friedrichsort bei Kiel
und in Rendsburg verbüßte.

Sicherlich hätte Lornsen nach seiner
Haftentlassung eine Karriere als Jurist,
Politiker, Schriftsteller einschlagen
können. Er aber entschied sich gegen
den Rat aller seiner Freunde für einen
jahrelangen Aufenthalt in Rio de Janei-
ro. Wichtigster Grund hierfür, wie schon
für seinen Weggang aus Kopenhagen,
war eine rätselhafte Erkrankung, die er
als Makel empfand und die ihn nieder-
drückte. Er glaubte, entgegen der Meinung auch seiner Ärzte, an einer übel
riechenden Hautflechtenkrankheit zu
leiden und alle Menschen in seiner en-

und riet energisch, künftig alles „Roman-
hafte" zu unterlassen.
Lornsen trat in die Dienste der Schleswig-Holstein-Lauenburgischen Kanzlei
in Kopenhagen. Eine glänzende Beam-
tenkarriere schien ihren Lauf zu nehmen.
Doch im Jahre 1830 brach er sie ab und
setzte zudem seine berufliche Existenz
aufs Spiel. Er bewarb sich mit Erfolg um
die Stelle des Landvogts auf Sylt. Bewegt
durch die revolutionären Vorgänge in
Frankreich, Belgien und anderen Staaten,
verfasste er die Flugschrift „Über das Verfassungswerk in Schleswigholstein", die ihn zu
einem der berühmtesten Schleswig-Holsteiner schlechthin werden ließ.
Lornsen forderte darin unter anderem eine Repräsentativverfassung für
„Schleswigholstein" – diese Schreibweise
benutzte er, um die untrennbare Verbindung zu betonen –, eine Verlegung der
Regierungsbehörden von Kopenhagen
in die Herzogtümer sowie einen eigenen
Gerichtshof. Der dänische Gesamtstaat

Auch Lieder wurden Lornsen gewidmet.

geren Umgebung damit anzustecken. Im selbst gewählten Exil arbeitete er an dem Buch „Die Unions-Verfassung Dänemarks und Schleswigholsteins", das als sein politisches Vermächtnis gedacht war. Nach Europa zurückgekehrt, erfuhr er vom Selbstmord seiner unter Schwermut leidenden Schwester. Am 11./12. Februar 1838 nahm er sich am Genfer See das Leben, indem er sich die Pulsadern aufschnitt und sich ins Herz schoss.

Lornsen wurde später häufig vereinfachend als Märtyrer für ein deutsches Schleswig-Holstein und als nationale Symbolfigur verherrlicht. Denkmäler, Straßen- und Schulnamen erinnern an ihn. Er steht als „Held" im Mittelpunkt von Romanen, Schauspielen, Gedichten und Liedern. In der späteren deutschdänischen Auseinandersetzung wurde er immer wieder als „treudeutsch" und „Freiheitskämpfer gegen das dänische Joch" in Anspruch genommen. Lornsen begeisterte sich für die deutsche Einheitsbewegung und wollte „Schleswigholstein" zur „blühendsten Provinz Deutschlands" erhoben sehen. Doch zugleich blieb ein „menschlich-freies Gemeinwesen" sein höchstes Ideal: „Was

Jens Booysen

Nikolaus Wülfke

es auf sich hat, wenn in einem aus verschiedenen Völkern bestehenden Reiche der Dämon der Volkszwietracht erregt ist, das lehrt die Geschichte aller Zeiten und Völker." Selbst eine Teilung des Herzogtums Schleswig nach deutscher und dänischer Nationalität fasste er schon 1832 ins Auge und war auch darin seiner Zeit voraus.

Mit seinem mutigen Auftreten gab Lornsen für Schleswig-Holstein und Dänemark Anstöße zu Entwicklungen, die letztlich zum Untergang des Absolutismus und zu einer Verfassung auf parlamentarischer Grundlage führten. Er selbst hat sein Wirken in einem Brief aus der Rendsburger Festungshaft zurückhaltend eingeschätzt: „Ich bin nichts weiter gewesen als die Fliege, welche sich auf den Gipfel des Schneebergs niedergesetzt und damit eine Lawine in Gang gebracht hat."

Auf dem Weg zum Parlamentarismus

Eine einzige Petition im Sinne Lornsens war aus ganz Schleswig-Holstein tatsächlich an den Landesherrn abgesandt worden. Sie stammte von der Insel Sylt. Dies war zum einen auf die Verbundenheit der Sylter mit ihrem Landsmann zurückzuführen, der „wenn auch mit zu raschem Eifer, doch aus reiner Liebe zum allgemeinen Besten" gehandelt habe. Zum anderen zeigte sich hierin der fortgeschrittene politische Bewusstseinsstand auf der Insel, geprägt von den welterfahrenen, selbstsicheren Kapitänen, die sich während und nach der Kontinentalsperre verstärkt öffentlichen oder ökonomischen Angelegenheiten zugewandt hatten. In ihrer Lebensart hatten sie, hierin den Marschbauern vor allem in Eiderstedt vergleichbar, manches Städtisch-Bürgerliche angenommen. „Insonderheit das schöne Geschlecht" wetteifere „mit den Frauen der Bürger in den Städten", bemerkte der ehemalige Kapitän Jens Booysen

(1765-1833) in seiner 1828 erschienenen *„Beschreibung der Insel Silt"*.

Booysen, ein Onkel Uwe Jens Lornsens, war treibende Kraft im „Sylter Verein" von 1817 und ließ gemeinsam mit Jens Bleicken (1783-1859), einem Vetter Lornsens, einen Hafen in Keitum anlegen. Sowohl mit ihrer Welt- als auch mit ihrer Inselerfahrung argumentierten diese Sylter nun gegenüber dem König. Auf ihren Seefahrten nach Großbritannien, Frankreich oder Amerika hätten sie erkannt, wie sehr dem öffentlichen Wohl gedient werde „durch die Öffentlichkeit verfassungsmäßiger Repräsentation".

Im Kleinen, auf ihrer Insel hätten sie die Vorteile einer freiheitlichen Verfassung schätzen gelernt. Diese solle ähnlich auf den ganzen Staat ausgedehnt werden.

An einer Reform der Sylter Landschaftsverfassung wurde zur selben Zeit intensiv gearbeitet. Insbesondere der Landschaftsarzt Dr. Nikolaus Wülfke (1800-1858) trat dabei hervor, und der mit Lornsen befreundete Historiker A. L. J. Michelsen, dem ja die friesischen Kommunalverfassungen gleichsam als Modell dienten, wirkte im Hintergrund mit. Die Sylter wollten damals schon das Wahlrecht auf Frauen ausdehnen, sofern

sie einen eigenen Hausstand besaßen und Steuern zahlten! Aristokratische Formen wie die Lebenslänglichkeit mancher Ämter sollten abgeschafft werden.

In dieser Landschaft Sylt war später, von 1844 an, Schwen Hans Jensen (1795-1855) als Landvogt tätig, ein Freund Lornsens aus Keitum und sein Kollege in der Schleswig-Holstein-Lauenburgischen Kanzlei in Kopenhagen. Dieser außerordentlich begabte Mann hatte zwar Lornsens Ziele grundsätzlich unterstützt, nicht aber dessen Vorgehensweise. Sein nüchternes Denken, sein Bemühen um Reformen in einem „staatsliberalen", loyalen Sinne dürfte den Vorstellungen seiner Landsleute eher entsprochen haben als der ungestüme Idealismus Lornsens. Jensen setzte seine Beamtenlaufbahn fort und wurde 1835 Bürgermeister in Kiel. Nach der Schleswig-Holsteinischen Erhebung ließ er sich in die Landesversammlung wählen und wurde 1849 Finanzminister der Gemeinsamen Regierung. Nach dem Scheitern der Erhebung kehrte er in das Amt des Sylter Landvogts zurück.

In den Jahren 1831-34 kam es, wohl durch Lornsens Auftreten beeinflusst und beschleunigt, zu allgemeinen Refor-

Keitum auf Sylt, Geburtsort Uwe Jens Lornsens, um 1865. Keitum war damals noch der Hauptort der Insel. Im Vordergrund flanieren bereits erste Badegäste. Lithographie von Johann Friedrich Fritz und Wilhelm Heuer

S. H. Jensen

men in Justiz und Verwaltung. Besonders bedeutsam wurde die Einführung von beratenden Ständeversammlungen für Schleswig, Holstein, Jütland und die dänischen Inseln. Sie waren zwar nicht, wie Lornsen es gewollt hatte, mit weitgehend beschließender Vollmacht ausgestattet, boten aber ein Forum für die öffentliche Diskussion und wirkten an der Herausbildung eines politischen und nationalen Bewusstseins in der Bevölkerung mit.

So wurden im Oktober 1834 auch in Nordfriesland zum ersten Mal überhaupt Parlamentswahlen gehalten. Das Wahlrecht blieb aber auf Männer und große Steuerzahler beschränkt. Nur etwa 2,2 Prozent der Bevölkerung konnten es ausüben, in der Stadt Husum zum Beispiel lediglich 86 von 3882 Einwohnern. Ihnen stand ein Abgeordneter zu ebenso wie den 14 372 Einwohnern des Amtes Bredstedt mit Nordstrand, Pellworm und den Halligen. Die Landbevölkerung war also schlechter repräsentiert.

Die Wahlberechtigten jedes Bezirks hatten sich in einem einzigen Wahllokal einzufinden; die Insulaner etwa mussten eigens aufs Festland reisen! Die Wahl war nicht geheim, sondern öffentlich und mündlich.

Abgeordnete der Ständeversammlung aus Nordfriesland und damit die ersten „Parlamentarier" der Region waren:

Johann Casimir Storm, Advokat, Husum, 12. ländl. Distrikt,

Peter Todsen, Hofbesitzer, Meierholm/ Tondern, 7. ländl. Distrikt,

Claus Hansen Weber, Lehnsvogt, Wange/ Horsbüll, 8. ländl. Distrikt,

Jens Paulsen, Landmesser, Efkebüll, 10. ländl. Distrikt (ursprünglich gewählt war der bereits 82-jährige Bredstedter Advokat Hans Jürgen Matthiesen, der aber vor Zusammentritt der Ständeversammlung verstarb),

Peter Hamkens, Ratmann, Tating, 13. ländl. Distrikt,

Jan Jelles Schütt, Bürgermeister, Friedrichstadt, 4. städt. Distrikt,

Peter Heinrich Rehder, Ratsverwandter, Husum, 8. städt. Distrikt,

Andreas Nissen, Deichgraf, Tondern, 9. städt. Distrikt,

Peter Christian Schmidt, Senator, Tönning, 10. städt. Distrikt.

Ämter, Städte und Gemeinden wandten sich häufig mit Eingaben an die Ständeversammlung, aus Nordfriesland besonders häufig die Wieding- und die Bökingharde, meistens zu ganz konkreten Anliegen. Feste politische Richtungen oder gar Parteien hatten sich noch nicht herausgebildet.

Der bedeutendste Abgeordnete aus Nordfriesland war sicherlich der Husumer Advokat Johann Casimir Storm (1790-1874). Er wurde auch Sekretär der Ständeversammlung, die von 1836 an alle zwei Jahre in Schleswig tagte. Sein Sohn Theodor bezeichnete ihn später als den „angesehensten Mann in Stadt und Land". In die schleswigsche Geschichte ging er ein, weil er es 1842 ablehnte, die erste in der Ständeversammlung gehaltene dänischsprachige Rede zu protokollieren.

Von der deutsch-dänischen Sprachenfrage in Nordschleswig war Nordfriesland ansonsten nicht betroffen. Dennoch wirkten sich die zunehmend nationalpolitisch geprägten Debatten auch hier aus. Seit Ende der 1830er Jahre bildete sich nach und nach ein deutsch-dänischer Gegensatz heraus, den man zuvor nicht gekannt hatte. Er ließ die liberalen Bestrebungen zeitweise in den Hintergrund treten. Insbesondere die „eiderdänischen" Vorstöße, die letztlich ganz Schleswig für einen dänischen Nationalstaat gewinnen wollten, wurden in Nordfriesland abgelehnt. Bei der jungen, vom neuen Schulwesen geprägten Generation fanden sich Ansätze eines nationalen deutschen Bewusstseins.

Neben „Bürgervereinen", die zum „geselligen Umgang" und zur „Beförderung des Wohls" beitragen wollten wie etwa in Tönning, entstanden nun zahlreiche

Männergesangverein in Friedrichstadt, hier im Jahr 1912. Man feierte das 70-jährige Bestehen.

„Liedertafeln", und zwar zwischen 1842 und 1846 unter anderem in Bredstedt, Tönning, Friedrichstadt, Tondern, Hattstedt, Garding, Niebüll, Tating und Koldenbüttel. Aus Süddeutschland kommend, hatte die Gründungswelle 1839 Schleswig-Holstein erreicht. Diese Männerchöre, die nicht zuletzt das „nationale" Liedgut pflegten, bildeten zusammen mit den später entstandenen Turnvereinen geradezu einen Eckpfeiler der Nationalbewegung.

Häufig und gern gesungen wurde zum Beispiel Ernst Moritz Arndts Lied „Was ist des Deutschen Vaterland?", das bis 1870 geradezu als heimliche Nationalhymne der Deutschen galt. Dazu gab es auch eine Version für Nordfriesland: „Was ist des Friesen Vaterland? / Ist 's Eiderstedt, der Norderstrand? / Ist 's wo die Eider stürmend braust? / Ist 's wo die Fluth der Hever saust? / O nein, o nein, o nein, o nein, / Sein Vaterland muß größer sein!"

Insgesamt fühlte sich die Bevölkerung Nordfrieslands weithin bis 1848 dem dänischen Gesamtstaat mit dem König an der Spitze verbunden. Zu Deutschland hatten die allermeisten noch keine innere Beziehung. Politische Absichten beschränkten sich in der Regel auf konkrete, zumeist wirtschaftliche Anliegen, und an den allgemeinen politischen Fragen nahmen nur die wenigsten teil. Insbesondere durch große Volksfeste wurden jedoch breitere Bevölkerungsschichten in die nationalen und politischen Bestrebungen einbezogen.

In einer Petition aus der Wiedingharde hieß es 1844: „... denn wir sind Deutsche und wollen solche bleiben und nicht Dänen werden". Im Zusammenhang mit dem „offenen Brief" Christians VIII. kam es 1846 in Nordfriesland zu regelrechten Massenpetitionen. Denn diese Stellungnahme des dänischen Königs zur Erbfolgefrage konnte im Sinne einer späteren Einverleibung Schleswigs in Dänemark gedeutet werden. Nur die Stadt Husum hielt sich aus wirtschaftlichen Interessen zurück, da der Hafenausbau durch den dänischen Staat unmittelbar bevorstand. Mit „freudigem Enthusiasmus" wurde hier im Sommer 1847 der dänische König begrüßt.

Erster Ansatz zu einer friesischen Bewegung

Friesisch in Nordfriesland

In der ersten Hälfte des 19. Jahrhunderts war die friesische Sprache, wie in tausend Jahren vorher, in Nordfriesland weithin die allgemeine Volkssprache. Allerdings hatte es im Süden bereits frühzeitig Einbrüche gegeben. Zuerst war im 17. und vollends im 18. Jahrhundert die wohlhabende Halbinsel Eiderstedt zur niederdeutschen Sprache übergegangen, die den reichen Bauern vornehmer und nützlicher erschien. Als eine Folge der Sturmflut von 1634 vollzog sich auch auf Nordstrand und später auf Pellworm ein Wechsel zum Niederdeutschen.

Innerhalb des friesischen Gebiets bestanden niederdeutsche „Sprachinseln". Der Marktflecken Bredstedt, Mittelpunktsort der Nordergoesharde, hatte schon früh Händler und Handwerker aus nah und fern angezogen; hier überwog wohl bereits seit dem Ende des Mittelalters das Niederdeutsche. Auf der Insel

Landschaft bei Emmelsbüll in der Wiedingharde

Föhr hatten sich in Wyk und später in Nieblum vor allem nach der großen Sturmflut 1634 Friesen von der zerstörten Insel Alt-Nordstrand und von den Halligen angesiedelt; auch später gab es einen steten Zuzug von den Halligen, vor allem nach den Fluten 1717 und 1825, sowie vom Festland. Ansonsten aber war auf den Inseln und auf dem Festland nördlich von Husum das Friesische die Volkssprache vom Kleinkind bis zum Greis, vom Tagelöhner bis zum Hofbesitzer und Kapitän. Im Jahre 1855 wurde die Zahl der Friesischsprechenden in Nordfriesland mit etwa 30 000 beziffert.

Friesisch ist eine eigenständige westgermanische Sprache. Sie gliedert sich in einen nord-, einen ost- und einen westfriesischen Zweig. In Nordfriesland bestehen mehrere Mundarten. Die Zweiteilung in die insel- und festlandsfriesische Dialektgruppe geht auf die beiden unterschiedlichen Einwanderungswellen zurück. Zwischen den Inseln und zum

Friesische Landschaft Emmelsbüll

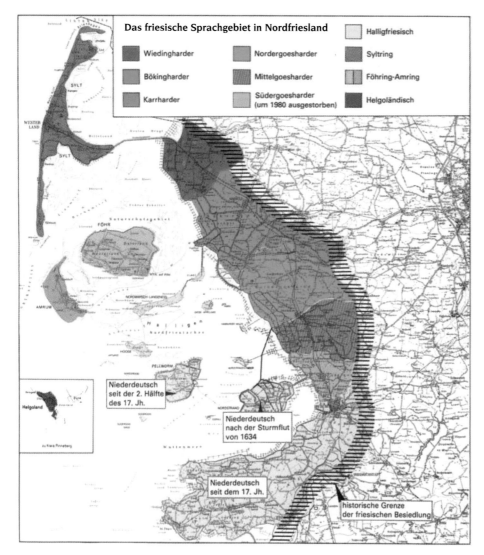

Teil auch zwischen den Harden bestand zeitweise nur wenig Verbindung, so dass sich manche Dialekte recht unterschiedlich entwickelten. Auch gab es ja keinen nordfriesischen Staat oder eine Hauptstadt, die vereinheitlichend hätten wirken können.

Während die Ausstrahlung des niederdeutschen Husum und die vielfach nach Süden gerichteten Handelsbeziehungen etwa in der Südergoesharde einen langsamen Wechsel zum Niederdeutschen bereits anbahnten, war das friesische Sprachgebiet im Osten und Norden von der jütischen Sprache umgeben. Dieses

„Plattdänische" (*Sønderjysk*) vermochte jedoch kaum Gewinne auf Kosten des Friesischen zu machen. Da die jütischen Bauern auf dem Geestrücken wirtschaftlich größtenteils schlechter gestellt waren als die friesischen Marschbauern, verfügte das Jütische, auch „Kartoffeldänisch" genannt, über ein niedrigeres Sozialprestige. Von einem Überlegenheitsgefühl der Friesen gegenüber den Jüten, die als Knechte in die Marschen kamen und sich auf den Inseln häufig fest ansiedelten, berichteten etwa die Reiseschriftsteller Kohl und Mügge. Die Jüten würden als „verächtliche arme

Jap Peter Hansen

Schlucker" angesehen, und fast alles, was schlecht und gemein sei, werde „jütisch" genannt. Im Kirchspiel Keitum ergab 1846 eine Zählung, dass von 1428 Einwohnern immerhin 127 in einem Ort mit dänischer Kirchen- und Schulsprache geboren waren.

Friesisch war in der Regel begrenzt auf den Nahbereich: auf Familie, Dorf, Insel und Harde. In überörtlichen Zusammenhängen wurde zumeist Niederdeutsch gesprochen. Dieses war bis ins 17. Jahrhundert auch die Sprache der Verwaltung sowie der Kirche und damit der Schule, wurde dann aber vom Hochdeutschen abgelöst. Mit der Zunahme des Schulunterrichts seit dem beginnenden 19. Jahrhundert gewann die hochdeutsche Sprache in Nordfriesland an Bedeutung und Verbreitung. Die überwiegend rationalistisch geprägten Lehrer sahen das Friesische – und auch das Niederdeutsche – als einer „höheren Bildung" hinderlich an. Sie wollten es „ausjäten" wie Unkraut. „Das waren falsche, schwachköpfige Lehrer", urteilte der Amrumer Friese Knut Jungbohn Clement, „welche auch die friesische Sprache herabsetzten und am liebsten darüber lachten".

So bestand in Nordfriesland eine natürliche Mehrsprachigkeit, in der jeder Sprache bestimmte Aufgaben und Bereiche zugewiesen waren. Friesisch, Niederdeutsch und Hochdeutsch waren jedem Nordfriesen bekannt, allerdings in unterschiedlichem Ausmaß. So schrieb Christian Feddersen über seine 1764 in der Marschensiedlung Trollebüll geborene Mutter: „Sie sprach fast nur friesisch, verstand nur in der einfachern Sprache das Deutsche." Im östlichen Festlandsbereich und auf den nördlichen Inseln, vor allem auf Sylt, beherrschten viele zudem Süderjütisch und manche Hochdänisch. Die Seefahrer eigneten sich häufig auch Kenntnisse im Niederländischen und in anderen Sprachen an.

Im Unterschied zum West- und Ostfriesischen war Nordfriesisch wohl zu keinem

Zeitpunkt eine „offizielle" Sprache. Die ältesten nordfriesischen Landrechte aus dem 15. Jahrhundert wurden in Niederdeutsch abgefasst. Aus der frühen Neuzeit liegen nur sehr wenige nordfriesische Texte vor, zum Beispiel aus der Zeit um 1600 Übersetzungen von Luthers Kleinem Katechismus in die Mundarten von Alt-Nordstrand und Ost-Föhr. Immerhin entstand in den 1740er Jahren bereits ein erstes nordfriesisches Wörterbuch, zusammengestellt in Göttingen – also bezeichnenderweise in der Fremde – von dem Kaufmann Boy Jacobsen (1697-1762) aus Sterdebüll/Bordelum. Doch es blieb in Nordfriesland selbst zwei Jahrhunderte lang unbekannt – ein Schicksal, das später auch andere Werke der friesischen Sprachpflege teilten.

Das erste größere Werk nordfriesischer Literatur von Bedeutung wurde sodann um die Wende vom 18. zum 19. Jahrhundert geschaffen. Auf seinen Seereisen 1788-92 verfasste Jap P. Hansen (1767-1855), später Küster und Schullehrer in Keitum auf Sylt, die Komödie „*Di Gidtshals, of di Söl'ring Pid'ersdei*" (Der Geizhals oder der Sylter Petritag). Dieses auf beachtlichem Niveau stehende Lustspiel wurde 1809 gedruckt, und damit erschien das erste Buch in nordfriesischer Sprache überhaupt. Auch mit der von ihm entwickelten Rechtschreibung setzte Hansen Maßstäbe. Er schuf als Autodidakt eine Grundlage für die Entwicklung des Nordfriesischen zur Schriftsprache.

Bende Bendsen

Interesse für die friesische Sprache

Die Romantik brachte nicht nur der Geschichte, sondern auch den Sprachen der Völker neues Interesse entgegen. Nicht allein wichtige Arbeiten zur nordfriesischen Geschichte erschienen, wie die von Falck und Michelsen. Wissenschaftler und Laienforscher wandten sich nun auch der nordfriesischen Sprache zu. Wahrscheinlich angeregt von dem Gedanken an eine friesische Geschichtsgesellschaft 1818, fassten die Brüder Christian und Friedrich Feddersen aus Wester-Schnatebüll, die damals als junge Pastoren in Fahretoft bzw. in Uelvesbüll tätig waren, den Plan für ein Wörterbuch und eine Grammatik des Friesischen. Es entstand jedoch nur eine von Friedrich Feddersen (1790-1863) erstellte friesisch-deutsche Wörterliste seines Karrharder Dialekts.

Bende Bendsen (1787-1875) aus Risum, der sich auf der Ostseeinsel Ærø als Privatlehrer und „Wunderheiler" durchschlug, begann 1815 mit seinen friesischen Forschungen und erstellte vor allem 1823/24 seine grundlegende Arbeit über das Bökingharder Friesisch. Der dänische Forscher Rasmus Rask (1787-1832), einer der führenden Sprachwissenschaftler seiner Zeit, ließ sich dadurch zu seiner 1825 erschienenen „Frisisk Sproglære" anregen, die 1834 in deutscher Übersetzung herauskam. Einen Meilenstein für die Erforschung des Altfriesischen – das Nordfriesland indes nur indirekt berührte – setzte der aus Schlesien stammende Germanist und Jurist Karl Freiherr von Richthofen (1811-1888) mit den 1840 in Berlin bzw. Göttingen veröffentlichten „Friesischen Rechtsquellen" und seinem „Altfriesischen Wörterbuch".

Nikolaus Outzen (1752-1826), der aus Nordschleswig stammte und Pastor in Breklum war, hatte in einer Arbeit über die dänische Sprache in Schleswig mehrfach das Nordfriesische berührt. Daraufhin wohl stellte die dänische Gesellschaft der Wissenschaften in Kopenhagen 1817 eine Preisfrage über die „Beschaffenheit und Geschichte der friesischen Sprache"; die ausgesetzte Prämie wurde allerdings nicht vergeben. Outzen selbst erarbeitete ein umfangreiches Wörterverzeichnis, das 1837 in Kopenhagen gedruckt wurde. Er nahm das Friesische gegen seine rationalistischen Feinde in Schutz, die er als „blinde Eiferer und unzeitige Lärmbläser" bezeichnete. Keineswegs dürfe man die Sprache als „seltsames Mißgewächs oder Unkraut ansehen, das ausgegätet oder ausgereutet werden müßte", sondern man solle sie als einen „noch lebenden Zweig jenes alten ehrwürdigen ... Stammes hoch und werth schätzen und ... zu erhalten suchen".

An mehreren Orten, zumeist übrigens außerhalb Nordfrieslands, und unabhängig

Rasmus Rask

Nikolaus Outzen

Christian
Feddersen

voneinander beschäftigten sich also Wissenschaftler und nordfriesische Laien mit der friesischen Sprache. Diese Bestrebungen standen in einem europäischen Zusammenhang, auf den schon 1846 der weit gereiste Schriftsteller J. G. Kohl aufmerksam machte: „... man verfährt in den friesischen Marschen ganz so, wie in den kroatischen, illyrischen und slavonischen Gränzgebirgen, wie in Wales, wie in den schottischen Hochlanden, wie in dem irischen Westen und anderen Ländern." Zumeist entstanden daraus nationale Bewegungen. Auf eine solche Entwicklung schien zunächst auch in Nordfriesland vieles hinzudeuten.

„Höret nicht auf, Friesen zu sein!"

Geradezu ein Programm für eine eigenständige friesische Bewegung entwarf im Jahre 1842 Christian Feddersen (1786-1874), der aus der bekannten Familie Feddersen aus Wester-Schnatebüll stammte und damals Pastor in Nordhackstedt im Amt Flensburg war. Stark von den Ideen der Romantik, dem Gedankengut des Deutschen Herder und des Dänen Grundtvig geprägt, gelangte er zu der Erkenntnis, danach weder Deutscher noch Däne, sondern Friese zu sein.

In diesem Sinne forderte er seine Landsleute in seiner kleinen Schrift „Fünf Worte an die Nordfriesen" auf: „Sprechet in der Regel friesisch in euren Häusern, versuchet friesisch zu schreiben; eine Gegend im Friesenlande theile sich der anderen mit, daß doch alle Friesen einander verstehen und die allgemein verstandenen Dialecte der Sprache ein Band werden mögen, welches alle Glieder des Volkes umschlinge."

Christliche Überzeugung, ein Bemühen um die Bildung des Volkes und eine Besinnung auf das überlieferte Friesische flossen bei Feddersen zu einem anspruchsvollen Ideal zusammen. Die Friesen sah er als eigenes Volk, Nordfriesland nannte er sein „Vaterland" – ganz wie der junge Uwe Jens Lornsen die friesische als „unsere eigentliche vaterländische Geschichte" betrachtet hatte. Nordfriesland solle durch gemeinsames Bemühen „ein freundlich leuchtender Punct neben den deutschen und dänischen Landen" werden. „Höret nicht auf, Friesen zu sein!" mahnte er seine Landsleute und appellierte an sie: „Friesen der Marsch, Friesen der Geest, der Eilande und des Festlandes, Friesen in der Heimat, Friesen in der Fremde! tretet alle zusammen, daß ihr es recht fühlen möget, daß ihr zu einem und demselben Volke gehöret!"

Bei aller Hochschätzung des Friesischen warnte Feddersen doch vor einer Übersteigerung und erkannte, wie wenige zu diesem Zeitpunkt, die dem Nationalismus innewohnenden Gefahren: „Nicht meine ich, daß ihr eure Nachbarn verachten sollet. Das werdet ihr auch nicht thun. Nur der Unerfahrene, der Welt und Menschen durchaus nicht kennt, der immer nur in seinem engen Volkskreise sich bewegte, vermag dieses zu thun; nur der Gedankenlose vermag es, nur der, welcher blos von Volksliebe etwas weiß, aber nichts von Menschenliebe."

Das größere Vaterland war für Christian Feddersen zu diesem Zeitpunkt noch der dänische Gesamtstaat. Seine Gesinnung – und die vieler seiner Landsleute – kam in einem friesischen Lied zum Ausdruck, zu singen nach der Melodie „God save the King", mit dem er im Sommer 1842 den dänischen König Christian VIII. im Christian-Albrechts-Koog begrüßen lassen wollte. Den Landesherrn bezeichnete er als „Tääte" (Vater) und fuhr fort:

Lorenz
Friedrich
Mechlenburg

Frasch san we trinambai,
Snååke, as 't hart üs säit,
San wat liktu!
Nam dän forliif uk sü,
Trou miine we 't uk nü
Mä de än 't fääderlönj,
Dåt liiw üs mån!

Friesisch sind wir ringsumher,
Sprechen, wie es das Herz uns sagt,
Sind ziemlich geradezu!
Nimm denn so auch vorlieb,
Treu meinen wir's auch nun
Mit Dir und dem Vaterlande,
Das glaube uns nur!

Christian Feddersen regte auch ein friesisches Volksfest an, das weitgehend in friesischer Sprache und im Stile „altfriesischen Lebens, also einfach, brüderlich, frei und fröhlich und frei von jeder sinnlichen und politischen Ausschweifung" gehalten sein müsse. Ganz anders sollten indes die bald darauf gehaltenen „Volksfeste der Nordfriesen" verlaufen.
Etwa zur selben Zeit machte Pastor Lorenz Friedrich Mechlenburg (1799-1875) auf Amrum als erster den Vorschlag, ein Wörterbuch aller nordfriesischen Dialekte zusammenzustellen. Er begann bald mit der Sammlung des Amringer Wortschatzes, und dabei erging es ihm, berichtete er einem Besucher, „wie einem Insectenhascher auf den Wiesen": Es gebe Worte, die nur selten erschienen, und passe man da nicht auf, fange man sie nicht gleich ein und fixiere sie durch die Schrift, so

flögen sie wie Schmetterlinge davon und kämen so bald nicht wieder.
Gemeinsam mit Christian Peter Hansen (1803-1879), dem Sohn Jap P. Hansens, entwickelte Mechlenburg einen Plan für eine friesische Zeitschrift und traf sich in diesem Bemühen mit Christian Feddersen. C. P. Hansen, Küster und Lehrer in Keitum, hatte bereits in den 1830er Jahren mit seinen landeskundlichen Arbeiten begonnen; wie kein anderer bezeugte er Geschichte und Überlieferung des alten Sylt und verfasste auch mehrere Bücher zur Vergangenheit der Nordfriesen. „Schriftsteller, Küster, Organist, Antiquar und lebendiges Konservationslexikon" nannte ihn 1864 der Schriftsteller Adelbert Graf Baudissin. Für die Pläne eines gesamtnordfriesischen Wörterbuchs und einer nordfriesischen Zeitschrift meldeten sich aber nur sehr wenige Mitarbeiter aus den anderen Dialektgebieten, so dass beides scheiterte.
Noch ein anderer Nordfriese kam um diese Zeit zu dem Ergebnis, dass er „in Sprache, Abkunft und Gesinnung ein Nordfrese" sei: Knut Jungbohn Clement (1803-1873) von der Insel Amrum. Auch er schloss von der eigenständigen friesischen Sprache auf die Existenz einer

C. P. Hansen mit seiner Frau vor seinem Haus in Keitum, das später als Altfriesisches Haus zum Museum wurde

eigenen friesischen Nationalität und klagte zum Beispiel darüber, dass ein „fremder Dialekt" – gemeint war das Deutsche! – „Kanzel, Schule und Schrift" erobert habe. Während seiner Zeit in Kopenhagen wurde er von dem dänischen Theologen und Volkspädagogen N. F. S. Grundtvig stark beeinflusst und vom dänischen König Christian VIII. durch ein Reisestipendium besonders gefördert. Im Gegensatz zu Grundtvig – und Christian Feddersen – wurzelte er aber nicht im Christentum. Vielmehr schwärmte er für eine nordgermanische Menschheit, die sich am allerreinsten bei den Nordfriesen ausgeprägt habe, und wurde zu einem frühen Vorläufer des germanischen Rassendenkens. Zukunftweisend war aber beispielsweise sein Vorschlag einer Teilung des Herzogtums Schleswig, um dem von ihm vorausgeahnten bitteren Streit zwischen Deutsch und Dänisch vorzubeugen.

Seit 1841 Privatdozent für Geschichte an der Universität Kiel, geriet Clement in den Brennpunkt der schleswig-holsteinischen Bewegung, deren Einflüssen er schnell nachgab. In seinem Buch „Die

Lebens- und Leidensgeschichte der Frisen" von 1845 nannte er die Nordfriesen bereits „Deutschlands Ehrenvolk". Zugleich pries er die alte friesische Freiheit, friesische Sitte und vor allem die friesische Sprache, doch „unter Druck und Elend" sei vieles untergegangen. Aus Kreisen der Kieler Liberalen hieß es zu dem Buch: „Es macht dieser Kampf, welchen eine edele, immer mehr zusammenschmelzende Nation mit dem Unvermeidlichen führt, einen echt tragischen Eindruck." Der Reisende J. G. Kohl hatte hingegen nur Spott für Clements „Friesomanie", die das friesische zum ersten Volk der Welt erhebe und den Friesen „den vorzüglichsten Wuchs, die reinste Hautfarbe, den fleckenlosesten Teint, den hellsten Verstand, das zarteste Herz" zuschreibe. Christian Feddersen und Lorenz Friedrich Mechlenburg waren mit ihren Ideen und Plänen zunächst nicht an die Öffentlichkeit getreten. Als sie dies 1845 nachholten, war der günstigste Zeitpunkt zum Handeln verstrichen. Der nationale Gegensatz zwischen Deutsch und Dänisch hatte inzwischen auch Nordfriesland erfasst.

Johann Georg Kohl

Die Volksfeste in Bredstedt
1844-1846

Die schleswig-holsteinischen Liberalen waren mit der politischen Haltung der Nordfriesen durchaus nicht zufrieden. Diese seien zuerst leidenschaftlich eiderstedtisch, bredstedtisch, föhringisch usw., dann friesisch und höchstens schleswigsch und schleswig-holsteinisch, doch „zu dem Begriff des Deutschthums erhoben sich wol nur Einzelne", bemängelte der Eckernförder Liberale und Chronist der deutschen Volks- und Sängerfeste, Heinrich Hansen. Die Nordfriesen seien stolz auf ihre traditionellen Freiheiten, „stolzer, als sie wol Ursache haben". Für höhere politische Ziele seien sie jedoch kaum eingetreten. Unverhohlen legte Hansen den Standpunkt der „fortschrittlichen" jüngeren Liberalen offen, die für die historisch gewachsene Vielfalt im Lande im Grunde kein Verständnis hatten: Große Teile Nordfrieslands seien mittlerweile nicht mehr friesischsprachig und manche friesischen Eigentümlichkeiten hätten „der höheren Bildung, welche mit der hochdeutschen Sprache und

Sitte von Süden kommt", schon Platz gemacht, „und wir halten das für ganz gut"! Die einzelnen deutschen Volksstämme – und zu diesen rechnete er die Nordfriesen selbstverständlich und ohne Einschränkung – müssten aus ihrem „Particularismus", ihrer „Gesondertheit" heraustreten und ablegen, „was der geistigen Gemeinschaft hinderlich ist".

In jenen Jahren wurden auch in Schleswig-Holstein große Volks- und Sängerfeste gefeiert, auf denen die Menschen mit dem neuen nationalen Gedankengut vertraut gemacht wurden. In einer Zeit, in der es andere „Massenmedien" nicht oder – wie die Zeitungen – erst mit recht geringer Breitenwirkung gab, beeinflussten solche Großveranstaltungen die Meinungsbildung der Menschen erheblich. In Nordfriesland hatte es im August 1843 bereits ein Sängerfest in Tönning gegeben, auf dem etwa Ernst Moritz Arndts Lied „Was ist des Deutschen Vaterland" „stürmischen Applaus" erhielt. Politische Reden wurden hier aber nicht gehalten.

Das Bredstedter Volksfest im Jahr darauf hatte von vornherein eine politische Zielsetzung. Acht Männer aus Bredstedt und der weiteren Umgebung, darunter der Ständeabgeordnete Jens Paulsen aus Efkebüll, wandten sich im Frühjahr 1844 mit ihrem Plan an 55 Persönlichkeiten in allen Teilen Nordfrieslands. Ein Festkomitee bildete sich und lud für den 10. Juni 1844 zu einem Volksfest in Bredstedt als „dem ungefähren Mittelpunctsorte der von Friesen bewohnten Districte". Vom Festplatz nahe der Bredstedter Kirche bot sich ein weiter Ausblick auf die Marsch und das nordfriesische Wattenmeer.

Mindestens 6000 Besucher sollen zu diesem „Volksfest der Nordfriesen" gekommen sein, und zwar aus ganz Nordfriesland einschließlich Helgoland und aus anderen Teilen der Herzogtümer. Mit Kanonendonner, einem Festumzug und zahlreichen Transparenten und Fahnen wurden sie begrüßt. Wohl erstmalig wehte hier das „Nordfriesen-Wappen"

Knut
Jungbohn
Clement

Älteste Fahne mit dem Nordfriesen-Wappen, vermutlich gehisst beim ersten Volksfest der Nordfriesen 1844, heute im *Nordfriisk Instituut* in Bredstedt. Der Wappenspruch *„Liewer düd, as Slaw"* (Lieber tot als Sklave) wurde in dieser Form 1837 von dem Niebüller Heine Sibbern Heinsen in Verbindung mit Christian Feddersen geprägt: Der Mensch solle keines Menschen Sklave sein, auch nicht sein eigener. Er wurde vor allem von K. J. Clement propagiert und erhielt dann schnell eine antidänische Stoßrichtung. Das Wort gilt noch heute als ein Wahlspruch der Nordfriesen.

mit Krone, Grütztopf und halbem Adler. Ein altes Wappen für ganz Nordfriesland gab es nicht, da nie eine geschlossene politische Einheit bestand. Bei der Gestaltung griff man zum Teil auf Motive zurück, wie sie in nordfriesischen Familienwappen verwandt wurden: Die Krone bezieht sich ursprünglich auf die des mittelalterlichen deutschen Reichs, dessen Kaiser den Friesen bestimmte Rechte zugestanden haben (sollen), aber wohl auch auf die des Landesherrn, des dänischen Königs. Der

Grütztopf symbolisierte ursprünglich brüderliche Gemeinschaft. Dann wurde er mit einer erdichteten Sage verbunden: Friesische Frauen sollen Feinde – man dachte bald an die Dänen – mit heißer Grütze in die Flucht geschlagen haben, als die Kampfkraft ihrer Männer erlahmte. Der halbe Reichsadler bezieht sich ebenfalls auf von deutschen Kaisern verbürgte Freiheiten für die Friesen.

Das Festprogramm sah musikalische Darbietungen, gemeinsame Lieder, zahlreiche politische Reden und ein „einfa-

ches, aber kräftiges und gutes Mahl" vor. Gegen Abend bewegten sich die Tanz-lustigen „im Scheine zahlloser Lampen", Feuerwerke wurden abgebrannt, und „beim gefüllten Glase" blieben viele noch bis zum Morgengrauen zusammen.

Die offiziellen Reden waren in ihrer Tendenz sämtlich liberal und deutsch-schleswig-holsteinisch. Der Präsident des Festes, Inspektor Nicolai Carstens aus Lindholm, forderte zur Teilnahme an den öffentlichen Angelegenheiten auf und warnte vor drohenden Über-griffen der Eiderdänen, wobei er aber das „ehrenwerte und besonnene" Volk der Dänen ausdrücklich von der „fanati-schen Partei" unterschied. „Beden wi de Dütschen unsre Hand!" rief der Bredsted-ter Advokat Paul Lorentzen der Menge in einer plattdeutschen Ansprache zu. Knut Jungbohn Clement, inzwischen gewon-nen für die schleswig-holsteinische Be-wegung, beklagte wieder den Niedergang des nordfriesischen Gemeinwesens, das „in Brocken und Scherben" liege. Daraus leitete er aber keinen Aufruf zur Wieder-herstellung des Verlorenen ab, sondern

forderte zum Zusammenwachsen „in einen großen, herrlichen Volkskörper" und zum Anschluss „an die deutschen Herzogtümer" auf. Jens Bleicken aus Keitum blieb bei der Beschwörung deut-schen Nationalgefühls nicht stehen. Das dreifache Hurra dieses welterfahrenen in-selfriesischen Kapitäns galt „allen tatkräf-tigen Männern, die von Vaterlandsliebe und von Liebe für die ganze Menschheit beseelt sind, als Uwe Lornsen es war". Neben bekannten Männern aus der Re-gion traten mit Wilhelm Hartwig Beseler und Jürgen Bremer zwei prominente Vertreter der schleswig-holsteinischen Liberalen auf die Rednertribüne.

Dass Zweck und Ziel des Festes erreicht worden seien, war nach dem Fest die allgemeine Meinung. „Fern von allem Particularismus" hätten sich die Friesen „ihren Brüdern, den Schleswig-Holstei-nern," offen angeschlossen, schrieb das *Husumer Wochenblatt* und brachte die politische Tendenz des Festes auf diesen Nenner: „Es war, wie den ganzen Tag, nicht Nordfriesland die Losung, sondern Schleswig-Holstein, deutsches Streben,

„Das nord-friesische Volksfest bei Bredstedt am 10ten Juni 1844". Nach der Natur gezeichnet von Daniel Winter, Lithographie von Sievert Steenbock

Nicolai Carstens

Das zweite Volksfest der Nordfriesen. *Illustrierte Zeitung,* Leipzig, vom 16. August 1845

am 25. Juni 1846 als Sängerfest angelegt war und – auch aufgrund schlechter Witterung – von viel weniger Menschen besucht wurde.

Wenn sich auch die Breitenwirkung dieser Volksfeste nur schwer abschätzen lässt, so standen doch zweifellos die weitaus meisten politisch bewussten Nordfriesen seit diesen entscheidenden Ereignissen auf der schleswig-holsteinischen, deutschen Seite. Zugleich wurde den zarten Anfängen einer friesischen Bewegung ein Ende gesetzt.

deutsches Wesen". In seinem Festbericht lobte Heinrich Hansen, dass sich die Friesen nun wohl mehr dem „allgemeinen Deutschen" zuwenden würden, und so müsse es auch sein, sonst gehe Deutschland in seinen Provinzen und Provinzialismen unter und werde „national und politisch zur Nullität".

Dabei waren sich die Fest-Organisatoren des Erfolgs nicht von vornherein sicher gewesen. Die breite Bevölkerung, insbesondere die ältere Generation, verharrte noch im Überkommenen, brachte der größeren Politik wenig Verständnis entgegen und war von deutschem Nationalgefühl noch kaum erfasst. Zwischen dieser Haltung und der in Bredstedt betriebenen politischen und nationalen Agitation bestand ein Spannungsverhältnis, wie es etwa der junge Husumer Advokat und Dichter Theodor Storm spürte, der auch dem Festkomitee angehörte. Er hielt einen spöttisch-überlegenen Abstand zu den Bredstedter Vorgängen. In einem Brief an seine Braut nannte er einen der Redner einen „gefühlvollen Dänenfresser", der nach der fünfzigsten Rede einem der anderen Redner „um den Hals fiel und ihm mit Freudentränen in den Augen zuflüsterte: ‚Es gelingt!'"

Ganz ähnlich verlief das zweite Bredstedter Volksfest am 23. Juni 1845, das Knut Jungbohn Clement ganz in seine Regie genommen hatte, während das dritte

Welche Gründe trugen zum – vorläufigen – Scheitern bei? Schon die Kleinheit der nordfriesischen Sprachgemeinschaft, das zerklüftete Siedlungsgebiet und die Vielfalt der Dialekte bildeten ungünstige Voraussetzungen. Es fehlte gemeinsames und entschlossenes Handeln. Überdies herrschte in den Kreisen, die für eine Mitarbeit in Frage kamen, Gleichgültigkeit vor, wie etwa Mechlenburgs Versuch zeigte, Mitarbeiter für ein Wörterbuch und eine friesische Zeitschrift zu finden. Vor allem hatte man zu lange gezögert. Der mittlerweile in voller Schärfe entbrannte Gegensatz zwischen „Schleswigholsteinern" und „Eiderdänen" ließ für Zwischenlösungen und Sonderentwicklungen keinen Raum. Die friesischen Bestrebungen wurden erstickt und überlagert, zum Teil auch in die schleswig-holsteinische Bewegung einbezogen. Friesische Ziele wurden „höheren" untergeordnet. Im „Spannungsfeld zwischen Deutschland und Dänemark" (Johannes Jensen) standen die Nordfriesen in ihrer überwältigenden Mehrheit auf der schleswig-holsteinisch-deutschen Seite, wie sich jetzt zum ersten Mal und später bei verschiedenen Gelegenheiten erneut zeigte. Die jahrhundertelange Verbindung mit deutscher Sprache und Kultur sowie die vor allem nach Süden weisenden Handelsverbindungen waren dafür die entscheidenden Gründe.

Revolution, Reaktion, Kriege

Die schleswig-holsteinische Erhebung 1848-1850 und Nordfriesland

Wilhelm Hartwig Beseler

Die Erhebung der deutschen Schleswig-Holsteiner gegen Dänemark ist untrennbar verbunden mit den Ereignissen des Jahres 1848 in Europa. Sie ist Bestandteil der deutschen Revolution und der freiheitlichen Nationalbewegung. Der „Aufruhr" – so die lautet Bezeichnung in Dänemark – begann, als der neue König Friedrich VII. ein eiderdänisches Kabinett berufen hatte; die Einverleibung Schleswigs in Dänemark schien unmittelbar bevorzustehen. Daraufhin bildete sich am 24. März 1848 in Kiel eine „Provisorische Regierung", die das Land den „Einheits- und Freiheitsbestrebungen Deutschlands" anschließen wollte. An ihrer Spitze stand der in Schleswig tätige Advokat Wilhelm Hartwig Beseler (1806-1884). Er wurde in Marienhausen/ Ostfriesland geboren, wuchs in Rödemis bei Husum auf, wurde 1846 Präsident der schleswigschen Ständeversammlung und 1848 Vizepräsident der deutschen Nationalversammlung in Frankfurt; sein Grab befindet sich in Mildstedt bei Husum.

In vielen Orten Nordfrieslands wurde die Provisorische Regierung umgehend anerkannt. „Abends waren alle Fenster festlich erleuchtet, es wogte in den Straßen von freudig erregten Menschen", hieß es aus Husum. In Bredstedt fanden sich zwischen dem 24. und 26. März bis zu 2000 Menschen zu drei Volksversammlungen ein, und man schickte vier Mann nach Rendsburg, um möglichst Waffen herbeizuschaffen. Auf Sylt trug C. P. Hansen „vaterländische Gedichte" in friesischer Sprache vor. Zahlreiche Nordfriesen meldeten sich voller Begeisterung als Freiwillige zu den schleswig-holsteinischen Truppen, die, unterstützt von den Armeen Preußens und des Deutschen Bundes, in einem blutigen Bürgerkrieg gegen Dänemark kämpften. Von Eiderstedt wurde ein Trupp mit freiwilligen Reitern nach Rendsburg gesandt, die der Prinz Friedrich von Noer als Befehlshaber der schleswig-holsteinischen Truppen zu seiner Ehrengarde ernannte („Eiderstedter Garde"). Ein Landwirt in Uelvesbüll war so begeistert, dass er eigens nach Frankfurt zur Nationalversammlung in der Paulskirche reiste. Seine Söhne nannte er nach Freiheitshelden wie Waldeck und Kossuth.

Doch die Opferbereitschaft für die nationale Sache war nicht allgemein. Bald schon wurde über mancherlei „Lauheit und Gleichgültigkeit" geklagt. Im April 1848 rief die Provisorische Regierung zur Volksbewaffnung auf und proklamierte damit den Volkskrieg. In Eiderstedt wurden über 600 Mann mit Gewehren und 1400 Mann mit Piken versehen, ausschließlich „Proletarier" und keine Hofbesitzer. Als sich nun am 20. April eine kleine, 70-köpfige dänische Truppe mit zwei Kanonen dem Eiderstedter Vorposten bei Voßkuhle näherte,

Schleswig-
holsteini-
scher Jäger
1848-50

erklärten die schleswig-holsteinischen Offiziere, nicht gegen Kanonen und reguläres Militär kämpfen zu wollen. Unter lauten und fassungslosen Schmähungen des Hauptmanns löste sich die Volksbewaffnung auf, ohne dass ein Schuss gefallen wäre.

In Husum verlief der Volkskrieg nicht heldenhafter. Hier waren aus einer Menge heraus dänischen Soldaten einige Schüsse nachgefeuert worden. Daraufhin rückte am nächsten Tag eine dänische Abteilung an, entwaffnete die aus fast 400 Mann bestehende Bürgerwehr und wurde von den Husumern noch „mit Speise und Trank erquickt". Auch auf Sylt löste sich die Volksbewaffnung auf, und ihr Anführer suchte das Weite.

Deutlich zeigte sich hier, dass zwar die Bevölkerung Nordfrieslands in ihrer großen Mehrheit die Ziele der schleswig-holsteinischen Bewegung unterstützte, vielfach mit großem Opfermut. Für die meisten Menschen aber waren damals Freiheit und deutsche Nation keine so hohen Werte, dass sie dafür ihr Leben

aufs Spiel setzen wollten. Pathetische Bekundungen wie die aus Bredstedt, die Friesen seien „alle bis auf den letzten Blutstropfen Schleswig-Holsteiner", prallten mit der harten Wirklichkeit zusammen. Voller Enttäuschung stellte das *Rendsburger Tageblatt* die Frage: „War es möglich, von den hochherzigen Friesen zu erwarten, daß nur eine kleine Schar den Mut habe, ... des Feindes zu warten?"

In dieses Bild fügt sich die sehr geringe Wahlbeteiligung in Nordfriesland, als im Mai und Juli 1848 Wahlen zur verfassungsgebenden deutschen Nationalversammlung und zur Landesversammlung gehalten wurden – und dies, obwohl hier erstmals ein allgemeines und gleiches Wahlrecht für Männer galt.

Fanden die deutschen Schleswig-Holsteiner fast überall in Nordfriesland Anhänger, so war ihnen die Stimmung auf Föhr und Amrum keineswegs günstig. „Wir Amrumer und Westerlandföhrer sind ganz dänisch gesinnt, ein Einzelner, der der holsteinischen Sache zugetan ist, und der darf es gar nicht mal hören

Ein auf der Insel Amrum verwundeter Freiwilliger wird auf der Tragbahre zu seiner Familie gebracht. Ölgemälde von Carl von Häberlin, 1856

lassen", schrieb die Schwester Knut Jungbohn Clements ihrem Bruder von der Insel. Hierin kam aber kein dänisches Nationalgefühl zum Ausdruck, sondern eine besondere konservative Einstellung, ein Festhalten am Überkommenen, Alten. Man wünschte auf den Inseln nicht, in die festländischen Wirren einbezogen zu werden.

Ein Schleswig-Holsteiner auf Föhr klagte über eine „grenzenlose Gesinnungslosigkeit" der Insulaner. Es scheine „ihnen ganz gleichgültig, ob sie deutsch oder dänisch sind, wenn sie nur ruhig hinterm Ofen sitzen können und nur ihr Geldbeutel nicht in Anspruch genommen wird". Knut Jungbohn Clement selbst hielt während der Erhebung zu den deutschen Schleswig-Holsteinern, betonte aber wieder die friesische Eigenständigkeit: „... nur aus Mangel an Einsicht geschieht es, daß man die Friesen durchaus zu Deutschen machen will und ihnen sogar unverständig zürnt (sie für unpatriotisch hält), wenn sie nicht sein wollen, was sie nicht sind."

Die schleswig-holsteinische Erhebung war überwiegend eine Angelegenheit des Bürgertums. Es kam aber in dieser revolutionären Zeit verstärkt zu sozialen Unruhen, und mancher befürchtete, die Bewegung könne „einen roten Charakter" annehmen. In Husum spitzte sich die Lage dramatisch zu. Hier weigerten sich zahlreiche Arbeiter, die beim Hafenausbau beschäftigt waren und großenteils von außerhalb kamen, an zwei Ebben am Tag zu arbeiten. Einige Wochen später protestierten sie in einem „allgemeinen Aufstand und Tumult" gegen die hohen Butterpreise auf dem Wochenmarkt. Mit ihrer Forderung setzten sie sich durch, verlangten nun aber höheren Arbeitslohn, stürmten die Häuser von Butteraufkäufern und beschafften sich Lebensmittel und Branntwein. Erst am Abend konnte die Bürgerwehr den Aufstand der nun satten und zum Teil betrunkenen Hafenarbeiter niederwerfen.

Der Zusammenbruch der allgemeinen deutschen Freiheits- und Nationalbewegung leitete auch das Scheitern der

Flucht der Einwohner aus dem brennenden Friedrichstadt am Abend des 4. Oktober 1850. Kolorierte Lithographie von P. J. du Ferrang

schleswig-holsteinischen Erhebung ein. Von Mitte 1849 an wurde das Herzogtum Schleswig von einer „Landesverwaltung" regiert, die aus einem Dänen, einem Preußen und einem Engländer als Schiedsrichter bestand. In dieser verzweifelten Endphase der Erhebung zeigten sich in Nordfriesland erstmals die krassen Auswüchse eines Kampfes, in dem das „Nationale" zum höchsten Wert geriet. Die Menschen wurden, je nach ihrer Stellungnahme, bedenkenlos in „gute" und „schlechte" eingeteilt. Moralischer Zwang und Boykott gegen Andersdenkende waren Mittel dieser bedingungslosen, hasserfüllten Auseinandersetzung. Nur zwei Beispiele seien angeführt: In Husum versuchte ein Geschäftsmann Verständnis für den missliebigen, von der Landesverwaltung eingesetzten Bürgermeister Davids zu wecken: „... ist denn nicht ein Däne ebenso gut als ein Deutscher?" Doch die Wut der Volksmenge wandte sich nun gegen ihn. Er bezog Prügel, und anschließend wurden

Die neue Remonstrantenkirche in Friedrichstadt. *Illustrirte Zeitung*, Leipzig, vom 22. November 1856

ihm die Fensterscheiben eingeworfen. In Westerland auf Sylt drohte Pastor Christian Frederik Frenssen, ein fanatischer deutscher Nationalist, Andersdenkenden mit dem Entzug des Abendmahls. Als später dänische Soldaten nach Sylt kamen, wurde er allerdings als einer der ersten landflüchtig.

Nur wenige traten in dieser Zeit für gegenseitiges Verständnis und Friedfertigkeit ein. Zu ihnen gehörte aus seinen christlich-humanistischen Idealen heraus Christian Feddersen, mit dessen Namen der erste Beginn der friesischen Bewegung verknüpft ist. Er verurteilte jeden „Nationalhass", rief die Schleswig-Holsteiner zur Teilnahme an einem allgemeinen „Kongress der Freunde des Friedens" in Brüssel auf, befürwortete eine Entwaffnung der Staaten und ein internationales Schiedsgericht. Den Krieg sah er als „grimmigen Sohn menschlicher Kurzsichtigkeit, Leidenschaftlichkeit und Verdorbenheit".

Als Preußen am 2. Juli 1850 unter dem Druck der Großmächte Frieden mit Dänemark schloss, war die Sache der deutschen Schleswig-Holsteiner verloren. Die Schlacht bei Idstedt am 25. Juli 1850 führte den Zusammenbruch des auf sich allein gestellten schleswig-holsteinischen Heeres herbei. Wie in eine eroberte feindliche Stadt zogen nun dänische Soldaten in Husum ein.

Mit der Beschießung Friedrichstadts vom 29. September bis 4. Oktober 1850 fand der Krieg einen entsetzlichen Abschluss. Die Schleswig-Holsteiner wollten den von dänischen Truppen gehaltenen Ort einnehmen. Ihr Bombardement zerstörte große Teile der Stadt, darunter die Remonstrantenkirche und das Rathaus. Mindestens 315 Menschen starben in dieser Schlacht ohne Sinn. Seit der Einäscherung Altonas durch schwedische Truppen 1715 hatte wohl keine andere Stadt in Schleswig-Holstein ein so schreckliches Geschick erfahren – nicht durch „feindliche", sondern durch „ei-

gene" Truppen. Theodor Storm schrieb
damals in Husum sein Gedicht „Gräber
an der Küste", in dem es heißt: „Schon
hatten wir zu festlichem Empfang / Mit
Kränzen in der Hand das Haus verlassen; / Wir standen harrend ganze Nächte
lang, / Doch nur die Toten zogen durch
die Gassen."
Der 24. März, Beginn der schleswig-holsteinischen Erhebung, galt noch lange
danach als Gedenktag. Zum 25- und
50-jährigen Jubiläum wurden auch in vielen Orten Nordfrieslands Doppeleichen
als Symbole der Zusammengehörigkeit
Schleswig-Holsteins gepflanzt, von denen noch heute einige an das Geschehen
erinnern.

Harro Harring – ein Revolutionär

Im Juli 1848, mitten im Jahr der europäischen Revolutionen, flackerte durch den
Revolutionär, Schriftsteller und Maler
Harro Harring nochmals ein nordfriesisches Streben nach Eigenständigkeit
auf.
Harro Harring, am 28. August 1798 auf
dem Ibenshof in Wobbenbüll nördlich
von Husum geboren, gehörte zu den
bemerkenswertesten politischen Gestalten seiner Zeit. Im 19. Jahrhundert
übertraf dieser nordfriesische „Odysseus
der Freiheit" (Walter Grab) zeitweise wohl
alle anderen politischen Persönlichkeiten
Schleswig-Holsteins an Popularität oder
doch Bekanntheit. Wie in einem Brenn-
glas sammelten sich in seinem Leben
wichtige politische und geistige Strömungen und Ideen.
Sein höchstes Ziel war eine Brüderschaft
freier, demokratischer, sich selbst bestimmender Völker. Unablässig rief er
zum Sturz der ihm verhassten fürstlichen
Dynastien auf. In vielen Ideen war Harring
seiner Zeit voraus, etwa wenn er sich für
die demokratische Republik, die Gleich-
berechtigung der Frau, Befreiung der
Sklaven und eine Vereinigung Europas

einsetzte. Sein literarisches Werk umfasst
weit über 100 Bände von unterschiedlicher Qualität: Romane, Gedichte, Dra-
men, politische Schriften, Pamphlete. Ein
Leben lang wurde er oder fühlte er sich
gejagt und bedrängt von Regierungen,
Polizisten und Spitzeln: „... belastet mit
Fluch und Bann der Fürsten von Gottes
Gnaden – gejagt gleich einem verwunde-
ten Reh von Land zu Land", wie er selbst
schrieb. Der abenteuerliche Lebensweg
des friesischen Freiheitsfanatikers war
eine nahezu ununterbrochene Kette von
Enttäuschungen und Niederlagen, doch
immer aufs Neue setzte er sich für seine
Ideale ein.
Harro Harring studierte nach einer
Lehre am Husumer Zollamt Malerei in
Kopenhagen, Kiel und Dresden. Die frei-
heitlich-radikalen und nationalen Ideen
deutscher Burschenschaften begeisterten ihn. Er unterbrach sein Studium und
begann seine revolutionäre Irrfahrt, die

ihn an Brennpunkte des Geschehens in zahlreichen Staaten Europas und Amerikas führte. In Griechenland unterstützte er den Unabhängigkeitskrieg gegen die Türkei, erkrankte jedoch, bevor es zum Kampf kam. Heftige Kritik übte er als einer der ersten an der zaristischen Herrschaft in Polen; seine Polen-Lieder wurden sehr populär. Der deutsche Bundestag verbot 1831 Harrings „sämtliche und zukünftige Schriften".

Schwer gekränkt fühlte er sich, als er im Jahr darauf auf dem großen Hambacher Fest, bei dem fast 30 000 Menschen aus vielen Teilen Deutschlands gegen Fürstenwillkür demonstrierten, nicht in den „Nationalconvent" gewählt wurde, weil er aus dem Herzogtum Schleswig und also nicht aus Deutschland stamme. Als Europäer kämpfte er an der Seite von Giuseppe Mazzini für ein geeintes Italien. Zweimal versuchte der Verbannte auf der damals britischen Insel Helgoland Unterschlupf zu finden. Doch der englische Gouverneur wies Harring ab, „diesen gefährlichen Menschen, der zwei geladene Pistolen und einen großen Hund bei sich führt". In Brasilien zeichnete er Skizzen vom Elend der Negersklaven und entwarf einen Plan zur Begründung der „Vereinigten Staaten von Südamerika" für den italienischen Freiheitskämpfer Giuseppe Garibaldi, der sich hier ebenfalls im Exil befand. Seit 1843 in New York, reiste er 1848 nach dem Beginn der Revolution sofort nach Europa.

Seit fast drei Jahrzehnten hatte er seine Heimat nicht betreten, sich jedoch ein verklärtes, idealisiertes Bild von Nordfriesland und friesischer Freiheit bewahrt, das inzwischen mit seiner Begeisterung für den skandinavischen Norden zusammengeflossen war. Von Rendsburg mit dem Dampfschiff kommend, begrüßte ihn eine unübersehbare Volksmenge in Tönning. Alle wollten den „Kämpfer für Volksfreiheit, in zwei Weltteilen ruhmvoll bekannt", „den Märtyrer der Freiheit unseres Jahrhunderts" sehen.

Am 23. Juli 1848 hielt Harro Harring in Bredstedt von einer Tribüne auf dem Marktplatz aus seine „erste Rede an die Nordfriesen", betitelt *Über den Geist der Bewegung unserer Zeitepoche*. Zahlreiche Menschen hörten ihm zu, aber nur wenige erreichte er mit seinen langen und anspruchsvollen Ausführungen. Die Völker sollten freie Nationalstaaten bilden und einander die Hand reichen „zum gemeinschaftlichen Kampf gegen Willkür und Tyrannei, zur Befreiung des Menschengeschlechts, im Geiste der Humanität". Keinesfalls dürften die Menschen im „Strudel des giftig emporschäumenden Nationalhasses" untergehen.

Was Nordfriesland betreffe, so sei dieses in seinen Augen niemals dem Königreich Dänemark oder dem Herzogtum Schleswig einverleibt worden. „Ich behaupte vielmehr, wir bildeten von jeher einen Freistaat, unter sogenanntem Schutz einer benachbarten größeren Macht. Verloren wir unsre Stellung, so ist es an uns, sie wieder einzunehmen." In diesem Sinne bot er seinen Landsleuten seine Hilfe an, zog seinen Degen und rief aus, sich auf den neuen Wahlspruch der Nordfriesen beziehend: „Wir wollen frei sein, wie's die Väter waren, und lieber todt sein, denn als Sclave leben!"

Damit hatte sich Harro Harring als erster für die Bildung eines nordfriesischen Freistaates ausgesprochen. Aber mit seinen Gedanken lag er fern der Wirklichkeit. Die Auseinandersetzung zwischen deutschen Schleswig-Holsteinern einerseits, Eiderdänen andererseits bestimmte das Geschehen, Nationalhass und Blutvergießen hatten Einzug gehalten. Der eben zurückgekehrte Harro Harring vermochte die reale politische Lage nicht einzuschätzen – oder er wollte sie nicht wahrhaben. Seine Landsleute nahmen sein Angebot nicht an. Die in Bredstedt versammelte Volksmenge löste sich „ohne Äußerungen enthusiastischer Begeisterung" auf. Schon nach wenigen Tagen verließ Harring Nordfriesland wie-

der. In einer „Epistel an die Nordfriesen"
drückte er seine Enttäuschung aus:
„Ich bin zurückgekehrt zum Heimatstran-
de / Und finde keine Glut auf eig'nem
Herd. (...) / Somit verzicht' ich denn auf
jenen ‚Ruhm', / dass ich als freier ‚Friese' ward geboren; / Ich ward ein freier
Mensch; das Menschentum / In mir hat
jeder Pulsschlag laut beschworen. / Und
ob ich Deutscher sei – ob Skandinave: /
Ich bin kein Fürstenknecht – bin keines
Königs Sklave. / So wisst es denn: Ich
bin ein Europäer – / Mein Ziel sind die
getrennten freien Staaten / Europas;
und dies Ziel rückt täglich näher. (...) /
Die ganze Menschheit ist zum Kampf
erweckt, / Und es erglänzt nur Eine Frei-
heit-Sonne!"
Dieses Gedicht macht ganz deutlich,
dass für Harring die republikanische Freiheit hoch über nationalen Werten stand.
Insofern mussten spätere Versuche, ihn
im deutsch-dänischen Nationalitäten-
kampf für die eine oder andere Seite zu

vereinnahmen, in die Irre führen. Von der
demokratischen Republik und dem Sturz
der Fürstenherrschaft erwartete er, wohl
in übertriebener Weise, auch die Aufhebung aller nationalen Gegensätze.
Harring bekämpfte die kommunistischen
Bestrebungen, die er als „Unsinn" bezeichnete; die kommunistische Forderung nach Gütergemeinschaft verachtete
in seinen Augen den Geist der Humanität. Karl Marx und Friedrich Engels nahmen Harring daraufhin in einer Schrift
mit dem ironischen Titel „Die großen Männer des Exils" aufs Korn: „In Griechenland
wie in Brasilien, an der Weichsel wie am
La Plata, in Schleswig-Holstein wie in
New York, in London wie in der Schweiz:
Vertreter bald des Jungen Europa, bald
der südamerikanischen ‚Humanidad',
bald Maler, bald Nachtwächter und
Lohnbedienter, bald Hausierer mit eigenen Schriften; ... verkannt, verlassen,
ignoriert, überall aber irrender Ritter der
Freiheit, ... bleibt sich unser Held zu allen

Ibenshof in
Wobbenbüll,
gemalt von
J. L. Wensel
nach einem
kleinen Ölge-
mälde Harro
Harrings

Zeiten, in allen Ländern und unter allen Umständen gleich an Konfusion, an prätentiöser Zudringlichkeit, an Glauben an sich selbst und wird aller Welt zum Trotz von sich sagen, schreiben und drucken, daß er seit 1831 das Haupttriebrad der Weltgeschichte war." Diese Sätze triefen von Hohn und Spott, zeigen aber auch, wie genau Marx und Engels die Aktivitäten des Konkurrenten verfolgt hatten.

Nach dem Fehlschlag in Nordfriesland setzte sich seine Odyssee fort. Harring litt zeitweise bittere Not, schlug sich als Sprachlehrer und Wunderheiler in verschiedenen Ländern durch. Immer öfter verfiel er in Wahnvorstellungen. Während der letzten beendete er auf der Kanalinsel Jersey in der Nacht zum 15. Mai 1870 sein Leben, indem er sich seinen Dolch ins Herz stieß.

Dänische Zwangspolitik zwischen den Kriegen

Mit ihrem Ziel eines Anschlusses Schleswigs an den Deutschen Bund waren die deutschen Schleswig-Holsteiner vorerst gescheitert. Aber auch die Eiderdänen hatten sich mit ihrer Politik der Verschmelzung Schleswigs mit Dänemark nicht durchgesetzt, und die dänische Regierung musste gegenüber Preußen und Österreich ihren Verzicht darauf erklären. Auf dieser Grundlage unterzeichneten die europäischen Mächte 1850-52 die Londoner Protokolle, mit denen der dänische Gesamtstaat wiederhergestellt wurde.

Zahlreiche Beamte, Lehrer und Pastoren, die Sympathien für die schleswig-holsteinische Sache gezeigt hatten, wurden entlassen, vor allem in den Städten und Flecken. An ihre Stelle kamen häufig Beamte aus dem Königreich Dänemark in den Südteil Schleswigs, der fast wie ein besetztes Land regiert wurde. Insgesamt wurden in Nordfriesland 1850/51 von 62 Pastorenstellen 16 aus politischen

Gründen umbesetzt. In Eiderstedt traf es etwa den verdienten Propst Friedrich Feddersen, der vergeblich auf eine Rehabilitierung hoffte und erst nach elf Jahren eine kleine Rente erhielt. Die Jahre zwischen den beiden schleswigschen Kriegen gelten als Zeit der „Danisierung".

Die alte Husumer Gelehrtenschule, in der auch schleswig-holsteinisches Gedankengut vermittelt worden war, wurde zu Ostern 1851 aufgehoben. Von 1852 an konnte sie lediglich als Höhere Bürgerschule weitergeführt werden. Manche aus Dänemark gekommenen Lehrer beherrschten nur bruchstückhaft Deutsch. Anfang 1864 wurde die Schule lediglich von 12 Schülern statt vorher gut 50 besucht.

Vielen Advokaten wurde ihre Bestätigung zunächst versagt. Das galt auch für Theodor Storm in Husum, der der schleswig-holsteinischen Sache nicht abschwören wollte. Lieber nahm er Nachteile in Kauf und verließ seine Heimat, weil „man hier doch ganz wie in der Fremde lebt". Hier zeigte sich, wie sehr der Krieg die politische Stimmung verändert hatte. Storm, der in seiner Jugend selbst Dänisch gelernt und gelesen hatte, sah dieses jetzt gleichbedeutend mit der „Fremde". Dem ebenfalls schleswig-holsteinisch eingestellten Inhaber der Husumer Schwan-Apotheke wurde das Privileg entzogen; man zwang ihn, seine Apotheke zu einem schlechten Preis zu verkaufen. Auch die beiden Eiderstedter Landschreiber verloren ihre Ämter; einer von ihnen hatte während der Erhebung seinen Danebrog-Orden zurückgegeben.

Polizeibeamte führten regelrecht Buch über die politische Gesinnung der Bevölkerung. Vor allem 1851/52 wurden zahlreiche Geld- und Gefängnisstrafen bei Wasser und Brot verhängt, zum Beispiel weil in Husum das Schleswig-Holstein-Lied angestimmt oder eine schleswig-holsteinische Militärmütze auf den Kopf gesetzt wurde. In Leck brachte ein Arzt im Oktober 1854 bei einem Marktball

Husumer Marktplatz in der Mitte des 19. Jahrhunderts. Lithographie von Friedrich Gottlieb Müller, 1870

einen Trinkspruch auf zwei Sträucher in seinem Garten aus: *Schle*hdorn und *Ho*lunder. Aufgrund dieser Anspielung auf Schleswig-Holstein entfernten drei Gendarmen den Arzt unsanft aus der Wirtschaft. Das Gericht des Hardesvogts verurteilte ihn zu dreimal fünf Tagen Gefängnis bei Wasser und Brot. Es herrschte eine strenge Pressezensur. Das *Husumer Wochenblatt*, das im schleswig-holsteinischen Sinne geführt worden war, musste vom Sommer 1853 an für einige Monate sein Erscheinen einstellen.

Unliebsame Vereine wurden verboten. Ende der fünfziger Jahre konnten neue Vereinigungen gegründet werden, verblieben aber unter strenger Reglementierung. Als die Husumer Schützengilde im April 1863 die deutsche Schützentracht einführen wollte, wurde das nächste Vogelschießen abgesetzt. Auch die 1857 neu gegründete Husumer Bürgergesellschaft „Harmonie" und der 1861 neu gebildete Männergesangverein wurden im August 1862 wieder verboten.

Den Hintergrund bildete ein von zahlreichen Schleswig-Holsteinern besuchtes Sängerfest in Husum am 27. Juli 1862. Die ganze Stadt hatte man mit Girlanden und Inschriften voller politischer Andeutungen geschmückt. Zwar waren die schleswig-holsteinische und die deutsche Fahne nicht erlaubt, doch

auffällig oft fand sich die Farbzusammenstellung Blau-Weiß-Rot und auch Schwarz-Rot-Gold etwa in der Kleidung. So erschienen die drei hübschen Töchter eines Husumer Geschäftsmanns in einem blauen, einem weißen und einem roten Kleid zum Empfang der Rendsburger Abordnung. Das Singen des verbotenen Schleswig-Holstein-Liedes konnte zwar tagsüber noch verhindert werden, aber abends auf dem Bahnhof wurde es dann doch intoniert. Nach diesen Erfahrungen verboten die Behörden ein Eiderstedter Sängerfest, das wenige Wochen später in Garding hätte stattfinden sollen.

Im Interesse der nationaldänischen Sache ließen sich dänische Beamte sogar zu Behinderungen einer freien Wahl zu den Ständeversammlungen hinreißen. Zum Schaden schleswig-holsteinischer Kandidaten manipulierten sie Wahllisten und Wahlzeiten, lockten mit Versprechungen, drohten mit Benachteilungen. Die Wahlbeteiligung blieb äußerst gering, selbst als durch einen niedrigeren Zensus auch kleinere Landbesitzer Wahlrecht erhielten. Im Amt Bredstedt mit Nordstrand, Pellworm und den Halligen lag sie 1854 bei gerade 6,5 Prozent. Aus Stedesand und Enge erschien zum Beispiel nur ein Wähler.

Mit Anordnungen zur Sprachpolitik wollte die dänische Regierung die Menschen zu

Dänische Kirchen- und Schulsprache

Wechselnde dänische und deutsche Kirchenspr., dän. Schulspr.

Deutsche Kirchen- und Schulsprache

Die Kirchen- und Schulsprache im Herzogtum Schleswig 1851-64

einer dänischen Gesinnung führen. Die für „Mittelschleswig" am 7./8. Februar 1851 erlassenen „Sprachreskripte" betrafen das eigentliche friesische Sprachgebiet nicht. Hier blieb alles beim Alten, also bei der deutschen Kirchen- und Schulsprache. Die neue Sprachordnung galt aber in mehreren Kirchspielen auf dem jütisch besiedelten Geestrücken, die mit dem friesischen Gebiet verwaltungsmäßig, kirchlich und wirtschaftlich verbunden waren: im Amt Tondern in den Kirchspielen Ladelund, Karlum, Leck, Klixbüll, Braderup, Humptrup, Süderlügum, Aventoft, Uberg und Medelby, im Amt Bredstedt in Viöl und Joldelund sowie im Amt Husum in Schwesing und Olderup. Während im Amt Tondern mit Ausnahme Lecks und im Amt Bredstedt in diesen Kirchspielen die Menschen – insbesondere die „kleinen Leute" – noch ganz oder doch weitgehend die jütische Umgangssprache

benutzten, gab es in Olderup nur noch jütische Reste, und Schwesing war schon fast ganz niederdeutsch.

Von nun an galt in den betroffenen Gebieten an den Schulen die dänische Unterrichtssprache; Deutsch wurde lediglich als Fremdsprache gelehrt, nur Religionsstunden blieben deutsch. In den Kirchen wurde abwechselnd in deutscher und dänischer Sprache gepredigt. Gleichsam über Nacht wurde also mit einer seit Jahrhunderten bestehenden Tradition gebrochen, wenn auch mangels dänisch sprechender Lehrer nicht überall sofort mit dem dänischen Unterricht begonnen werden konnte. Die dänische Hochsprache hatte hier vorher keine Rolle gespielt, abgesehen von einigen Gemeinden der Karrharde, wo schon früher etwa monatlich dänische Gottesdienste gehalten wurden. Obwohl die Bevölkerung großenteils ihr jütisches Dänisch sprach, hatte an der deutschen Kirchen- und Schulsprache kaum jemand Anstoß genommen.

Die dänischen Initiatoren der Sprachpolitik, allen voran der neue Regierungskommissar für das Herzogtum Schleswig, Frederik Ferdinand Tillisch, und sein Mitarbeiter für das Kirchen- und Schulwesen, Theodor August Jes Regenburg, wollten nun die Menschen gleichsam zu ihrem Glück zwingen. Sie wollten nachholen, „was die Jahrhunderte versäumt hatten". Mit dänischer Kirchen- und Schulsprache, so glaubten sie, würden die Menschen endlich zu ihrer eigentlichen Nationalität geführt, verschüttetes Dänentum könne wieder erweckt werden. Auf diese Weise sollte, entgegen den eingegangenen Verpflichtungen, die Einverleibung Schleswigs in Dänemark vorbereitet werden.

Die Bevölkerung hatte jedoch eine andere Vorstellung von ihrem Glück. Sie wollte die jahrhundertealte Verbindung mit dem Deutschen, das ihr die „heilige Sprache" war, keineswegs aufgeben. Vor allem in den schon weitgehend niederdeutschen

Schulklasse in Karlum in den 1860er Jahren

Dörfern im Osten des Amtes Husum regte sich Protest.

Aber auch in Gebieten, in denen noch fast ausschließlich Süderjütisch die Familien- und Dorfsprache war, wollten die meisten an der deutschen Kirchen- und Schulsprache festhalten.

„Das Reskript wurde von einigen mit Verbitterung aufgenommen, von den meisten mit Betrübnis und von niemandem mit Freude", hieß es 1855 aus der noch fast ganz jütischsprachigen Gemeinde Humptrup. In Karlum erschien als eine Form stillen Protests häufig kein einziger zum dänischen Gottesdienst, während aber in anderen Gemeinden der Karrharde deutsche und dänische Feiern oft gleich gut besucht waren. Von Schwesing wurde berichtet: „Wenn sich nicht die Lehrer und einige in der Umgebung befindliche Gendarmen einfinden, ist es überhaupt unmöglich, den dänischen Gottesdienst durchzuführen." Die Schwesinger Kirchspielsmänner meinten, dass die sprachliche Neuordnung „nur aus einem Mißverstande hervorgegangen" sein könne, denn nicht einmal der vierzigste Teil der Einwohner spreche noch dänisch.

In Viöl hielt der aus Husum gebürtige Pastor Hans Hansen (1797-1867) die Einführung dänischer Schul- und Kirchensprache in seiner weitgehend plattdänischen Gemeinde zwar für eine gerechte Sache, aber mit Zwang werde das Gegenteil des Gewünschten erreicht. Er wollte mitwirken, „diese große Umwälzung" friedlich zu vollziehen. An einem solchen Querdenker hatten Tillisch und Regenburg aber kein Interesse und entließen Hansen, der sich immerhin der schleswig-holsteinischen Erhebung entgegengestellt hatte, im November 1850 in Gnade und mit Pension. Aufgrund der „gröblichen Mißhandlungen" wurde Hans Hansen nun vom überzeugten Gesamtstaatler zum deutschen Schleswig-Holsteiner. In Reden, vor allem auf dem evangelischen Kirchentag in Frankfurt, und Druckschriften prangerte er den Sprachzwang an – und wurde dafür zu dreijähriger Festungshaft verurteilt!

Der Versuch, die Menschen mit Zwang an die dänische Hochsprache heranzuführen und sie damit für die dänische Nationalität zu gewinnen, war ein einziger Fehlschlag. Viele, die dem dänischen Gesamtstaat bis dahin noch die Treue

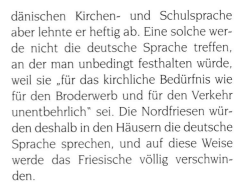

gehalten hatten, wurden abgeschreckt. Die Fronten verhärteten sich. Auch einsichtsvolle Dänen übten Kritik an der Zwangspolitik und setzten sich für einen friedlichen kulturellen Wettstreit ein.

Schon 1850/51 hatte C. F. Wegener, ein früherer Lehrer Regenburgs und eifriger Förderer seiner Sprachpolitik, die Ansicht vertreten, auch die Nordfriesen sollten Dänisch als Kirchen- und Schulsprache erhalten; für den Übergang empfahl er die Einführung des Friesischen in Kirche und Schule. Hierin zeigte sich eine erhebliche Missachtung der friesischen Sprache, die nur Mittel zum eiderdänischen Zweck sein sollte. Regenburg hielt den Vorschlag aber für undurchführbar, zumal friesische Bibeln und Gesangbücher fehlten. Er vertraute darauf, dass sich das Dänische im Laufe der Zeit ohnehin nach Süden und Westen ausbreiten werde.

Um 1860 wurde sodann die Einführung von Dänisch in Kirche und Schule für den Westteil Föhrs und Amrum geplant. Der Bischof von Ripen als kirchlicher Vorgesetzter sprach sich aber dagegen aus: Er befürchtete andernfalls einen „Bruch mit der Vergangenheit". Dänisch wurde von 1861 an lediglich als Unterrichtsgegenstand und auch nur in den Abendstunden berücksichtigt. Von Seiten der Eiderdänen wurde jedoch mehr verlangt. Gegen diese Forderungen richtete sich eine 1862 in Weimar erschienene Schrift mit dem eindeutigen Titel „*Die deutsche Kirchen- und Schulsprache. Ein theures Kleinod der Nordfriesen im Herzogthum Schleswig*".

Verfasser war der von Amrum stammende Christian Johansen (1820-1871), Lehrer an der Domschule in Schleswig, der im selben Jahr eine umfassende Arbeit über die nordfriesische Sprache von Föhr und Amrum erscheinen ließ. Dass die Einführung des Friesischen in Kirche und Schule möglich sei, bezweifelte auch er, unter anderem mit dem Hinweis auf die Dialektvielfalt. Eine Einführung der

dänischen Kirchen- und Schulsprache aber lehnte er heftig ab. Eine solche werde nicht die deutsche Sprache treffen, an der man unbedingt festhalten würde, weil sie „für das kirchliche Bedürfnis wie für den Broderwerb und für den Verkehr unentbehrlich" sei. Die Nordfriesen würden deshalb in den Häusern die deutsche Sprache sprechen, und auf diese Weise werde das Friesische völlig verschwinden.

Der Kampf gegen das Deutsche richtete sich also in den Augen Christian Johansens zugleich gegen das Friesische und insgesamt gegen die bestehenden Verhältnisse. Selbst die auf Föhr und Amrum verbreitete Loyalität zum dänischen Gesamtstaat und zum dänischen König werde in Gefahr geraten. Die dänischen Nationalliberalen hielten trotzdem an ihrem Ziel fest. Wie die deutschen Schleswig-Holsteiner brachten auch sie dem Friesischen letztlich kein Verständnis entgegen.

Trotz allem deutete auch nach dem schleswigschen Krieg 1848-50 zeitweise manches auf eine Beruhigung der politischen Lage hin. Vor allem in den nordfriesischen Landgebieten schienen große Teile der Bevölkerung bereit, sich wieder in den dänischen Gesamtstaat einzufügen. Manche Regierungsakte wurden von der Landbevölkerung Nordfrieslands fast einhellig begrüßt, etwa die Aufhebung des Mühlenzwangs 1853. Es wäre ein Zerrbild, wollte man die Jahre 1850-1864 ausschließlich als Zeit der Unterdrückung schildern. Der Pastorensohn Johannes Claussen erinnerte sich an seine damalige Kindheit in Bredstedt: „... von Bedrückungen, Herausforderungen oder dänischer Propaganda wußte man nichts." Der Pädagoge und Philosoph Friedrich Paulsen schrieb, niemand habe zur Zeit seiner Kindheit in Langenhorn an eine Trennung von Dänemark gedacht, „mit dem das Herzogtum Schleswig seit grauer Vorzeit verknüpft gelebt hatte".

Christian
Johansen

Ein Teil der Flottille des dänischen Kapitänleutnants Hammer im nordfriesischen Wattenmeer, links ein Raddampfer, rechts bewaffnete Ruderboote mit dem Kriegs-Danebrog

Der Krieg von 1864: Trennung von Dänemark

Der deutsch-dänische Krieg von 1864 brachte dennoch die Trennung Schleswig-Holsteins und damit auch Nordfrieslands von Dänemark. In Kopenhagen war im November 1863 eine Verfassung nur für Dänemark und Schleswig beschlossen worden, was den Abmachungen von 1852 entgegenlief. Dieser Regierungsakt stieß in Nordfriesland auf einhellige Ablehnung. Erst dadurch, schrieb der Bredstedter Landvogt, sei die bis dahin loyale Stimmung in seinem Amt „eine reservierte geworden". Alle, die weiterhin am Alten hingen, mussten sich vor den Kopf gestoßen fühlen. Zugleich verlangte die Regierung von allen Beamten, erstmals auch von denen in der kommunalen Selbstverwaltung, den Treueid auf den neuen König Christian IX. Dieses unkluge Vorgehen verstärkte noch das Misstrauen und die Missstimmung. Vor allem in Eiderstedt, Husum, Bredstedt und auf Sylt verweigerten Amtsträger den Eid und wurden daraufhin entlassen, während zum Beispiel in Friedrichstadt die Eide noch problemlos geleistet wurden. Am 5. Januar 1864 besichtigte der neue König in Friedrichstadt die Befesti-

gungsarbeiten. Es war der letzte Besuch eines dänischen Königs als Landesherr in Nordfriesland.

Nach dem Rückzug dänischer Truppen vom Danewerk Anfang Februar 1864 – gleichzeitig wurde auch Friedrichstadt geräumt – und vollends nach der Erstürmung der Düppeler Schanzen am 18. April 1864 hörte die dänische Regierungsmacht auch in Nordfriesland faktisch zu bestehen auf. Nur die Nordfriesischen Inseln befanden sich noch in der Hand dänischer Marineeinheiten unter dem Oberbefehl des Kapitänleutnants Otto Christian Hammer (1822-1892).

Das für Dänemark siegreiche Seegefecht bei Helgoland am 9. Mai bedeutete nur eine kurzfristige Entlastung. Sylt wurde am 13. Juli besetzt. „Der Jubel der Sylter bei der Ankunft der deutschen Brüder und Befreier auf ihrem Eilande schien endlos zu sein.... Ich habe meine Sylter Landsleute nie so einig, so froh, so begeistert gesehen als in diesem Augenblick", schrieb C. P. Hansen.

Am 20. Juli 1864 musste Hammer sich ergeben. Ganz Nordfriesland befand sich damit in deutscher Hand, noch bevor am 1. August vorläufig und endgültig dann am 30. Oktober 1864 in Wien zwischen Dänemark einerseits, Preußen und Öster-

Seegefecht bei Helgoland am 9. Mai 1864. Lithographie, 1864. Die Namen der Schiffe von links nach rechts: Jylland, Radetzky, Niels Juel, Schwarzenberg, Heimdal, Pr. Adler, Basilisk, Blitz

reich andererseits Frieden geschlossen wurde.

Zuvor schon hatten Abordnungen der Sylter und Osterlandföhrer in Berlin gegen eine mögliche Teilung des Herzogtums Schleswig protestiert; sie befürchteten, dass die Inseln sodann an Dänemark fallen würden. Der preußische Ministerpräsident Otto von Bismarck vertrat aber ohnehin den Standpunkt, „daß die Friesen in ihrer Gesamtheit sich zu den Deutschen rechnen". Nach der Rückkehr aus Berlin ließ Kapitänleutnant

Empfang der aus Kopenhagen zurückgekehrten Sylter „Staatsverbrecher"

Hammer drei Mitglieder der Delegation und andere Sylter verhaften und als „Staatsverbrecher" nach Kopenhagen bringen. Bismarck erreichte auf der Wiener Friedenskonferenz im August ihre Freilassung. Bei ihrer Rückkehr auf die Insel wurden sie mit Jubel begrüßt.

Nur auf Amrum und im Westteil Föhrs wurde bedauert, „daß die Verbindung mit dem dänischen Staate, die wir als eine uns wertvolle in dankbarer Liebe im Andenken behalten werden, aufgehoben worden ist", wie Pastor Mechlenburg schrieb. Dagegen hatte zum Beispiel die Eiderstedter Landesversammlung schon im Februar 1864 „jede fernere, wie immer geartete Verbindung zwischen den Herzogtümern und Dänemark" für „das größte Unglück" erklärt. Denn „das völlig maßlose, allem Recht Hohn sprechende" Verhalten der Dänen in den letzten 14 Jahren habe „nicht nur jedes frühere Band zerrissen, sondern die frühere hie und da noch etwa bestandene Zuneigung in Haß und Verachtung verwandelt".

Ein Aufgehen des Herzogtums Schleswig in einem dänischen Nationalstaat mit allen zu erwartenden Gefahren für ihre landschaftliche, sprachliche und kulturelle Identität stieß bei den Nordfriesen auf einhellige Ablehnung. Auch die bisherigen Anhänger des alten übernationalen, eigentlich noch vornationalen Gesamtstaats leisteten dagegen Widerstand. Die Trennung von Dänemark betrachteten sie angesichts der nun eingeleiteten noch ungewissen Entwicklung kaum mit Jubel, sondern eher mit Resignation und Wehmut.

Die meisten politisch bewussten Menschen aber fühlten sich befreit. Die Jahre des Bürgerkriegs 1848-50 und das folgende Zwangsregiment überlagerte die Erinnerung an die insgesamt eher glückliche Zeit des dänischen Gesamtstaats. Dänemark erschien den meisten jetzt als ein fremdes Land.

In Preußen und im deutschen Kaiserreich (1864-1918)

Nordfriesland wird preußisch

Das Jahr 1864 bezeichnet für die Geschichte Nordfrieslands einen epochalen Einschnitt. Die jahrhundertelange Verbindung mit Dänemark endet. Fortan gehört Nordfriesland, wie Schleswig-Holstein insgesamt, zu Deutschland – zum ersten Mal in seiner Geschichte.

Die Zeit unmittelbar nach 1864 bringt grundlegende politische Veränderungen, wie sie sich zuvor kaum im Laufe vieler Jahrzehnte vollzogen haben. Preußen, straff zentralistisch und weitgehend autoritär geführt, baut die Neuerwerbung in das Gefüge seines modernen und effizienten Großstaates ein. Manches, was sich in Jahrhunderten herausgebildet hat und den Menschen lieb geworden ist, neuzeitlichen Anforderungen aber teils nicht mehr gerecht werden kann, bleibt auf der Strecke. Ein bunter Teppich mit vielen Besonderheiten und auch Absonderlichkeiten wird jetzt nach einheitlichem Muster neu gewebt.

Beginn der preußischen Herrschaft

Im Kriegsjahr 1864 kam es mancherorts zu revolutionär anmutenden Ereignissen. In Husum führte ein junger Schneider das große Wort und erhielt den Spitznamen „Robespierre von Husum". In Bredstedt fassten Schuljungen den umstürzlerischen Beschluss: „Ick gah nich wedder to School!" Doch der „Aufruhr" fiel schnell in sich zusammen. Den abziehenden

Dörfliche Versammlung in Nordfriesland um 1870: Vor dem Kirchspielskrug in Witzwort haben sich wichtige Männer der Gemeinde eingefunden: Lehnsmänner, Landwirte, Kaufleute. Die einzigen Frauen auf dem Bild sind Frau und Tochter des Gastwirts.

Soldaten,
fotografiert
in Bredstedt
1864-66,
von links:
preußischer
Soldat, öster-
reichischer
Hauptmann,
ungarischer
Soldat

dänischen Truppen warfen die Jungen Schneebälle hinterher. Beinahe über Nacht wurde der Name „Däne" zu einem Schimpfwort, „das mit Handgreiflichkeiten gerächt werden musste", erinnerte sich der Bredstedter Pastorensohn Johannes Claussen.

Nach der dänischen Niederlage 1864 beherrschten Preußen und Österreich zunächst gemeinsam Schleswig-Holstein. Im Jahr darauf übernahm gemäß der Vereinbarung von Badgastein Preußen die Regierung im Herzogtum Schleswig, Österreich in Holstein. Der auch für Nordfriesland zuständige preußische Statthalter war Generalleutnant Edwin von Manteuffel. Von Föhr ist eine Episode überliefert, in der sich die verbreiteten Vorbehalte gegenüber Preußen spiegeln. Manteuffel wollte die Vogelkoje in Borgsum besuchen, die aber in der Fangzeit von niemandem betreten werden durfte. Ungeduldig brachte er seinen Wunsch vor und wies bedeutungsvoll darauf hin, dass er Manteuffel sei. Doch der Kojenwärter antwortete: „Mandüwel oder wat för'n Düwel, hier kummt keen Düwel rin!"

Der Versuch der eiderdänischen Partei, Schleswig in einen dänischen National-staat einzuverleiben, hatte in der nordfriesischen Bevölkerung so gut wie keine Fürsprecher gefunden. Er hatte vielmehr

dafür gesorgt, dass die Trennung von Dänemark von den weitaus meisten als Befreiung empfunden wurde. Das hieß jedoch nicht, dass die nordfriesische Bevölkerung das Ziel des preußischen Ministerpräsidenten Otto von Bismarck, Schleswig-Holstein in Preußen einzuverleiben, einhellig begrüßt hätte. Eher das Gegenteil war der Fall. So beschloss etwa die Eiderstedter Landesversammlung am 12. Februar 1864 einmütig, den augustenburgischen Thronanwärter Friedrich VIII. als ihren „rechtmäßigen und legitimen Landesherrn" anzuerkennen; Ziel des Augustenburgers war ein eigenständiges Schleswig-Holstein mit Anschluss an einen deutschen Bundesstaat.

Auch in vielen anderen Orten Nordfrieslands wurden Huldigungsadressen verfasst, die meistens zugleich eine klare Stoßrichtung gegen Dänemark aufwiesen. So hieß es aus Drelsdorf, Bohmstedt und Ahrenshöft: „Die alten Friesen sind nie Dänen gewesen, wir, ihre Nachkommen, wollen nie Dänen werden." In Niebüll und Leck proklamierte eine „ungeheure Menschenmenge" am 8. und 9. Februar 1864 den Augustenburger zum Herzog von Schleswig-Holstein.

Auf einer Massenversammlung der schleswig-holsteinischen „Kampfgenossenvereine" im Januar 1866 erklärte Emanuel Gurlitt (1826-1896) aus Husum,

Herzog
Friedrich VIII.

der spätere Bürgermeister der Stadt, mit der preußischen Machtübernahme sei gegenüber der Dänenzeit nur der Feind ein anderer geworden. Von dem noch vor Friedensschluss aus Heiligenstadt nach Husum zurückgekehrten Theodor Storm berichtete sein Schriftstellerkollege Theodor Fontane, Storm habe für die Preußen dieselbe Verachtung wie für die Dänen. Der Sylter Chronist C. P. Hansen schrieb am 8. Juli 1869 in einem Brief nach Westfriesland: „Die Preußen sind wie die Dänen, sie wollen uns nur beherrschen, sie nehmen uns mehr, als was sie uns geben." Die Sympathien für ein eigenständiges Schleswig-Holstein waren im Süden Nordfrieslands besonders ausgeprägt, vor allem in Eiderstedt. Dort kursierte damals das Wort: „Dat kann nich so blieven, de Uhl kummt weller ut't Land herut." Mit der Eule war der preußische Adler gemeint. Die Abneigung ging zum Teil auf die Zeit der Erhebung 1848-50 zurück, in der sich die Schleswig-Holsteiner von Preußen verraten gefühlt hatten.

Nach dem militärischen Sieg Preußens über Österreich im Sommer 1866 konnten über die Zukunft der Herzogtümer keine Zweifel mehr herrschen. Jetzt beeilten sich auch nordfriesische Gemeinden, Gratulationen zu übermitteln. Der Magistrat der Stadt Husum bat den preußischen König nun, „daß unser Volk für ewige Tage mit Preußen vereinigt bleiben" möge, weil „Deutschland nur in und durch Preußen zu der ihm unter den Nationen Europas gebührenden Machtstellung gelangen wird".

Im Januar 1867 wurde Schleswig-Holstein preußische Provinz. Im „Besitznahme-Patent" stellte der preußische König immerhin in Aussicht, „berechtigte Eigentümlichkeiten" in den Herzogtümern erhalten zu wollen. Die Wahl zum konstituierenden Reichstag des Norddeutschen Bundes am 12. Februar 1867 verdeutlichte, dass die soeben erfolgte Einverleibung weithin auf Ablehnung stieß. Im Wahlkreis 4, der die kurz danach gebildeten Landkreise Tondern, Husum und Eiderstedt umfass-

Emanuel
Gurlitt

Theodor
Fontane

Friesischer
Bauernhof in
Deezbüll

te, wurde mit deutlicher Mehrheit der Kandidat der schleswig-holsteinischen, liberalen Richtung Karl Philipp Francke (1805-1870) gewählt. Der in Schleswig geborene ehemalige Regierungsbeamte gehörte aber keineswegs mehr zu den radikalen Augustenburgern mit dem Ziel eines eigenständigen Schleswig-Holstein, sondern vertrat eine vermittelnde Position der Verhandlungsbereitschaft und akzeptierte letztlich die Einverleibung als unabänderlich. Francke erhielt 7342 Stimmen, der preußisch orientierte Wilhelm Hartwig Beseler 2595, der dänische Kandidat Detlef Detlefsen, Lexgaard, 2538 und der Eiderstedter Adolf Theodor Thomsen 1623 Stimmen. Der in Husum-Rödemis aufgewachsene Beseler musste also in seiner Heimat eine bittere Wahlniederlage hinnehmen. Er war mittlerweile zum Anhänger Preußens geworden; sein Wirken als Präsident der schleswig-holsteinischen Provisorischen Regierung gehörte bereits der Geschichte an.

Die meisten Stimmen für den dänischen Kandidaten entfielen auf den nichtfriesischen Nordteil des Kreises Tondern. In Nordfriesland selbst gab es in den meisten Ortschaften überhaupt keine dänischen Stimmen – ein Ergebnis, das angesichts der jahrhundertelangen Verbindung mit Dänemark zunächst überraschen muss. Doch hatten die erst kurz zurückliegenden Jahre der eiderdänischen Regierungspolitik die Erinnerung an die vorhergehende, im Ganzen glückliche Zeit des dänischen Gesamtstaats verblassen lassen.

Größere Anteile, ja sogar eine klare Mehrheit der Stimmen erreichte der dänische Kandidat in Nordfriesland nur im Westteil von Föhr und – bei der Augustwahl 1867 – auch auf Amrum. Es wird berichtet, dass dem Pastor von St. Laurentii in Süderende/Föhr gesagt wurde, als er sich auf dem Weg zur Wahl befand: „Wählen Sie nicht. Es wird die einzige deutsche Stimme sein." In den prodänischen Stimmen drückte sich aber, abgesehen vielleicht von den jütischen Zuwanderern, kein nationaldänisches Bewusstsein aus. Man war vielmehr zufrieden gewesen mit den Verhältnissen im dänischen Gesamtstaat, der den Insulanern Freiräume weitab vom Zugriff der zentralen Staatsgewalt gelassen hatte. Eine konservativ-beharrende Gesinnung und eine fortbestehende Anhänglichkeit an das dänische Königshaus waren hier verbreitet, insbesondere in den früheren reichsdänischen Enklaven.

Bei der Wahl zum ersten Reichstag des Norddeutschen Bundes am 31. August 1867 – gewählt wurde in Nordfriesland der Hofbesitzer Eduard Reeder (1824-1870), Büllsbüll bei Leck – stiegen zwar in manchen nordfriesischen Ortschaften die Stimmenzahlen des dänischen Kandidaten deutlich an. Dies aber war vor allem ein Protest gegen die ersten preußischen Regierungsakte. Bei späteren Wahlen wurden in ganz Nordfriesland bald nur noch ein paar Handvoll prodänische Stimmen abgegeben.

Die ersten Anordnungen der neuen Machthaber waren keinesfalls geeignet, bei der Bevölkerung einen Stimmungsumschwung zugunsten Preußens herbeizuführen. Noch Ende 1866 wurde der dreijährige Militärdienst allen jungen Männern über 21 zur Pflicht gemacht. Nur „junge Leute von Bildung" konnten es beim einjährigen Dienst belassen – ein Grund dafür, dass nun der Ruf nach neu-

Poststelle in Viöl um 1900

en höheren und mittleren Lehranstalten
ertönte.

Besonders schmerzlich empfand man die
preußischen Soldatenpflichten auf den
Nordfriesischen Inseln. Denn hier waren
die jungen Männer seit 1735 vom Militärdienst in Friedenszeiten befreit gewesen.
Es half wenig, dass die erste Aushebung
1867 recht milde gehandhabt wurde. Von
Sylt zum Beispiel mussten nur zwei junge Männer zum regulären und drei zum
einjährigen Dienst antreten. Hoffnungen
auf eine Ausnahmeregelung, für die eine
Föhrer Delegation bei Bismarck vorstellig
wurde, zerschlugen sich. Ein junger Föhrer soll sich aus Angst und Verzweiflung
das Leben genommen haben.

Auch die Mennoniten in Friedrichstadt,
die aufgrund ihres Glaubens den Militärdienst ablehnten, konnten keine
Ausnahmegenehmigung erlangen. Ihnen
wurde sogar die Aufnahme neuer Mitglieder untersagt. Das einzige Zugeständnis
bestand darin, dass die jede Eidesleis-
tung verweigernden Mennoniten anstelle
des Fahneneides mit einem „Handschlag
zur Fahne" verpflichtet wurden. Aber die
meisten waren bald vom deutsch-nationalen Gedanken erfasst und ließen sich
willig den Soldatenrock anziehen.

Preußen hob auch die privaten Navigationsschulen auf, die den seefahrenden
Insulanern seit dem 17. Jahrhundert gute
Dienste geleistet hatten, und erschwerte
den Erwerb des Steuermanns- und Kapi-
tänspatents. Bis dahin hatten die Seeleute den Unterricht auf ihrer Insel besucht
und im nahen Tönning dann die Prüfung
abgelegt. Nun mussten sie sich auf staatliche Schulen in Flensburg, Altona oder
Apenrade begeben. Es wurde lediglich
erlaubt, Navigationsschulen für die Kleine Fahrt zu betreiben. Aber das lehnte
man auf Sylt ab, „weil dieser Wissensstoff
schon in den Dorfschulen geboten wird".
Dies alles trug zum weiteren Niedergang
der Seefahrt bei. Solche Maßnahmen
waren es, die den Landrat in Tondern
1872 zu der kritischen Bemerkung ver-

anlassten, dem „conservativen Charakter
der Bevölkerung" werde nicht immer genügend Rechnung getragen.

Viele Neuerungen brachten aber unbe-
streitbare Verbesserungen und betrafen
Bereiche, die schon vorher manche Kritik
auf sich gezogen hatten. Praktische Fortschritte, die allenthalben begrüßt wurden, gab es zum Beispiel im Postwesen.
Die Zahl der Poststellen wurde in wenigen Jahren verdoppelt. Zu den Inseln fuhren jetzt regelmäßig Post-Dampfschiffe.
Gefördert wurden auch die Fischerei und
der Küstenschutz. Die Dünenpflege auf
den Inseln, bisher weitgehend eine kommunale Angelegenheit, betrieb fortan ein
Staatsinspektor. Das Schulwesen wurde
ausgebaut. Husum erhielt sofort sein von
der dänischen Regierung herabgestuftes
Gymnasium zurück. Noch 1866/67 wurde
ein repräsentativer Neubau errichtet.

Mit neuen Wirtschafts- und Steuerge-
setzen sorgte Preußen für eine Ver-
einheitlichung und eine Belebung von
Handel und Handwerk. Das Gesetz über
die Gewerbefreiheit wurde allerdings in
Flecken und Kleinstädten Nordfrieslands
von vielen Handwerksmeistern scharf
abgelehnt. Sie hatten sich bisher in ihrer
Zunftordnung sicher und geborgen gefühlt und befürchteten nun zunehmende
Konkurrenz.

Liberale Forderungen erfüllte ebenfalls die jetzt vollständige Trennung

Die „Fortuna-
ta" mit Kapi-
tän Cornelius
D. Lorenzen
von Sylt fuhr
von Altona
aus in See.

Amtsgericht in Niebüll

Adolf
Theodor
Thomsen

Jacob
Friedrich
Pauls

der Rechtspflege von der Verwaltung. Mit Rücksicht auf ihre besondere Lage wurde für die Inseln Sylt, Föhr, Amrum, Nordstrand, Pellworm und die Halligen zunächst eine Ausnahme gemacht; hier führten die Richter weiterhin einfache Verwaltungsgeschäfte aus. Zum Kreisgericht Flensburg, später Landgericht genannt, gehörten in Nordfriesland nach der Neuordnung von 1867 die Amtsgerichte Leck, Neukirchen (Fegetasch), Niebüll, Tinnum, Tondern und Wyk, zum Kreisgericht Schleswig die Amtsgerichte Bredstedt, Friedrichstadt, Garding, Husum, Nordstrand, Pellworm und Tönning. Mancher Landvogt, der bisher sowohl für die Verwaltung als auch die Rechtsprechung zuständig gewesen war, musste sich jetzt für den einen oder den anderen Bereich entscheiden. So erging es auch Theodor Storm in Husum, der sich als Amtsrichter in seiner Stellung verschlechterte.

Die Reformen im Bereich der Justiz bedeuteten einen wichtigen Schritt auf dem Weg zum modernen Rechtsstaat und zur Rechtsgleichheit. Der Hang zur

Bürokratisierung und Reglementierung stieß aber häufig auf Ablehnung. Darüber hinaus kamen zahlreiche preußische Justiz- und Verwaltungsbeamte ins Land, die es nicht selten an Verständnis für dessen „Eigentümlichkeiten" fehlen ließen. Jeder von ihnen, klagte Theodor Storm, trete auf „mit der Miene eines kleinen persönlichen Eroberers und als müßte er uns die höhere Einsicht bringen". Die neue Führungsschicht wurde noch lange von vielen als fremd empfunden.

Doch Schritt für Schritt söhnte sich die Bevölkerung mit den neuen Verhältnissen aus. Die Entwicklung des Eiderstedter Ratmannes Adolf Theodor Thomsen (1814-1891) aus Oldenswort kann hierfür als bezeichnend angesehen werden. Thomsen war noch 1857 durchaus gesamtstaatlich eingestellt, wandte sich jedoch entschieden gegen die beabsichtigte Inkorporation Schleswigs in den dänischen Staat. 1864 wurde er von den Preußen als Amtmann und Oberstaller eingesetzt. Dieses Amt verlor er aber aufgrund seiner augustenburgischen Sympathien. Nachdem er die Annexion durch Preußen als unvermeidlich anerkannt hatte, richtete er sich mit den neuen Verhältnissen ein und suchte auf dem Verhandlungswege Verbesserungen zu erreichen. Dass er von einer Sonderrolle Schleswig-Holsteins 1870 Abschied genommen hatte, zeigte seine Wahl in den Landesausschuss Schleswig-Holstein der nationalliberalen Partei. Der angesehene Landwirt und Deichgraf Jacob Friedrich Pauls (1834-1919), Kating, Vater des schleswig-holsteinischen Historikers Volquart Pauls, begeisterte sich zunächst für ein eigenständiges Schleswig-Holstein, gab aber nach und nach den Proteststandpunkt auf. Der nationale Gedanke gewann die Oberhand über den regionalen.

Der deutsch-französische Krieg und die Gründung des deutschen Kaiserreichs 1870/71 lösten in Nordfriesland kaum weniger Begeisterung aus als andern-

orts in Deutschland. Selbst ein kleiner Ort wie Schwabstedt wurde damals „illuminiert". Viele „Friedenseichen" in Städten und Dörfern Nordfrieslands erinnern noch heute an das nationale Erlebnis des siegreichen Krieges und der Reichsgründung. Die „träge Verdrießlichkeit" (Theodor Mommsen) ging bei vielen in eine bewusste Bejahung der neuen Staatszugehörigkeit über, was durch den wirtschaftlichen Aufschwung der „Gründerzeit" wesentlich erleichtert wurde. Kritische Stimmen wurden immer seltener. Skeptisch blieb Theodor Storm. Dem Kriegsgeschehen brachte er „Ekel" entgegen und lehnte es strikt ab, Jubelgedichte zu verfassen.

Schule, Presse und neue Vereine verbreiteten vorwiegend den preußisch-deutschen Staatsgedanken. Dennoch bestanden Vorbehalte gegenüber Preußen fort, wie etwa diese Episode zeigt: Bei einer Deichschau auf Föhr im Jahre 1907 wollte der Bildhauer Harro Magnussen (1861-1908), ein Sohn des Bredstedter Kunstmalers C. C. Magnussen und Duzfreund Kaiser Wilhelms II., nicht mitsingen, als das Lied „Ich bin ein Preuße" angestimmt wurde. Die Friesen sollten keinesfalls ihre Eigenart aufgeben und nicht Preußen werden. Dieses Verhalten soll zum Erkalten der kaiserlichen Freundschaft beigetragen haben.

Drei Kreise: Tondern, Husum und Eiderstedt

Eine tief greifende Neuerung brachte die preußische Landkreisordnung vom 22. September 1867, die in wesentlichen Teilen über ein Jahrhundert Bestand haben sollte. Seitdem gehörte der nordfriesische Raum zu den Landkreisen Tondern, Husum und Eiderstedt. Das Gebiet der drei Kreise war jedoch nicht gleichbedeutend mit „Nordfriesland". Der Kreis Tondern war nur im Südwesten und der Kreis Husum nur im Westen friesisch besiedelt. Die Stadt Friedrichstadt gehörte mit Stapelholm zum Kreis Schleswig.

Der Kreis Husum, mit knapp 36 000 Einwohnern auf 850 Quadratkilometern, wurde gebildet aus den bisherigen

Die
Landkreise
Tondern,
Husum und
Eiderstedt

--- Kreis-
grenzen
• Kreisstadt
• Stadt
○ Flecken

Ämtern Husum und Bredstedt, den vormaligen Landschaften Nordstrand und Pellworm mit den Halligen sowie aus fünf „oktroyierten Kögen", denen bei ihrer Eindeichung im 18. Jahrhundert ein Eigenleben zugesichert worden war.

Erster preußischer Landrat, der seinen Dienstsitz im Schloss vor Husum nahm, war der in Sandberg bei Sonderburg gebürtige Ludwig Graf zu Reventlow (1824-1893). Als Führer eines Studentenkorps hatte er an der schleswig-holsteinischen Erhebung teilgenommen, wurde Offizier in der schleswig-holsteinischen Armee und war von 1858 an als Rechtsanwalt in Kiel tätig. Politisch trat er für eine Einigung Deutschlands unter preußischer Führung ein, wenn er auch 1863/64 kurze Zeit für den Erbprinzen von Augusten-

Ludwig Graf
zu Reventlow

burg arbeitete. Mit der Umgestaltung der Verhältnisse im Lande nach preußischem Vorbild war Reventlow, dem vermutlich aufgrund seiner früheren Aktivitäten höhere Staatsämter verschlossen blieben, jedoch unzufrieden. Er traf sich in dieser Haltung mit seinem Freund Theodor Storm.

Der Kreis Eiderstedt, zu dem auch das Gut Hoyerswort und fünf oktroyierte Köge geschlagen wurden, nahm unter allen Landkreisen Schleswig-Holsteins eine Sonderstellung ein. Mit nur 18 000 Einwohnern auf 330 Quadratkilometern war er der bei weitem kleinste. Ursprünglich war eine Zusammenlegung mit dem Kreis Husum beabsichtigt gewesen. Die Eiderstedter Landesversammlung setzte sich jedoch entschieden für eine Beibehaltung wesentlicher Elemente der alten Eiderstedter Landschaftsverfassung als „berechtigte Eigentümlichkeit" ein. Eine Delegation aus Eiderstedt wurde im Mai 1867 vom preußischen König sowie von Ministerpräsident Bismarck und Innenminister Eulenburg empfangen. Sie konnte darauf verweisen, dass selbst der preußische Landrat Moritz v. Lavergne-

Tönning
Markt

Peguilhen die Eiderstedter Verfassung als das unerreichte Muster einer autonomen Kommunalverfassung bezeichnet hatte. Diese beispielhafte Selbstverwaltung wurde jedoch lediglich von der besitzenden Oberschicht getragen, und diese wollte ihre Vorrechte behaupten. Offen erklärten die Landesvorsteher, dass „die liberale Doktrin, wonach jeder, der einen Kopf, bei der Verwaltung auch eine Stimme hat, sich im Interesse der Landschaft wird schwerlich ausführen lassen"; ein solches Prinzip würde die Landschaft in Zeiten zurückversetzen, „wo die Beschlüsse unter freiem Himmel auf einem Mitteldeich gefaßt worden sind". Der Einsatz für „berechtigte Eigentümlichkeiten" schloss hier also eine antidemokratische Zielsetzung ein. Den Wünschen der Landschaft kam Preußen in den meisten wesentlichen Punkten entgegen. Insbesondere blieb ein selbstständiger Kommunalverband für Eiderstedt bestehen. Hatte bis dahin der Amtmann von Husum als Oberstaller von Eiderstedt die staatliche Aufsicht geführt, so erhielt Eiderstedt jetzt sogar einen eigenen Landrat.

Erster Amtsinhaber wurde 1868 der „Altpreuße" Ludwig Freiherr Prätorius von Richthofen (1837-1873). Er hatte kurze Zeit das Bürgermeisteramt in Gütersloh verwaltet, war Offizier in den Kriegen 1864 und 1866, musste aber die militärische Karriere wegen einer Verwundung beenden. Dass für Eiderstedt kein „Landeskind" berücksichtigt wurde, stieß auf Missfallen. Hätten sich jedoch auch die anderen „altländischen" Beamten so einfühlsam verhalten wie von Richthofen, hieß es im Nachruf der *Eiderstedter Nachrichten*, „dann wäre den Schleswig-Holsteinern der Übergang in die neuen Verhältnisse um Vieles leichter geworden". Der Landrat war mit nur 36 Jahren an einem Kopfleiden gestorben.

Die bisherige Selbstverwaltung der Landschaft und ihrer Kirchspiele blieb bestehen, bis 1889 die neue Kreis- und 1892 die neue Landgemeindeordnung eingeführt wurden. Privatrechtliche Bestimmungen des Eiderstedter Landrechts von 1591 waren sogar noch bis zur Einführung des Bürgerlichen Gesetzbuchs 1900 in Kraft. Die alte Ordnung hatte aber manchen Anachronismus enthalten.

Marktplatz in Tönning, um 1900; links neben der Kirche das Landratsamt

Ludwig Freiherr von Richthofen

Das Schloss diente als Landratsamt für den Kreis Husum.

Rechts: Landratsamt am Markt in Tönning, über der Tür der preußische Adler

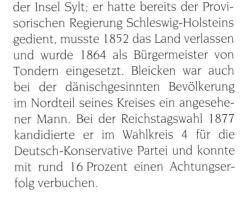

Vertreter der Landschaft mussten 1892 selbst einräumen, dass manches „hocharistokratisch und hochkonservativ" sei, denn nur Männer mit einem Landbesitz von mehr als 20 Hektar besaßen das Stimmrecht. Oberpräsident Georg von Steinmann merkte an: „Das Eiderstedter Gemeindeleben zeigt Züge der Stagnation, oligarchischer Herrschaft einzelner mächtiger Familien und ein unerfreuliches Anschwellen der Armenausgaben."
Der Kreis Tondern war mit einer Fläche von 1812 Quadratkilometern der größte von allen 20 Kreisen Schleswig-Holsteins und lag mit einer Bevölkerung von knapp 59 000 Menschen im Jahr 1867 an dritter Stelle. Er wurde gebildet aus den alten Ämtern Tondern und Lügumkloster, den Landschaften Sylt und Osterland-Föhr, den früheren dänischen Enklaven – Amrum, Westerland-Föhr, Listland/Sylt, der Südteil von Röm und ein Gebiet um Mögeltondern –, einigen adligen Gütern sowie elf oktroyierten Kögen. Die Enklaven hatten unmittelbar zum Königreich Dänemark, also nicht zum Herzogtum Schleswig gehört, verloren nun aber zum Missfallen mancher Insulaner ihre Sonderstellung. Sie wurden 1864 im Frieden von Wien von Dänemark abgetreten, das dafür die Insel Ærø, einen Landstreifen bei Ripen sowie acht Kirchspiele an der Koldinger Förde erhielt.
Erster Landrat des Kreises Tondern wurde Matthias Bleicken (1822-1883) von

der Insel Sylt; er hatte bereits der Provisorischen Regierung Schleswig-Holsteins gedient, musste 1852 das Land verlassen und wurde 1864 als Bürgermeister von Tondern eingesetzt. Bleicken war auch bei der dänischgesinnten Bevölkerung im Nordteil seines Kreises ein angesehener Mann. Bei der Reichstagswahl 1877 kandidierte er im Wahlkreis 4 für die Deutsch-Konservative Partei und konnte mit rund 16 Prozent einen Achtungserfolg verbuchen.

Kreis- und Kommunalpolitik

Die Kreise bildeten, im Unterschied zu den bisherigen Ämtern, kommunale Körperschaften mit Vertretungen, die eine begrenzte bürgerschaftliche Mitwirkung ermöglichten. Sie blieb indes vorerst auf die besitzende Schicht beschränkt.
Die drei Kreistage bestanden aus jeweils rund 20 Mitgliedern, die von den Städten und Flecken sowie den Landgemeinden entsandt bzw. von den großen Landbesitzern gestellt wurden. Dies waren im Kreis Eiderstedt 14 Vertreter der Landgemeinden, sechs der Städte Tönning und Garding; im Kreis Husum 15 Vertreter der Landgemeinden, fünf der Stadt Husum und des Fleckens Bredstedt; im Kreis Tondern zehn Vertreter der größeren ländlichen Grundbesitzer, elf der Landgemeinden und drei der Stadt

Matthias Bleicken

Tondern und des Fleckens Lügumkloster (Stand: 1891).

Die Kreistage wirkten an der Verwaltung und dem Finanzwesen der Kreise mit und hatten Einfluss auf die Auswahl der Kreisbeamten. Der Landrat als Vorsitzender des Kreistags und – seit 1888 – des Kreisausschusses sowie als Chef der Kreisverwaltung wurde aber nicht vom Kreistag gewählt, sondern vom preußischen König bzw. vom Innenministerium eingesetzt. Mit der neuen Kreisordnung von 1888/89 erhielten die Kreistage immerhin das Vorschlagsrecht. Sie traten allerdings selten zusammen und beschlossen in der Regel ohne jede Diskussion alle Vorlagen der Verwaltung. Ein liberaler Kritiker, der Husumer Bürgermeister Lothar Schücking, nahm 1908 die „Verwaltungsdiktatur" in den Landkreisen aufs Korn. Der Landrat Friedrich Nasse etwa habe die ganze Husumer Kreisverwaltung „wie Bismarck die des Deutsches Reiches allein auf seine Person zugeschnitten".

Ebenfalls 1867 wurde mit der Landgemeindeordnung, der 1869 eine ähnlich angelegte Städteordnung folgte, ein Grundstein für die moderne kommunale Selbstverwaltung gelegt. In Eiderstedt erhielten die Kirchspiele, die in der Regel identisch mit den Dörfern waren, den Status von Landgemeinden; 1891 bestanden 2 Städte, 22 Landgemeinden und 5 Guts- bzw. Koogsbezirke. Auch

im Kreis Tondern bildeten die einzelnen Dörfer zumeist eigene Gemeinden, und zwar insgesamt 196 Gemeinden, Guts- und Koogsbezirke, daneben die Stadt Tondern sowie die Flecken Hoyer, Lügumkloster und Wyk. Im Kreis Husum dagegen umfassten die Kirchspiele zumeist mehrere Dörfer. Die – neben der Stadt Husum und dem Flecken Bredstedt – 26 Landgemeinden sowie fünf Guts- und Koogsbezirke bestanden aus insgesamt 107 Ortschaften, von denen mehrere sodann 1934 den Status eigenständiger Gemeinden erhielten. Die verwaltungsmäßige Sonderstellung der oktroyierten Köge wurde 1893 aufgehoben.

Im Jahre 1889 wurden auch Amtsbezirke gebildet, die in der Regel mehrere Gemeinden umfassten und an deren Spitze ein Amtsvorsteher stand. Daneben blieben zunächst Vertretungen der alten Landschaften und Harden bestehen. In Eiderstedt wurden 9 Ämter eingerichtet, im Kreis Husum 13, im Kreis Tondern 32. Dabei kam es zu verschiedenen historisch bedingten Sonderregelungen. So bildete der von 86 Menschen bewohnte Elisabeth-Sophien-Koog, 1771 von Desmercieres als oktroyierter Koog eingedeicht, ein Amt mit dem 2390 Einwohner zählenden Nordstrand. Auf der Insel war erst 1887 eine Gemeindevertretung gewählt worden, womit die Herrschaft der Hauptpartizipanten zu Ende ging.

Landratsamt in Tondern

Diese eiserne Tafel aus Olderup verdeutlicht die straffe Einbindung in Verwaltungs- und Militärstrukturen. Die letzte Zeile lautete ursprünglich: „Wehrmeldeamt Husum".

Politik, Wahlen, Vereine

In der Zeit des dänischen Gesamtstaats hatte sich eine Beteiligung der Menschen am öffentlichen Leben angebahnt. Unterbrochen durch die Zeit zwischen den schleswigschen Kriegen, setzte sich diese Entwicklung nach 1864 mit Macht fort.

Parteien und Wahlen 1871-1914

Vor allem seit 1867/71 bildeten sich in Schleswig-Holstein eigentliche politische Parteien mit festem Mitgliederstamm heraus. Zunächst stand dabei der Gegensatz zwischen den „Schleswig-Holsteinern" und den preußenfreundlichen „Annexionisten" im Vordergrund. Das schleswig-holsteinische Lager spaltete sich jedoch mehrfach, und bald schon nahmen viele den Anschluss an Preußen als unvermeidlich hin. Wie überall gewannen soziale Gegensätze sowie die Auseinandersetzung zwischen beharrenden und auf Veränderung drängenden Kräften die Oberhand. Dennoch blieben

Vorbehalte gegenüber Preußen bestehen, und häufig wurde der „schleswig-holsteinische Gedanke" betont. Obwohl durchaus konservativ eingestellt, gingen deshalb die Nationalliberalen Schleswig-Holsteins nicht so weit, sich der Konservativen Partei in Preußen anzuschließen, die in besonderer Weise den preußischen Staatsgedanken hochhielt. Trotz der überwiegend auf Bewahrung des Überkommenen gerichteten Gesinnung wurde Nordfriesland so eine Domäne der liberalen Parteien, insbesondere der Nationalliberalen.

Nordfriesland insgesamt, mit Ausnahme der Insel Helgoland, gehörte zum Reichstagswahlkreis 4, der die Kreise Tondern, Husum und Eiderstedt sowie Friedrichstadt umfasste. Bei den beiden Wahlen zum Reichstag des Norddeutschen Bundes 1867 hatten hier gemäßigt-liberale Schleswig-Holsteiner die Mehrheit erhalten.

Die „Partikularisten" in der demokratischen „echten Landespartei" konnten in den 1870er Jahren nur noch bescheidene

Dorfstraße mit Gastwirtschaft in Rantrum, Ende des 19. Jahrhunderts

Gruss aus Ladelund   Geschäftshaus F. Feddersen

Ergebnisse erzielen und verbuchten 1878 letztmalig einige Stimmen.

Die Wahlbeteiligung war zunächst in den meisten Orten außerordentlich gering. An der Reichstagswahl am 3. März 1871, der ersten nach der Reichsgründung, beteiligten sich in Husum gerade 22 Prozent der Wähler. „Beklagenswerter Indifferentismus", schimpfte das *Husumer Wochenblatt*. Diese Gleichgültigkeit zeigte sich noch krasser zum Beispiel in Wyk auf Föhr, wo beim zweiten Wahlgang des Jahres 1871 gerade 15 Wähler an die Urnen traten.

Die dänischen Kandidaten fanden ihre Wähler fast ausschließlich im nicht friesisch besiedelten Norden des Kreises Tondern. In Nordfriesland selbst entfielen etwa bei der Reichstagswahl 1881 auf den im Wahlkreis 4 gänzlich chancenlosen dänischen Bewerber ganze neun Stimmen. Der Grenzgürtel von Orten mit deutscher bzw. dänischer Mehrheit war zwar recht breit, säumte aber bereits die spätere Staatsgrenze und verlief nördlich des friesischen Sprachgebiets.

Insbesondere in Teilen der noch süderjütisch sprechenden Bevölkerung auf der Geest herrschten dänische Sympathien. Im Kirchspiel Karlum gab es bei der Wahl im Februar 1867 sogar eine dänische Mehrheit von 55 Prozent; im August desselben Jahres stimmten in Ladelund, allerdings bei sehr schwacher Wahlbeteiligung, 82 Prozent für den dänischen Kandidaten. Diese hohen Anteile gingen aber schnell wieder verloren. Eine planmäßige Arbeit im dänischen Sinne fand in Mittelschleswig kaum oder gar nicht statt.

Der Blick der dänischen Anführer war fast ganz auf Nordschleswig gerichtet, nicht zuletzt im Hinblick auf den Paragraphen 5 des Prager Friedens von 1866, der eine Abstimmung zwischen Deutsch und Dänisch lediglich für die nördlichen Distrikte des Herzogtums Schleswig in Aussicht stellte. Im Norden des Kreises Tondern blieben die Stimmenzahlen für dänische Kandidaten weitgehend konstant. Weder hier noch im übrigen Nordschleswig konnte die preußische Zwangspolitik, die

Kirche und Kaufmannsladen in Ladelund, um 1900; viele Einwohner im Dorf sprachen damals noch süderjütisch.

auf eine „Eindeutschung" abzielte, einen entscheidenden Rückgang der dänischen Bewegung bewirken.

Beherrschte in Nordschleswig die deutsch-dänische Frage in den fünf Jahrzehnten bis zum Ersten Weltkrieg den Gang der Dinge, so spielte sie in Nordfriesland kaum mehr eine Rolle. Eine organisierte dänische Bewegung gab es hier nicht. Auch die überwiegend plattdänisch sprechende Bevölkerung in vielen Gemeinden der östlichen Geest in den Kreisen Tondern und Husum zeigte kaum eine pro-dänische Einstellung. Noch um 1890 war die Volkssprache in Humptrup, Braderup oder Bramstedt fast zu 100 Prozent platt-dänisch, für Joldelund wurden 86, für Löwenstedt 73 Prozent genannt. Doch gab es hier kaum dänische Stimmen. Volkssprache und Nationalgefühl waren – und sind – im schleswigschen Grenzland nicht unbedingt deckungsgleich. Zudem ging die süderjütische Volkssprache rapide zurück.

Bei allen regulären Wahlen während der gesamten Dauer des Kaiserreichs wurde der Wahlkreis 4 von den liberalen Parteien gewonnen. Fast immer lagen die Kandidaten der Nationalliberalen deutlich vorn und konnten sich zumeist schon im ersten Wahlgang durchsetzen, bei dem die absolute Mehrheit erforderlich war. Die linksliberalen „Fortschrittler" bzw. „Freisinnigen" gewannen zwar bei den letzten drei Reichstagswahlen 1903, 1907 und 1912 den Wahlkreis, aber jeweils erst in der Stichwahl. Hier wurden sie von dem dänischen Wählerverein und der Sozialdemokratischen Partei unterstützt. Die eigentlichen konservativen Parteien Preußens traten im Wahlkreis 4 entweder überhaupt nicht an oder erzielten nur unterdurchschnittliche Ergebnisse. Eine gewisse Rolle spielte zeitweise der „Bund der Landwirte", der mit antisemitischen Vorurteilen operierte und sich als konservatives Gegengewicht sah, denn „alles werde demokratischer und rutsche weiter nach links".

Wird das Ergebnis der Reichstagswahl von 1912, der letzten vor dem Ersten Weltkrieg, auf das Gebiet des heutigen Kreises Nordfriesland umgerechnet, so ergibt sich folgendes Bild: Der nationalliberale Kandidat erzielte hier 44 Prozent der Stimmen, während die Nationalliberalen in der gesamten Provinz Schleswig-Holstein nur 14 Prozent auf sich vereinigten. Für den Bewerber der Fortschrittlichen Volkspartei entschieden sich in Nordfriesland 31 Prozent gegenüber 29,2 in ganz Schleswig-Holstein, auf den der Sozialdemokraten entfielen 13 Prozent im Vergleich zu 40,4 Prozent in der Gesamtprovinz. Der Bund der Landwirte erhielt 12 Prozent, während in ganz Schleswig-Holstein verschiedene konservative und antisemitische Gruppierungen 10,2 Prozent gewannen.

Im Vergleich mit der gesamten Provinz Schleswig-Holstein fallen also vor allem der weit unterdurchschnittliche Anteil der SPD sowie das stark überdurchschnittliche Abschneiden der Nationalliberalen ins Auge. Der linksliberale Kandidat im Wahlkreis 4 konnte sich 1912 sodann in der Stichwahl knapp durchsetzen; es handelte sich um den Hamburger Rechtsanwalt Andreas Blunck (1871-1933), der später, 1920/21, als Reichsminister der Justiz diente. Zuvor hatte der Arzt Dr. Johannes Leonhart (1865-1937) aus Kiel-Gaarden den Wahlkreis 4 acht Jahre lang im Reichstag vertreten; in den zwanziger Jahren wirkte er unter anderem als Vorsitzender der Deutschen Friedensgesellschaft in Schleswig-Holstein. Beide Abgeordneten stammten also nicht aus dem Wahlkreis.

So erscheint Nordfriesland zunächst als eine Hochburg der Liberalen, namentlich der Nationalliberalen. In anschaulicher Überspitzung urteilte Julius Momsen, der im politischen, landwirtschaftlichen und kulturellen Leben Nordfrieslands wichtige Ämter ausübte: „Konservativ wählten früher nur der Pastor und einige höhere Beamte." Aus der beherrschenden Stel-

lung der liberalen Parteien kann jedoch keineswegs geschlossen werden, dass demokratische und liberale Anschauungen im Bewusstsein der Bevölkerung fest verankert gewesen seien, im Gegenteil: Mit diesen politischen Ideen waren die meisten Menschen kaum vertraut.

Vor allem die Landbevölkerung Nordfrieslands hing weiterhin am Überkommenen. Die Nationalliberalen, bei deren Gründung in Schleswig-Holstein der Husumer Landrat Graf Reventlow eine entscheidende Rolle gespielt hatte, schienen dieser Haltung zu entsprechen. Gustav Hansen, Landrat des Kreises Tondern, schrieb 1884, die meisten Nationalliberalen seien „in Wahrheit gute Conservative". Die Partei entfernte sich immer mehr von freiheitlichen, demokratischen Grundsätzen, die zuvor mit nationalen Bestrebungen verbunden gewesen waren, wurde zu einer wichtigen Stütze Bismarcks und befürwortete den nationalen Machtstaat. Deutschtümelei und scharfe Polemik gegen die Sozialdemokratie prägten die Partei. Den Interessen

insbesondere der größeren Landwirte schien sie durch die Befürwortung von Schutzzöllen zu entsprechen.

Die Nationalliberalen konnten weite Teile Nordfrieslands als ihren organisatorischen Schwerpunkt ansehen. Die Kreisverbände Tondern und Husum nahmen im Jahre 1914 mit 579 bzw. 584 Mitgliedern, die sich selbst in manchen Dörfern zu Ortsverbänden zusammengeschlossen hatten, eine Spitzenstellung in Schleswig-Holstein ein. Stimmenanteile von 70 und mehr Prozent waren im Landbereich Nordfrieslands eher die Regel als die Ausnahme.

Die Linksliberalen sprachen stärker die Bürger der Städte an: Kaufleute, Handwerker, Beamte, Lehrer, außerdem Bauern mit eher kleinen Höfen, die Reformen aufgeschlossener gegenüberstanden. Die Forderung nach einer Herabsetzung von Zöllen und Steuern bildete dabei ein wichtiges Wahlmotiv. Die besondere Stärke der Linksliberalen in Schleswig-Holstein spiegelte noch bestehende Vorbehalte gegen Preußen und den

Einweihung des Tinebrunnens in Husum am 5. Oktober 1902

Zentralismus Berlins wider. Die Partei betonte aber zugleich stark die „Weltmachtstellung" Deutschlands. In Nordfriesland verfügten die Linksliberalen nur über ein dünnes organisatorisches Netz. Ortsverbände bestanden in der Regel nur in größeren Orten. Ein wesentlicher Beweggrund für die Wahl sowohl der National- als auch der Linksliberalen bildete die Abneigung vieler Bauern und Bürger gegen die SPD.

Für die Sozialdemokraten war das ländliche Nordfriesland, in dem es kaum Industriebetriebe gab, kein fruchtbarer Boden. Nur bei ihrem größten Wahlerfolg 1903 erzielten sie 14 Prozent, vermochten aber ansonsten bestenfalls ein Zehntel der Wähler hinter sich zu bringen. Die Verärgerung darüber führte wohl einem Schriftsetzer der sozialdemokratischen *Schleswig-Holsteinischen Volkszeitung* bei der Produktion eines Druckfehlers die Hand. So hieß es über den vierten Wahlkreis,

Zimmerleute beim Neubau des Kirchturms in Drelsdorf, der 1870 durch Blitzschlag zerstört wurde

dieser sei am dümmsten besiedelt – anstelle von „am dünnsten besiedelt".

Die SPD war damals noch eine Klassenpartei, und ihre Anhänger galten weithin als „vaterlandslose Gesellen", „Umstürzler", „Gottlose". Schon recht früh hatte es erste sozialdemokratische Regungen in Nordfriesland gegeben. Besonders in der Zeit der schleswig-holsteinischen Erhebung wurden in sozialen Unruhen auch „rote" Gefahren gesehen. In Bredstedt etwa bestand 1850 ein Arbeiterverein.

Bald nach der Gründung der ersten sozialdemokratischen Parteien 1863 und 1869 suchten ihre „Agitatoren" in Nordfriesland Anhang zu finden, gewannen Leser der sozialdemokratischen Presse und gründeten um 1872 in Tönning und spätestens 1876 in Tondern erste Ortsvereine. In Tönning erzielte schon bei der Reichstagswahl am 3. März 1871 der Kandidat des Allgemeinen Deutschen Arbeitervereins 139 Stimmen, das waren nicht weniger als 45 Prozent! Eine in Tönning gehaltene Rede brachte dem Kieler Sozialdemokraten Max Stöhr eine viermonatige Gefängnisstrafe wegen „Majestätsbeleidigung" ein. Die Behörden forderten die Tönninger Geschäftsleute auf, keine Sozialdemokraten zu beschäftigen, ist einem Bericht der dortigen Polizei an den Eiderstedter Landrat von 1878 zu entnehmen.

Festeren Fuß fasste die SPD in Nordfriesland erst nach der Aufhebung des Sozialistengesetzes, das ihr zwischen 1878 und 1890 jede wirksame Tätigkeit unmöglich machte. In Husum ging ein SPD-Ortsverein aus einem 1892 wohl vor allem von Eisenbahnern gegründeten Arbeiterbildungsverein hervor. In Bredstedt gaben insbesondere Tabakarbeiter 1905 den Anstoß zur Gründung. Weitere sozialdemokratische Ortsvereine bestanden in den Jahren vor dem Ersten Weltkrieg etwa in Friedrichstadt (nachweisbar 1905, damals aber vermutlich schon längere Zeit bestehend), Westerland (erwähnt 1905), Leck (vermutlich kurz vor dem Weltkrieg

gebildet) und in der SPD-Hochburg Tönning. Hier war der SPD-Ortsverein 1901
als Arbeiterbildungsverein vor allem von
Werftarbeitern neu gegründet worden,
und bei der Reichstagswahl von 1903
wurde hier das Spitzenergebnis von
58,4 Prozent – also eine klare absolute
Mehrheit! – erzielt. 1906 zogen sogar zwei
Sozialdemokraten in die Stadtvertretung
ein, während in allen anderen Städten
nur bürgerliche Kandidaten zum Zuge
kamen. Der Niedergang der Werft ließ die
SPD-Anteile sodann schrumpfen. Doch
die im reichen Eiderstedt bestehenden
krassen sozialen Gegensätze brachten
den Sozialdemokraten insbesondere bei
der Wahl 1903 selbst in manchen Dörfern
weit überdurchschnittliche Ergebnisse,
so 28 Prozent in Oldenswort oder fast
19 Prozent in Tating. In Friedrichstadt
wurden 1912 nicht weniger als 44,3 Prozent erzielt.
Ganz im Gegensatz dazu standen zahlreiche Dörfer wie etwa Viöl, wo 1912 nur

einer, oder Bohmstedt, wo kein einziger
die SPD wählte. Der Reichstagswahlkreis 4 war in ganz Schleswig-Holstein
derjenige mit den wenigsten SPD-Mitglie-
dern und damit ein „Schmerzenskind" für
die sozialdemokratische Bewegung. Im
Jahre 1902 gab es hier 202 eingeschrie-
bene Sozialdemokraten – in der gesamten Provinz immerhin 12 211 –, und bis
1914 erhöhte sich die Zahl gerade auf
381 (davon 43 Frauen), während es in
ganz Schleswig-Holstein bereits 55 037
Mitglieder gab.
Als die Sozialdemokraten im Jahr 1903
ihren Landesparteitag in Husum hielten,
erinnerten sie an zwei große bürgerliche
„Heimatfeste" in der Stadt. Sowohl bei
der Einweihung des Tinebrunnens 1902
als auch beim 300-jährigen Stadtjubilä-
um 1903 hätten die Arbeiter gefehlt. Sie
müssten sich ihre Heimat offenbar erst
noch erkämpfen.
Auch in gewerkschaftlicher Hinsicht glich
das ländliche Nordfriesland lange einem

Zigarrenar-
beiter der
Fabrik Gress
in Bredstedt.
Viele von
ihnen waren
Sozialdemo-
kraten.

Niemandsland. Erste Interessenvertretungen der Arbeiter bestanden zu Anfang des 20. Jahrhunderts etwa in Husum, Tönning, Tondern und Bredstedt. Um diese Zeit kam es wiederholt zu Streiks. Der 1. Mai wurde mancherorts bereits als besonderer Tag der Arbeiter begangen. Wer ihn jedoch „feierte", musste am nächsten Tag mit Aussperrung durch seinen Arbeitgeber rechnen, wie dies 1906 Tischler und Polierer in Husum und knapp 200 Werftarbeiter in Tönning erlebten. Im Jahr zuvor hatten Landrat und Polizeimeister in Husum allen Militärangehörigen den Besuch der Husumer „Centralhalle" verboten, weil dort sozialdemokratische Versammlungen stattfanden. Der Wirt entschied sich für das Militär und gegen die Arbeiter. Auch in Sankt Peter musste 1906 eine Zusammenkunft der SPD ausfallen, weil „von dem Wirt das Lokal verweigert" wurde.

Neben den Gewerkschaften bildeten sich weitere Arbeitervereinigungen heraus, die für eine starke Bindung zwischen der SPD und ihren Anhängern sorgten. In einzelnen Städten und größeren Orten Nordfrieslands bestanden Arbeiterbildungsvereine (zum Beispiel in Tondern 1893), Arbeiterlesevereine (in Westerland 1896, aber nur kurzzeitig), Arbeiterturnvereine (in Tönning zu Anfang des Jahrhunderts sogar zwei) oder Arbeiterradfahrerbünde (erwähnt 1905 in Husum, in Bredstedt 1909, in Niebüll seit 1921). Zudem gab es beispielsweise Arbeiter-Sparvereine und Arbeiter-Abstinenten-Bünde. Auch in Nordfrieslands Städten und Flecken bestand eine weitgehende Trennung zwischen den Lebenswelten der Bürger und der Arbeiter.

Die anfangs geringe Beteiligung an den Wahlen, die im ganzen 19. Jahrhundert nur selten über 50 Prozent lag, dürfte vor allem auf die politische Unerfahrenheit und Unwissenheit vieler Wahlberechtigter zurückzuführen sein. Die schon bei den Ständewahlen vor 1864 hervorgetretene politische Gleichgültigkeit setzte sich

hier fort. Zudem hatten die Wählerstimmen kein entscheidendes Gewicht, denn die Regierung war letztlich nicht vom Parlament, sondern vom Kaiser und König abhängig. Die Parteien, die ohnehin vielfach herabgesetzt wurden, hatten letztlich keinen Anteil an der politischen Verantwortung. Die Grundregeln von Demokratie und Parlamentarismus konnten kaum eingeübt werden – ein Versäumnis mit schwerwiegenden Folgen.

Während für den Reichstag das demokratische allgemeine, geheime, gleiche und direkte Wahlrecht für alle Männer über 25 Jahren galt, wurde der preußische Landtag nach dem Dreiklassenwahlrecht gewählt. Dieses Verfahren begünstigte die Rechtsparteien und die eher preußenfreundlich eingestellten Kräfte. Schon 1867 hatten sich in den Kreisen Husum und Tondern preußisch-orientierte Kandidaten für das preußische Abgeordnetenhaus durchsetzen können; nur in Eiderstedt wurde ein liberaler Bewerber gewählt.

Das Dreiklassenwahlrecht galt zumeist auch für die Kommunalvertretungen auf dem Lande, während in den Städten und Flecken Hausbesitz oder ein Mindesteinkommen vorausgesetzt wurden. Gemäß dem Dreiklassenwahlrecht waren die Wahlberechtigten je nach ihrem Steueraufkommen in drei Gruppen eingeteilt. In der Dorfschaft Büttjebüll bei Bordelum etwa gehörten 1899 bei der Wahl der Ortsvertretung 35 kleine Steuerzahler in die dritte Klasse, 6 mittlere in die zweite und der größte Steuerzahler des Dorfs in die erste Klasse. Jede Klasse konnte zwei Ortsvertreter wählen, wobei die Stimme mündlich abgegeben wurde. Der reichste Bauer des Dorfs bestimmte also allein zwei Mitglieder; er erschien nicht einmal persönlich zur Wahl, sondern beauftragte den Ortsvorsteher mit der Stimmabgabe. Bei der Wahl 1892 gehörten in Leck 149 Wahlberechtigte zur dritten, 33 zur zweiten und 13 zur ersten Klasse. Das Dreiklassenwahlrecht beruhte also auf

dem Grundsatz der Ungleichheit, denn die politischen Rechte der Menschen wurden aus dem Umfang von Besitz und Einkommen abgeleitet.

Heftige Kritik an diesem Wahlverfahren sowie überhaupt an autoritären Strukturen in Preußen und im Kaiserreich übte 1908 der Husumer Bürgermeister Lothar Schücking (1873-1943), der den linksliberalen „Freisinnigen" angehörte. Daraufhin leitete die preußische Regierung gegen ihn ein Disziplinarverfahren mit dem Ziel der Dienstentlassung ein. Der „Fall Schücking", der als größter Verwaltungsskandal im wilhelminischen Deutschland gilt, sorgte monatelang für Aufsehen im gesamten Deutschen Reich. „Die Blicke ganz Deutschlands sind auf Husum gerichtet", erklärte der bekannte liberale Politiker Friedrich Naumann (1860-1919). Schücking gab schließlich, von den Auseinandersetzungen zermürbt und gesundheitlich angegriffen, sein Bürgermeisteramt auf. Die humoristisch-satirische Wochenschrift *Kladderadatsch* widmete ihm auf ihrer Titelseite ein Ge-

dicht: „Dachtest du, in Preußen sei / Wort und auch Gedanke frei? / Ja, sie sind es offenbar, / Sie sind vogelfrei sogar." Der „Fall Schücking" zeigte in großer Deutlichkeit die Unfähigkeit des König- und Kaiserreichs zu Reformen im freiheitlichen Sinne.

Arbeiter-Radfahrer-Verein „Frisch auf" in Bredstedt, gegründet 1909

Lothar Schücking

Kriegervereine, Feuerwehren, Turnvereine und viele mehr

Waren in der ersten Hälfte des 19. Jahrhunderts bereits manche Vereinigungen für gemeinsame Anliegen, Bedürfnisse und Interessen entstanden, so kam es nun zu einer wahren Gründungswelle. Festgefügte Formen in Familie und Dorf, in Sitten, Gebräuchen und Wirtschaftsweisen lösten sich langsam auf. Die Freizeit wurde zu einer neuen Kategorie des Daseins. In ihr suchten die Menschen Geselligkeit und Vergnügen, Erholung und Ablenkung von der Arbeit, aber im Sinne von Aufklärung, Demokratie und Liberalismus auch Bildung und Mitwirkung am neuen öffentlichen Leben. Hatte zunächst hauptsächlich die mittlere und gehobene Schicht das Vereinswesen geprägt, so weitete es sich zur Massenbewegung aus, nachdem sich die soziale Lage in Deutschland gegen Ende des 19. Jahrhunderts deutlich verbessert hatte. In den Vereinen galt, zumindest in der Theorie, jedes Mitglied gleich viel, unabhängig von Geburt, Stand, Besitz und Bildung.

Zumeist herrschten jedoch klare Hierarchien und zum Teil militärische Formen. Dies galt insbesondere für die zahlreichen Kampfgenossen- und Kriegervereine, die seit 1864 geradezu wie Pilze aus dem Boden schossen. Die Kampfgenossenvereine, gebildet von ehemaligen Soldaten der schleswig-holsteinischen Armee von 1848-50, verfolgten zu Beginn, wie auch die zahlreichen „Schleswig-Holsteinischen Vereine", noch das Ziel eines unabhängigen Schleswig-Holsteins und standen demokratischen und linksliberalen Ideen nahe. Die nach der Reichsgründung 1871 entstehenden Kriegervereine dagegen wurden vollends auf eine preußische Linie gebracht. Sie verbreiteten den deutschen Reichsgedanken, den Ruhm des Königs- und Kaiserhauses sowie nationalistische und militaristische Einstellungen. Der Zweck des Tönninger Kriegervereins etwa bestand darin, „die Liebe und Treue für Kaiser und Reich, Landesfürst und Vaterland bei seinen Mitgliedern zu pflegen, zu bethätigen und zu stärken sowie die Anhänglichkeit an die Kriegs- und Soldatenzeit im Sinne kameradschaftlicher Treue und nationaler Gesinnung aufrecht zu erhalten".

Man wandte sich gegen alle „Reichsfeinde" – und damit waren insbesondere Mitglieder der Sozialdemokratischen Partei oder auch allzu überzeugte Demokraten gemeint. Die Kriegervereine, die

Kriegerverein in Goldebek mit „Veteranen" des deutsch-französischen Kriegs 1870/71

bald überwiegend aus Reservisten und weniger aus Kriegsveteranen bestanden, waren die größte Massenorganisation im Kaiserreich und umfassten Angehörige aller Bevölkerungsschichten. Um 1910 gab es im Kreis Tondern 43 Kriegervereine mit ca. 2900 Mitgliedern, im Kreis Husum 35 Vereine mit ca. 2600 Angehörigen und in Eiderstedt 9 Gruppen mit 1200 Mitgliedern. Rund sieben Prozent der gesamten Einwohnerschaft Nordfrieslands gehörte einem Kriegerverein an.

„Kameradschaft" und nationaldeutsche Gesinnung galten auch in den Schützenvereinen als hohe Werte. Man pflegte ebenfalls militärische Formen und übte gelegentlich das Exerzieren. Neben die alten Schützengilden in Husum, Friedrichstadt und Tondern traten jetzt neue Schützenvereine, deren Mitglieder Freude am Schießsport und an der Geselligkeit zusammenführte: 1858 in Hoyer, 1873 in Wyk, 1878 in Bredstedt und Niebüll-Deezbüll, 1890 in Westerland. Sie schlossen sich 1903 in Bredstedt zum Nordfriesischen Schützenbund zusammen.

Zu den seit den 1840er Jahren bestehenden Liedertafeln kamen weitere Männerchöre, etwa 1864 in Leck, 1865 auf Sylt und in Sankt Peter, 1866 in Wyk/Föhr. Als Dachverband wurde 1867 in Bredstedt der Nordfriesische Sängerbund gegründet. In ihrem Repertoire fanden sich jetzt immer mehr Lieder, in denen Preußens Gloria und das deutsche Kaiserreich besungen wurden.

Neben den Sängern hatten vor allem die Turner als eine Hauptstütze der nationalen und zugleich liberalen Bewegung gegolten. In Deutschland waren vor allem zwischen 1845 und 1848 Turnvereine in großer Zahl gegründet worden. Aber auch sie wurden großenteils in den autoritären Staatsaufbau eingefügt. Die einst demokratisch-liberalen Inhalte, die mit der Turnbewegung verbunden waren, gerieten in den Hintergrund. Körperliche Betätigung wurde auch als Wehrertüchtigung gesehen. Turnvereine entstanden in Nordfriesland, vermutlich aus politischen Gründen, erst recht spät, so in Tönning erstmals 1861 und nach einem Verbot

Nordfriesischer Schützenbund bei der Gründung 1903 in Bredstedt

Männergesangverein „Eintracht" in Olderup, 1898

Turnverein „Gutheil" Wyk auf Föhr, gegründet 1894. Das viermalige F auf Fahne und Trikots steht für „Frisch, Fromm, Fröhlich, Frei".

erneut 1865, in Friedrichstadt 1862, Bredstedt 1864 und Tondern 1865. Die Turnvereine Nordfrieslands waren offenbar zunächst dem westholsteinischen Dachverband angeschlossen. Doch 1896 gründete man in Niebüll einen eigenen westschleswigschen Gau, der 1901 in „Friesengau" umbenannt wurde.

Im ausgehenden 19. Jahrhundert entwickelte sich neben und aus dem Turnen der Sport mit Wettbewerb und genauen Messungen. Darin spiegelte sich das Leistungs- und Konkurrenzdenken, wie es inzwischen in Wirtschaft und Gesellschaft Einzug gehalten hatte. Zudem kamen neue Sportarten auf, vor allem das aus Großbritannien übernommene Fußballspiel. Beliebt war auch der Radsport. So bildete sich 1899 ein Radfahrverein für Eiderstedt, 1913 einer mit dem Namen „Fohr seker" för Kollund, Haselund und Brook.

Auch die in Nordfriesland verbreiteten Volkssportarten, das Ringreiten und, insbesondere in Eiderstedt, das Boßeln, wurden im Rahmen von Vereinen ausgeübt. Zu den älteren Ringreitergilden – zum Beispiel seit 1754 in Struckum, seit 1783 in Bredstedt – kam beispielsweise 1861 als erster auf Sylt der Ringreiterverein in Keitum. Mehrere örtliche Boßelvereine – vorwiegend aus Eiderstedt und Dithmarschen, aber auch etwa der Husumer Boßelverein von 1886 – schlossen sich 1894 zum Verband Schleswig-Holsteinischer Boßler zusammen.

Einem Lauffeuer gleich verbreiteten sich in Nordfriesland von 1875 an die freiwilligen Feuerwehren. Sie wurden von staatlicher Seite nachdrücklich gefördert, in den Gemeinden aufgrund befürchteter finanzieller Folgelasten indes nicht immer einhellig begrüßt. Zwar hatten die Städte und größeren Dörfer schon vorher zum Beispiel öffentliche Spritzen und zum Teil amtlich verordnete „Pflichtfeuerwehren" unterhalten. Die Brandbekämpfung auf breiter organisatorischer Grundlage setzte aber erst Mitte des 19. Jahrhunderts ein; im Jahre 1841 war in Meißen die erste freiwillige Feuerwehr in Deutschland gebildet worden.

Ringreiter in Achtrup am Anfang des 20. Jahrhunderts

Freiwillige Feuerwehr Ahrenviöl, gegründet 1889, um 1910

Ein verheerender Brand betraf Rödemis bei Husum am 27. September 1906.

Die Notwendigkeit einer verbesserten Abwehr machten verheerende Brände deutlich. So waren in Husum 1852 etwa fünfzig, in Wyk 1857 und in Bredstedt 1858 jeweils fast hundert Häuser zerstört worden. Nach ersten Gründungen in Tondern 1869 und Friedrichstadt 1870/71 – beide zunächst als „Turner-Feuerwehren" – entstanden in Nordfriesland innerhalb weniger Jahre freiwillige Feuerwehren in Husum 1875, Garding 1877, Tönning 1877, Wyk 1878, Bredstedt 1879, Leck 1879, Oevenum, Keitum und Westerland 1880. Schon 1894 gab es im Gebiet des heutigen Kreises Nordfriesland mindestens 55 Wehren mit rund 3400 Mitgliedern. Sie waren hierarchisch aufgebaut, Rangordnung und Titel spielten eine große Rolle. Der Gedanke, schon Kinder und Jugendliche an die Brandbekämpfung heranzuführen, entstand 1882 in Oevenum. In dem kleinen Dorf auf Föhr wurde damals die erste Jugendfeuerwehr Deutschlands gegründet.

Ihre großen Auftritte hatten die als „vaterländisch" firmierenden Vereine bei den nationalen Feiern des Kaiserreichs: Kaisers Geburtstag, Sedan-Fest zur Erinnerung an die siegreiche Schlacht gegen Frankreich am 2. September 1870 und Reichsgründungstag am 18. Januar. Marschmusik, Trommelwirbel, „markige" Reden sowie Aufmärsche mit schwarz-weiß-roten Fahnen waren feste Bestandteile dieser Feiern.

Auch im wirtschaftlichen Bereich entstanden freie Zusammenschlüsse. In Husum und Tönning wurden 1857, in Bredstedt 1859 Handwerkervereine gebildet, deren Hauptziele Fortbildung, soziale Absicherung, Wirtschaftsförderung und Geselligkeit waren. Der Bredstedter Verein etwa betrieb eine „Volksbibliothek", eine Fortbildungsschule für den handwerklichen Nachwuchs, eine Kranken- und Sterbekasse. Darüber hinaus nahm er sich unter dem Leitwort „Gemeinsinn der Bürger Wohlfahrt" gemeinnütziger Anliegen an und trug seit 1878 das Bredstedter „Vagelscheeten", heute eines der größten und traditionsreichsten Kinderfeste in Nordfriesland. Ähnliche Aufgaben erfüllten die Gewerbevereine in Garding, gegründet 1861, und Leck, 1873. Auch andere Berufsgruppen bildeten eigene Vereinigungen, etwa Lehrer, Beamte oder

Jagdverein „Jägerslust" in Enge, um 1910

Logenhaus der Freimaurer in Husum, Ecke Osterhusumer Straße und Mönkeweg

Fischer, so 1897 in Tönning-Olversum. Neue landwirtschaftliche Vereine wurden gegründet, zum Beispiel 1864/70 für Leck und Umgebung, 1868 Viöl, 1868 Schwesing, 1872 Nordstrand, 1877 Föhr.

Gegen die verkrusteten Strukturen des wilhelminischen Kaiserreichs wandte sich die Jugendbewegung. In Husum gründeten Schüler und Lehrer des Gymnasiums 1911 eine Gruppe des „Wandervogel". In einem eigenen „Nest" in Rödemis wurde gespielt und gesungen. Alkohol und Nikotin waren verbannt.

Frauen waren von gesellschaftlicher und politischer Wirkung so gut wie ausgeschlossen. Sie fanden ein Betätigungsfeld vor allem auf sozialem Gebiet. Insbesondere Damen des gehobenen Bürgerstandes schlossen sich, erstmals in Schleswig-Holstein 1868 in Kiel, in Vaterländischen Frauenvereinen zusammen, die in dem von Henri Dunant gegründeten Roten Kreuz aufgingen. Ursprünglich Fürsorge für Soldaten im Krieg, dann auch Krankenpflege in der Gemeinde und andere soziale Anliegen waren ihre Aufgaben, wie beispielsweise in dem schon vor 1871 in Bredstedt tätigen Verein „Frauenwohl" oder dem 1879 in Niebüll gegründeten Vaterländischen Frauenverein. Dessen Provinzialverband errichtete beispielsweise 1910/11 ein Kindererholungsheim in Wittdün auf Amrum. Die Husumer Ortsgruppe gründete 1910 eine „Waldschule" in den Mildsteder Tannen, um armen und kränklichen

Kindern Erholung und zugleich zusätzliche Bildung zu ermöglichen. Solche Unternehmungen dienten zum Teil auch dem Zweck, den Sozialdemokraten Wind aus den Segeln zu nehmen.

Dem Kampf gegen die Trunksucht, in die sich vor allem ärmere Menschen häufig flüchteten, verschrieben sich die Guttempler, die 1889 in Flensburg ihre erste Niederlassung in Deutschland gegründet hatten und um die Jahrhundertwende Abteilungen in Nordfriesland bildeten, so 1891 in Husum, 1896 in Deezbüll und 1898 in Bredstedt. Sie unterhielten mancherorts sogar ansehnliche „Logenhäuser" und propagierten alkoholfreie Gastwirtschaften. Die Trunksucht machte sich auch auf den Inseln bemerkbar. Seit der Gründung des Seebads Westerland habe „das Trinken überhand" genommen, klagte 1877 C. P. Hansen. 1892 entstand auf Sylt die Guttempler-Gemeinschaft „Frisia".

Die internationale Gemeinschaft der Freimaurer bildete 1906 in Husum die Loge „Zur Bruderliebe an der Nordsee" und errichtete sogleich ein großes Versammlungshaus. Es kündete von Wohlstand und Selbstbewusstsein der etwa 100 Honoratioren, die sich dieser Vereinigung „brüderlich verbundener Männer" angeschlossen hatten. In Tönning entstand 1906/07 die Loge „Eidora zum Schwan", in Westerland auf Sylt 1915 die „Frisia zur Nordwacht".

In mehreren Orten vertreten war der 1832 in Leipzig gegründete Gustav-Adolf-Verein, der insbesondere evangelische Diasporagemeinden im In- und Ausland unterstützte. Wohl der erste Tierschutzverein wurde 1879 in Husum gegründet. Darüber hinaus bestanden zahlreiche weitere Zusammenschlüsse, wie etwa Obst- und Gartenbauvereine oder Verschönerungsvereine. Viele dienten einfach geselligen Zwecken, zum Beispiel 1897 ein „Rauchclub" in Husum oder der 1905 erwähnte „Klub Gemütlichkeit" in Rödemis.

Nordfrieslands Eintritt in die neue Zeit

Während durch die Jahrhunderte die Lebensbedingungen nur einem sehr langsamen Wandel unterworfen gewesen waren, brach im Zeichen der Industriellen Revolution überall eine neue Zeit an. Fast alle Lebensbereiche veränderten sich, im 19. Jahrhundert erst noch langsam, dann immer schneller. Auch in Nordfriesland hielten Maschinen Einzug, für deren Betrieb nicht mehr Tier- oder Menschenkraft benötigt wurde, sondern Dampf, Gas, Benzin oder Strom. Jeder Mann und jede Frau spürten die Veränderungen am eigenen Leib, bei den täglichen Verrichtungen, beim Essen, Waschen, Kochen, Arbeiten. Jede Familie und jeder Ort wurden mehr und mehr eingeflochten in die Marktwirtschaft und Konsumgesellschaft, in ein Netz wirtschaftlicher und politischer Zusammenhänge.

Nordfriesland gehörte seit 1864 zum deutschen Wirtschaftsraum und nahm Anteil an dem – allerdings von Krisen unterbrochenen – Aufschwung, der die Jahrzehnte nach der Reichsgründung 1871 insgesamt kennzeichnete. Hinter den glänzenden Fassaden des Kaiserreichs vollzogen sich tief greifende gesellschaftliche Veränderungen. Nationales Pathos überdeckte soziale Gegensätze.

Entwicklung der Bevölkerung

Während im Zeitalter der Industriellen Revolution die Bevölkerungszahlen rasch anstiegen – im Deutschen Reich zum Beispiel zwischen 1882 und 1925 um 56,7 Prozent! –, blieben sie im ländlich strukturierten Nordfriesland weitgehend konstant; nur im Kreis Husum war ein Wachstum zu verzeichnen.

Für das Gebiet des heutigen Kreises Nordfriesland ergab sich zwischen 1871

Dampf-dreschma-schine im Einsatz auf dem Hof von Andreas Busch auf Nordstrand, 1914, im Hintergrund die Mühle Süderhafen. Busch, der links mit Frau und Kindern zu sehen ist, wurde später als Rungholt-Forscher bekannt.

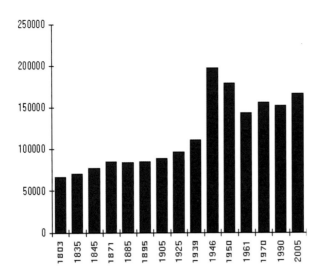

Entwicklung der Bevölkerung im Gebiet des heutigen Kreises Nordfriesland, 1803-2005

cken, weil sie hier kein Betätigungsfeld fanden oder sich bessere Möglichkeiten in den Städten erhofften.

Die Bevölkerung veränderte sich in den einzelnen Gegenden Nordfrieslands sehr unterschiedlich. Die Einwohnerschaft der Städte und Marktorte nahm in der Regel deutlich zu. Das gilt vor allem für Husum, dessen Bevölkerung sich zwischen 1871 und 1925 auf 10 406 Menschen verdoppelte. Bredstedt vergrößerte seine Einwohnerzahl im selben Zeitraum um ein Viertel auf 2700, Leck um ein Drittel auf 1444, Niebüll sogar um 45 Prozent auf 3315. Besonders auffällig war der Bevölkerungsanstieg in den Fremdenverkehrsorten wie Westerland, Wyk, Sankt Peter-Ording oder Wenningstedt. Hingegen wuchsen Friedrichstadt und Tönning nur geringfügig. Gardings Bevölkerungszahl verkleinerte sich sogar um 8 Prozent auf 1577.

Vor allem viele ländliche Gemeinden hatten keine Teilhabe am Wachstum oder verloren sogar einen Großteil ihrer Einwohner. Die Bevölkerungszahl des Augustenkoogs und Katings in Eiderstedt schrumpfte zwischen 1871 und 1925 um fast die Hälfte. Dörfer wie Westerhever, Tetenbüll, Katharinenheerd, Kotzenbüll, Simonsberg, Uelvesbüll, Witzwort oder Osterhever in Eiderstedt, aber auch Oevenum auf Föhr, Karlum oder Westre in der Karrharde büßten in einem halben Jahrhundert rund ein Drittel ihrer Einwohnerschaft ein. Wo dagegen Heide- und Moorland in landwirtschaftliche Nutzfläche umgewandelt wurde, wie in großen Teilen der Geest, da nahm die Bevölkerung deutlich zu, verdoppelte sich manchmal sogar. In Goldebek lebten 1860 nur 123 Menschen, 1910 aber 221 und 1933 sogar 251. In Oster-Ohrstedt verdoppelte sich die Bevölkerung bereits

und 1925 ein Bevölkerungsanstieg von nur 14 Prozent, von etwa 84 600 auf 96 600. Im Jahr 2005 wurden hier 166 000 Einwohner gezählt. In Eiderstedt nahm – eine Ausnahme unter allen Kreisen in Schleswig-Holstein! – die Einwohnerzahl sogar um 17,5 Prozent ab. Dies war unter anderem eine Folge des Übergangs zur extensiven Weidewirtschaft, in der nur wenige Arbeitskräfte benötigt wurden. In Schleswig-Holstein insgesamt war dagegen im selben Zeitraum eine Zunahme von 60 Prozent zu verzeichnen; in der Stadt Kiel versiebenfachte sich die Einwohnerzahl sogar!

Der relativ geringe Bevölkerungsanstieg dürfte vor allem auf eine starke Abwanderung aus Nordfriesland zurückzuführen sein. In dieser Zeit der Landflucht und Verstädterung zogen viele nach Husum und in die kleinen Städte Nordfrieslands, mehr aber noch in die entstehenden Großstädte und industriellen Ballungsgebiete, zunächst auch nach Übersee. Vor allem jüngere und entscheidungsfreudige Menschen kehrten ihrer Heimat den Rü-

	1867	1880	1895	1910	1925	Fläche
Kreis Eiderstedt	17 937	17 315	15 781	14 722	14 790	335 qkm
Kreis Husum	35 753	36 825	37 060	41 090	44 000	850 qkm
Kreis Tondern	58 903	57 109	55 458	59 317	Südtondern	1810 qkm

zwischen 1803 und 1860 und stieg bis 1933 noch einmal von 300 auf 441. Auch in Haselund, Horstedt, Löwenstedt, Sönnebüll und Viöl nahm die Bevölkerung in fünf Jahrzehnten um rund zwei Drittel zu. Nordfriesland gehörte zu den am dünnsten besiedelten Gegenden in Schleswig-Holstein und in ganz Deutschland. Der Kreis Tondern lag mit nur 31 Einwohnern je Quadratkilometer (1895) an letzter Stelle in Schleswig-Holstein.

Landwirtschaft: Maschinen und Kunstdünger

Immer weniger Menschen produzierten immer mehr Lebensmittel. Dieser Grundzug hat seit dem ausgehenden 19. Jahrhundert die Landwirtschaft, die damals nach wie vor weitaus wichtigste Erwerbsquelle in Nordfriesland, bestimmt. Diese für die Region besonders folgenreiche Entwicklung nahm seitdem immer mehr an Tempo zu und erreichte ihren Höhepunkt nach dem Zweiten Weltkrieg. Einige Jahrzehnte veränderten die Lebensbedingungen stärker als Jahrhunderte, um nicht zu sagen Jahrtausende zuvor.

Immer neue und immer wirksamere Maschinen wurden entwickelt, die immer mehr Arbeitskräfte überflüssig machten. Zwei Beispiele seien genannt. Von alters her waren Korn und Gras mit der Sense geschnitten worden. Der neue Mähbinder dagegen, 1851 von dem Amerikaner Cyrus Hall McCormick in London vorgestellt, konnte von einem Mann im Sitzen mit Pferdezug kutschiert werden. Geradezu Sinnbilder der aufkommenden modernen Landwirtschaft wurden die neuen Dampfdreschmaschinen. Bis dahin waren durch die Jahrhunderte viele Menschen auf den Bauernhöfen den ganzen Winter über damit beschäftigt gewesen, mit aus Holz und Leder gefertigten Dreschflegeln die Körner aus den Ähren zu schlagen. Die „Döschdamper" erledigten diese Arbeit nun binnen weniger Tage. Jeder von

Haferdrusch in alter Weise, hier auf der Tenne des Hauses Nielsen in Wenningstedt / Sylt

ihnen, so hieß es in der sozialdemokratischen Presse, ersetze etwa 40 Arbeitsplätze in der Landwirtschaft. Die von „Lokomobilen" angetriebenen Großdrescher befanden sich zumeist im Eigentum von Lohnunternehmen oder von Genossenschaften, wie zum Beispiel seit Ende der 1880er Jahre in Struckum. Mit den Maschinen kamen rund 25 Menschen nach der Ernte auf die Höfe und wurden dort beköstigt. Bei ihnen handelte es sich zumeist um Gelegenheits- oder Wanderarbeiter. Dauernd beschäftigte Arbeitskräfte wurden also vielfach von Saison-Hilfsarbeitern abgelöst. Die schon lange bestehenden „Menschenmärkte" etwa in Garding und Tönning behielten ihre Bedeutung, bis die Arbeitsvermittlung seit den 1920er Jahren zunehmend auf den Staat überging.

In den 1850er Jahren wurden die ersten Dreschmaschinen in Schleswig-Holstein eingesetzt. Noch vor dem Ersten Weltkrieg dürfte der Dampfdrusch in Nordfriesland die Regel gewesen sein. Dabei drangen Maschinen in der Landwirtschaft im Kreis Husum anfangs nur langsam vor. Um 1882 wurden dort erst auf knapp vier Prozent der Höfe Maschinen eingesetzt; das war der niedrigste Wert unter allen Landkreisen in Schleswig-Holstein. Fortschrittlicher zeigten sich die Bauern in Eiderstedt, wo der Anteil bereits bei fast acht Prozent lag.

Auch die zunehmende Düngung der Böden und damit zusammenhängende Verbesserungen in der Fruchtfolge revolutionierten die Landwirtschaft. Agrarwissenschaftler fanden heraus, dass die Erträge durch den Zusatz bestimmter Nährstoffe gesteigert werden konnten. Guano (Vogelkot) und Salpeter etwa wurden aus Südamerika herantransportiert, was die zunehmende Verbindung der Landwirtschaft mit der Weltwirtschaft zeigt. Eine Folge der Industrialisierung war die Gewinnung des Düngers „Thomasmehl" seit 1877, das als Abfallprodukt bei der Stahlerzeugung gewonnen wurde. Auf der Geest setzte sich das schon länger bekannte Mergeln durch; es machte die Böden kalkreicher und versorgte sie so besser mit Wasser. Als ein Pionier gilt der Landmann Paul Siewertsen (1818-1897) in Dörpum. Seit den 1890er Jahren wurden auf genossenschaftlicher Basis Mergelverbände gegründet. Besonders ergiebige Schächte befanden sich bei Dörpum, Joldelund und Ladelund. Der besseren Entwässerung der Böden dien-

te die Röhrendränage, wie sie Johannes Steensen (1842-1930) auf seinem Blumenhof in Struckum 1868 wohl erstmals in Nordfriesland einsetzte.

Viele Landwirte verdienten gut daran, dass sie die wachsenden Städte und neuen Industriegebiete mit ihren Erzeugnissen versorgen konnten. Viele Tagelöhner und ihre Familien besaßen dagegen kaum das, was sie zum Leben brauchten. Ein Landarbeiter auf einem mittelgroßen Hof in Westerhever erhielt 1893 als Tageslohn für zehn bis zwölf Stunden Arbeit nicht mehr als zwei Mark. Ein Brot kostete damals etwa 60 Pfennige, ein paar Stiefel ungefähr 30 Mark. Zu dieser Zeit tauschten die Landarbeiter ihre Arbeitsleistung oft noch unmittelbar gegen Naturalien wie Butter oder Fleisch.

Die Konjunktur der Weidemast vor allem in den Marschen, wie sie in der ersten Hälfte des 19. Jahrhunderts begonnen hatte, steigerte sich noch. Die Rinderausfuhr von Tönning nach Großbritannien erreichte mit fast 50 000 Rindern und 60 000 Schafen 1876 ihren Höhepunkt; in kleinerem Maßstab war der Husumer Hafen an der Verschiffung von Vieh beteiligt. Seit 1871 machten die Tönninger mit einer eigenen Dampfschifffahrts-Gesellschaft den britischen Reedern Konkurrenz.

Im Jahre 1876 wurde die Tönninger Darlehns-Bank gegründet, die vor allem „Gräserkredite" vergab, also Geldmittel für die Weidemast betreibenden Bauern; sie firmierte seit 1891 als Schleswig-Holsteinische Bank und unterhielt neben ihrem 1908 eröffneten Hauptsitz in Husum mehrere Nebenstellen. Eine treibende Kraft der Entwicklung war der Bauer und Unternehmer Gustav Adolph Thomsen (1833-1915) aus Zennhusen in Dithmarschen. Nach einem Zerwürfnis zog er sich jedoch aus der Schleswig-Holsteinischen Bank zurück und gründete 1896 in Heide die Westholsteinische Bank. Beide Institute schlossen sich 1943 zur Westbank zusammen (heute HypoVereinsbank).

Mergelförderung bei Ladelund, um 1907. Viele der Arbeiter kamen aus Polen und Galizien.

Eiderstedt war in Deutschland zum Hauptzuchtgebiet der Shorthorn-Rinder geworden, deren recht fettes Fleisch den Engländern besonders gut schmeckte. Doch nach und nach verlagerten sich die Handelsverbindungen. Als 1888 in Deutschland die Maul- und Klauenseuche ausbrach, nahm London diese gefürchtete Rinderkrankheit zum willkommenen Anlass, ein Einfuhrverbot für Vieh aus Deutschland zu verhängen. Damit endete der Viehexport nach Großbritannien. In gut vier Jahrzehnten waren von Tönning aus über eine Million Rinder und noch mehr Schafe verschifft worden. Industrialisierung und Bevölkerungswachstum sorgten nun aber für eine Nachfrage nach Rindfleisch in Deutschland selbst.

Die Marschen Nordfrieslands wurden zu einer Fleischkammer für deutsche Großstädte und Industriegebiete. Der Husumer Viehmarkt, 1888 im Norden der Stadt neu angelegt, war vor dem Ersten Weltkrieg nach Berlin und Hamburg der drittgrößte im Deutschen Reich. Im Jahre 1910 wurden die höchsten Zahlen notiert: 14 000 Stück Magervieh, 79 500 Stück Weidefettvieh, 5000 magere und 14 000 fette Schafe.

Die Veränderungen in der Landwirtschaft erhöhten den Kreditbedarf der Bauern. Als Selbsthilfeorganisationen vor allem für kleinere Geldgeschäfte wurden von 1895 an in Schleswig-Holstein Spar- und Darlehnskassen gemäß den genossenschaftlichen Grundsätzen von Friedrich-Wilhelm Raiffeisen gegründet. Solche Genossenschaftsbanken entstanden in Nordfriesland zum Beispiel 1896 in Oldsum und Oevenum auf Föhr, im selben Jahr in Ahrenviöl, 1897 in Drelsdorf, 1900 in Viöl, 1902 in Breklum, 1903 in Neukirchen, 1907 in Leck, 1911 in Süderlügum. Die Raiffeisen-Organisation sorgte auch für den Landhandel mit Brennstoffen, Saatgut, Futter- und Düngemitteln. Viele der schon länger bestehenden Sparkassen, inzwischen zumeist mit öffentlich-rechtlicher Grundlage, schlossen

sich 1908 zur Tonderner Kreissparkasse und 1925 bzw. 1935 zur Kreissparkasse Husum zusammen.

Das landwirtschaftliche Vereinswesen stand in hoher Blüte. Als zwei von vielen Spezialvereinen seien nur genannt der 1883 gegründete Eiderstedter Shorthorn-Zuchtverband und der 1890 gebildete Karrharder Pferdezuchtverein. Milchkontrollvereine untersuchten Kühe und wählten besonders leistungsstarke Vererber aus.

Vor dem Hintergrund der landwirtschaftlichen Konjunktur und der neuen Möglichkeiten zur Bodenverbesserung wurden große Naturflächen in landwirtschaftliches Nutzland umgewandelt. Vor allem seit den 1870er Jahren verschwanden weite Heideflächen, die bis dahin

Tagelöhner und Landarbeiter vom Westhof im Alt-Augustenkoog bei Westerhever

Aufsichtsrat und Direktion der Tönninger Darlehnsbank, 1886

Husumer
Viehmarkt
um 1900

das Landschaftsbild der Geest mitge-
prägt hatten. Nur ein Beispiel von vielen:
In Tinningstedt machte eine aus acht
jungen Landwirten bestehende Genossenschaft 1911/12 eine 106 Hektar große
Heidefläche urbar. Mit Blick auf Kultivie-
rungsarbeiten im Amtsbezirk Klixbüll hieß
es 1906: „Auch hier auf weiten Geestge-
filden liegt unsere Zukunft." Man nahm
damit den Ausspruch des Kaisers auf,
dass die Zukunft „auf dem Wasser" liege.
Von 1910 an wurde die Entwässerung der
Moore intensiviert. Eine im Herbst 1913
gegründete Genossenschaft in Winnert
kultivierte 283 Hektar im Wilden Moor.
1927 betrug der Anteil der Heide- und
Moorgebiete im schleswigschen Raum
gerade noch fünf Prozent der gesamten
Wirtschaftsfläche. Die Einsamkeit in der
weiten Heide und im Moor, wie etwa
Theodor Storm sie beschrieben hatte,
gehörte der Vergangenheit an.
Für das Dorf Horstedt bei Husum wurden
zur Urbarmachung der Heide folgende
Zahlen genannt:

Jahr	bebaute Fläche in ha	Heideland in ha
1820	594	575
1850	694	475
1880	794	375
1914	919	250
1939	1158	11

Der 1871 in Husum gegründete Heidekul-
turverein förderte auch Aufforstungen im
bis dahin fast waldlosen Nordfriesland.
Waldungen nahmen damals im Kreis
Husum nur 1,3 Prozent und im Kreis
Tondern sogar nur 0,15 Prozent der
Gesamtfläche ein. Baumpflanzungen
in großer Zahl, tatkräftig gefördert von
dem Forstdirektor der Provinz Carl Emeis
(1831-1911), begannen 1878 auf dem
Langenberg bei Leck, wobei auch Straf-
gefangene eingesetzt wurden. Es folgten
Aufforstungen zum Beispiel bei Karlum,
Süderlügum/Westre, Drelsdorf/Norstedt,
Langenhorn, Lütjenholm/Högel, Quick-
horn bei Bredstedt, Schobüll und auf
Amrum. In Bordelum wurden zwischen
1891 und 1899 fast 100 000 Bäume und

eine entscheidende Rolle im 1895 gebildeten Landwirtschaftlichen Verein Bohmstedt, ergriff die Initiative zur Gründung der Spar- und Darlehnskasse in Drelsdorf 1897 und in Bohmstedt 1924. Mit besonderem Eifer betrieb er die Anpflanzung des Genossenschaftswalds Haaks seit 1896. Um die häufigen Überschwemmungen zu reduzieren, schlug er den Bau von Flussdeichen an der Arlau vor. Hansen wirkte in der Gemeindevertretung mit und war Wehrführer der 1889 gegründeten Feuerwehr Bohmstedt. Er schloss sich dem „Bund der Landwirte" an und gründete 1902 die Zeitung Friesen-Courier mit. Von Anfang an gehörte er dem 1902 gegründeten Nordfriesischen Verein für Heimatkunde und Heimatliebe an, verfasste heimatkundliche Arbeiten und erteilte in den 1920er Jahren auch Unterricht in seiner friesischen Muttersprache.

Martin Paul Hansen im Haaks

Aktie der Tönninger Dampfschifffahrtsgesellschaft von 1874

Sträucher gepflanzt. Bei vielen bestand bis dahin das Vorurteil, dass Bäume, gar Wälder in der salzhaltigen, rauen Nordseeluft kaum gedeihen könnten.
Ein vielfältig tätiger Landwirt, in dessen Leben sich die neuen Entwicklungen spiegeln, war Martin Paul Hansen (1856-1939). Er machte Heideland in Bohmstedt und Drelsdorf urbar, gründete 1888 die Freie Meiereivereinigung Drelsdorf mit, eignete sich neue landwirtschaftliche Kenntnisse an, spielte

Altes und neues Handwerk, Industrie, Handel

Auf den Bauernhöfen und auch in vielen anderen Haushalten waren bis dahin die meisten Güter selbst hergestellt worden, wobei viele Menschen tätig waren. Diese Selbstversorgung löste sich immer mehr auf; Arbeitsteilung und Spezialisierung wurden zu Schlüsselbegriffen der neuen Zeit. Einige Gewerbezweige blühten auf, andere gingen zurück oder starben aus.

Die Heidekultur-Genossenschaft Tinningstedt beim Ernten und Dreschen des Roggens, 1913

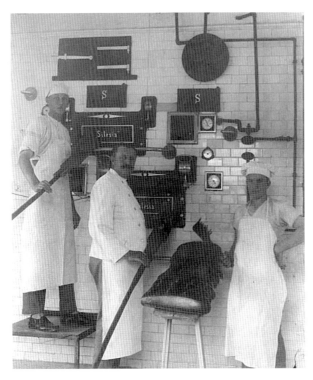

Bäckerei Jensen in Nord-Lindholm, gegründet 1878, Foto von 1925

her von Oldenswort: „In den Landhaushalten, sowohl der größeren Besitzer wie der Arbeiter pp. hat das Backen für die eigene Haushaltung fast ganz aufgehört, und die Backöfen, die sich in den ländlichen Wohnhäusern und Nebengebäuden befanden, sind mehr und mehr verschwunden. ... Es ist bequemer, billiger, erspart Arbeitskraft, wenn das Haushaltungsbrot gekauft, als wenn es in eigener Wirtschaft hergestellt werden muß." Das Bäckerhandwerk in Schleswig-Holstein nahm zwischen 1860 und 1907 um 170 Prozent zu und bildete damit die am schnellsten wachsende Sparte.

Die neuen Bäckereien waren nicht selten mit einem Mühlenbetrieb verbunden. Für die Windmühlen wehten günstige Winde, zumal seit 1853 der „Mühlenzwang" aufgehoben und für diesen Handwerkszweig die Gewerbefreiheit eingeführt worden war. Um die Jahrhundertwende drehten im Gebiet des heutigen Kreises Nordfriesland rund 110 Mühlen ihre Flügel und prägten das Landschaftsbild mit. Aber mit dem Aufkommen von Großmühlen begann schon kurz nach diesem Höhenflug das große Windmühlensterben. Nur etwa ein Dutzend blieb erhalten, und seit

Das Brotbacken wurde auf vielen Höfen zuerst weitgehend aufgegeben. Seit der zweiten Hälfte des 19. Jahrhunderts übernahmen immer mehr Dorfbäckereien die Versorgung mit dem täglichen Brot. Schon 1898 berichtete der Amtsvorste-

Meierei in Witzwort, gegründet 1894

Tilli-Mühle
auf Pellworm
zu Beginn
des 20. Jahr-
hunderts

den 1960er Jahren dient keine einzige
mehr ihrem ursprünglichen Zweck.
Innerhalb weniger Jahre veränderte sich
vollständig die Gewinnung von Butter
und Käse, wie sie durch die Jahrhunderte im Wesentlichen unverändert auf den
Bauernhöfen betrieben worden war. Die
Erfindung der Zentrifuge, mit deren Hilfe
in kürzester Zeit große Mengen Milch
entrahmt und zu Butter verarbeitet werden konnten, brach einem neuen Zweig
der „grünen Industrie" Bahn. Die ersten
„Centrifugenmeiereien" Schleswig-Holsteins wurden in den 1870er Jahren
gegründet. In Nordfriesland breiteten
sich diese Betriebe – vielfach als Genossenschaften, bei denen die Milchbauern
die Anteile hielten – in Windeseile aus:
zuerst 1884 Wester-Ohrstedt, 1885
Ahrenshöft, Schwesing, Ahrenviöl,
Rantrum, Olderup, 1886 Almdorf, Hude,

**Mühlen in
Nordfriesland
um 1900**

▲ 114 Windmühlen

✿ 2 Wassermühlen

⸺ Kreisgrenzen

Richtfest von N. Kjerbüll's Gastwirtschaft in Humptrup am 26. Juni 1909.

Richtfest in Humptrup, 1909

Haus des Terrazzolegers Carlo C. Manarin in der Husumer Schulstraße, erbaut 1907

Oster-Ohrstedt, Immenstedt, 1887 Winnert, Ostenfeld, Oldersbek, Drage, Seeth, 1888 Emmelsbüll, Midlum/Föhr, Drelsdorf, Goldelund, 1889 Bredstedt, Langenhorn, Westerland, Stedesand, Oldsum. Um die Jahrhundertwende besaß fast jedes größere Dorf Nordfrieslands „seine" Meierei. Erst seit den 1970er Jahren sollte sich das ändern.

Im Zeichen verstärkter Bautätigkeit und sich verändernder Bauweise erlebten vielerorts Ziegeleien, die Steine und Ziegel massenhaft produzierten, sowie das Maurer- und Malerhandwerk einen Aufschwung. Manches traditionelle Handwerk dagegen starb ganz oder fast vollständig aus, etwa das des Böttchers, Hut- und Mützenmachers, Webers, Holzschuhmachers, Reepschlägers, Knopfmachers. Ihre Erzeugnisse konnten industriell viel schneller produziert und billiger angeboten werden.

Gleichzeitig kamen neuartige Handwerkssparten auf: Optiker, Installateure, Fahrradschlosser, Elektrotechniker, Fotografen. Im Jahre 1863 war in Husum das erste „photographische Atelier" eröffnet worden. In Bredstedt betätigte sich gleichzeitig ein Maler als „Graf Photo". Sein Geschäft florierte, als sich die zwischen 1864 und 1866 hier einquartierten Soldaten ablichten ließen. Die bisher im Lande tätigen Porträt-Miniaturisten wurden zumeist arbeitslos oder stellten auf den neuen Zweig um. Nordfriesland hatte namentlich mit Paul Ipsen (1746 - um 1810) von der Hallig Oland und Hans

Jubiläumsprospekt der Tabakfabrik Preisler in Bredstedt für das Jahr 1904 mit dem Porträt des Neubegründers Bruno Preisler

Dorfschmiede in Sankt Peter

Momme Andresen

Peter Feddersen d. Ä. (1788-1860) aus Wester-Schnatebüll bedeutende Vertreter dieses Genres hervorgebracht. 1822 war die „Daguerrotypie" in Paris erfunden worden; um 1850 hatte die neue Technik, mit Hilfe optischer Linsen und mit Jodsilber beschichteter Platten dauerhafte Bilder herzustellen, in Schleswig-Holstein Einzug gehalten. Die Ausbreitung der Fotografie förderte der aus Risum stammende Chemiker Momme Andresen (1857-1951); die später weltbekannte Berliner Firma Agfa begann aufgrund seiner Erfindungen mit der Herstellung fotografischer Artikel.

Erste „Gastarbeiter" aus Italien wurden in Nordfriesland heimisch. Den neuartigen Terrazzo-Fußboden führte der Italiener Carlo C. Manarin 1898 in Husum ein, sein Vetter Luigi Toffolo (1879-1948), ebenfalls aus Fanna in der Provinz Friaul stammend, machte sich in Bredstedt selbstständig. Ihre Erzeugnisse fanden bald großen Anklang und ersetzten in vielen Häusern Nordfrieslands die bis dahin üblichen Fußböden aus Ziegel- oder Sandsteinplatten in Fluren und Küchen.

Viele Handwerker stellten jetzt nichts mehr selbst her, sondern führten Reparaturbetriebe für andernorts produzierte Geräte, etwa für die neuen Maschinen in der Landwirtschaft. Schuhmacher wurden zu Flickschustern. Auch die Organisationsformen des Handwerks wandelten sich. An die Stelle der Zünfte traten Innungen, die im Zusammenwirken mit der Handwerkskammer zu Flensburg die berufsständischen Interessen vertraten sowie die Aus- und Fortbildung förderten. Im Jahre 1919 bestanden im Kreis Husum 17 Innungen mit 778 Mitgliedern.

An die Stelle des Selbermachens trat vielfach das Kaufen fertiger Produkte, die andere an teils weit entfernten Orten hergestellt hatten. Industriell gefertigte Güter wie Töpfe und Blecheimer, Nägel und Kleidungsstücke, Seifen und Süßigkeiten gelangten bald ins letzte Dorf. Ihrer Verteilung dienten Kaufmannsläden, die fast

Julius Brodersens Kaufmannsladen in Rodenäs

Schlachter
in Leck

in jedem Dorf und in spezialisierter Form in den Städten aufblühten.

Wie im ländlichen Bereich Spar- und Darlehenskassen, so wurden für die gewerbliche Wirtschaft genossenschaftliche Banken nach den Prinzipien von Hermann Schulze-Delitzsch gegründet, um den steigenden Kapitalbedarf zu befriedigen. Solche „Creditvereine" bzw. „Volksbanken" entstanden zum Beispiel 1870 in Husum, 1876 in Garding, 1885 in Niebüll, 1892 in Bredstedt und Wyk, 1895/96 in Westerland. Ein besonderer Fürsprecher des gewerblichen Genossenschaftswesens war der Husumer Bürgermeister Emanuel Gurlitt, der auch als Direktor des Nordwestdeutschen Genossenschaftsverbandes wirkte.

So nachhaltig die Industrielle Revolution das Leben in Nordfriesland veränderte – ein Industriegebiet wurde die Region keineswegs. Dazu lag sie zu sehr am Rande, weitab von notwendigen Rohstoffen und Bodenschätzen. Größere Fabriken blieben dünn gesät. Im Jahre 1900 bestanden in der Provinz Schleswig-Holstein fast 1000 Industriebetriebe mit 50 000 Beschäftigten. In den drei Kreisen Nordfrieslands hingegen wurden nur jeweils fünf Unternehmen mit insgesamt

etwa 600 Beschäftigten gezählt (Tondern 45, Husum 175, Eiderstedt 387). Was die Anzahl der Industriebetriebe anging, lagen die Landkreise Nordfrieslands unter allen 23 Kreisen Schleswig-Holsteins auf den Plätzen 19, 20 und 21. Nur die Kreise Flensburg-Land und Segeberg wiesen noch weniger Unternehmen auf.

In Friedrichstadt war zeitweise eine bis 1923 bestehende Schwefelsäurefabrik, kurz „Säure" genannt, der größte Arbeitgeber. Die 1852 gegründete „Dampf-Seifen- und Parfümerie-Fabrik" A.T. Düyssen verkaufte ihre Erzeugnisse ins In- und Ausland. Die Eidermühle wurde eine der größten Getreidemühlen in Schleswig-Holstein. Daneben gab es in der Stadt an Eider und Treene eine Ölmühle, eine

Schwefel-
säurefabrik
in Friedrich-
stadt

Senf- und Essigfabrik, eine Knochenmühle und eine kleine Schiffswerft.

In Tönning entstand 1889 aus einer Maschinenfabrik mit einer Reparaturwerkstatt für Schiffe die Werft Schömer & Jensen. Sie beschäftigte bis zu 1600 Menschen und war zeitweise der größte Betrieb in Nordfriesland. Für die Arbeiter wurden ganze Straßenzüge mit Wohnungen errichtet. Doch bald schon ging es bergab. 1909 musste das Werk erstmals Konkurs anmelden, und nach der Inflation 1923 kam das endgültige Aus. In der Stadt an der Eider bestanden auch kleine Fabriken zur Garnelenverwertung, die viele Krabbenpulerinnen beschäftigten.

Garnelen („Krabben") waren lange im Nebenerwerb, zumeist von Frauen, mit einem Schiebenetz („Gliep") gefangen worden. Ein Tönninger Fischer stellte 1865 den Krabben erstmals mit einem von seinem Segelboot gezogenen kleinen Schleppnetz nach. Seit den 1880er Jahren entwickelte sich der Krabbenfang, gefördert durch den Bau der Eisenbahn, zum größten und profitabelsten Er-

werbszweig der regionalen Seefischerei. Schwerpunkte in Nordfriesland wurden Tönning und – seit dem Ersten Weltkrieg – Husum. Um 1906 begann die Motorisierung der Krabbenkutter, und schon 1912 wurden 44 Prozent der Schiffe von Maschinen angetrieben.

Das von 1852 bis 1954 bestehende Husumer Eisenwerk blieb relativ klein und beschäftigte nicht mehr als 20 Menschen. Rund 100 Arbeiter waren in einer 1898 gegründeten Möbelfabrik in Husum tätig, die aber Ende der 1920er Jahre aufgegeben werden musste. In größeren Orten wie Husum und Bredstedt bestanden Bierbrauereien, deren Absatz zunahm, als sich die Eigenversorgung der Höfe mit diesem beliebten Hausgetränk seit den 1860er Jahren verringerte.

Wie viel die Eigeninitiative einzelner Unternehmer bewirken konnte, zeigte die Bredstedter Tabakfabrik von Bruno Preisler (1868-1935). Aus kleinsten Anfängen baute er sie seit 1898 zum größten Betrieb der Stadt mit rund 200 Beschäftigten und zu einem der führenden Unternehmen in der deutschen Tabakfabri-

Eiderwerft in Tönning, um 1900

Eiderwerft Actien-Gesellschaft
Schiffswerft, Maschinenfabrik, Kesselschmiede u. Giesserei
Tönning a. Eider

Eisen u. Metall-Giesserei

Bahnhof in
Niebüll

kation aus. Allein von der Erfolgsmarke „Dusendank" wurden zwischen 1926 und 1937 fast 50 Millionen Zigarren verkauft. Nach dem Zweiten Weltkrieg lohnte sich der Zigarrenversand nicht mehr, und 1957 kam das Ende.

Arbeiter mussten zu Beginn des Kaiserreiches zwölf Stunden am Tag leisten. 1908 wurde als gesetzliche Norm der Zehn-Stunden-Tag festgelegt, weiterhin an sechs Tagen in der Woche. Ein Anspruch auf Urlaub bestand in aller Regel nicht.

Anschluss an die „große Welt"

In seinen Lebenserinnerungen schildert Friedrich Paulsen die „Abgeschlossenheit des Lebens", wie sie noch Mitte des 19. Jahrhunderts in seinem Geburtsort Langenhorn und genauso in vielen anderen Dörfern des nordfriesischen Festlandes herrschte: „Meine Heimat Nordfriesland lag, als ich als Knabe heranwuchs, noch ganz außerhalb der Welt. Keine Eisenbahn brachte die Landbewohner, wie jetzt, in wenig Minuten in die Stadt;

nach Flensburg oder Husum, den nächsten Städten, kam man oft in Jahren nicht; manche, vor allem Frauen, haben kaum je eine Stadt gesehen. Wer Hamburg gesehen hatte, war ein weitgereister Mann. ... Daß es auch ein Berlin gab, wußte man nur aus der Geographie, es war uns ferner als heute St. Louis oder Moskau."

Den Anschluss des festländischen Nordfriesland an die „große Welt" brachte insbesondere der Bau der „Marschbahn" 1885-87. Die Eisenbahn Tönning-Husum-Flensburg von 1854 hatte vor allem die Ost-West-Richtung betont. An einer schnellen Verbindung mit Hamburg und Deutschland war die dänische Regierung nicht interessiert gewesen. Preußens Anliegen musste hingegen auch ein verkehrsmäßiger Anschluss der Neuerwerbung sein. Dennoch dauerte es zwei Jahrzehnte, bis der Bau einer Nordfriesland von Süden nach Norden durchfahrenden Eisenbahn verwirklicht wurde. Dithmarschen hatte 1877/78 seinen Eisenbahnanschluss an Hamburg erhalten. Zehn Jahre danach wurde die „Marschbahn" nun von Heide über Friedrichstadt,

Husum, Bredstedt, Niebüll, Tondern und weiter an die dänische Grenze bei Ripen verlängert. Einen Anstoß gaben wohl auch militär-strategische Überlegungen, da man im Kriegsfall eine britische Invasion an der Nordseeküste befürchtete.

Besonders schwierig gestalteten sich die Bauarbeiten in der Marsch und am Stollberg. Hier wurden beim Durchstich Quellen freigelegt, die seitdem mehrere „Fischerteiche" speisen. Bei einer Verschüttung am Stollberg-Einschnitt verunglückten drei Arbeiter tödlich. Zahlreiche

polnische und russische „Monarchen" (Wanderarbeiter) wurden beim Bahn- und auch beim Straßenbau eingesetzt, ebenso zum Beispiel bei Deicharbeiten. Die Beschäftigung von ausländischen Arbeitskräften, die als „billig und willig" galten, wuchs damals in Deutschland zu einer Massenbewegung heran und erreichte ihren Höchststand 1914 mit etwa 1,2 Millionen.

Die Bahn veränderte vieles. Die Fahrzeiten verkürzten sich entscheidend. Das Postwesen kam einen gewaltigen Schritt

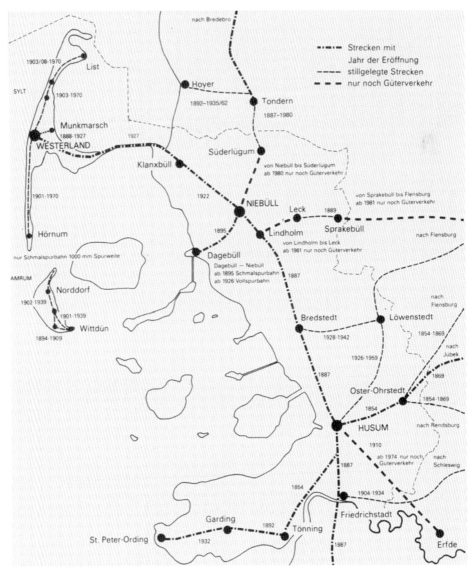

Entwicklung der Eisenbahn in Nordfriesland seit 1854. Der Güterverkehr Husum-Erfde wurde bis 2003 nach und nach eingestellt. Die Strecke Niebüll-Tondern wurde 2003 wiedereröffnet.

Ansicht von Lister Dünen auf Insel Sylt

voran. Waren konnten viel schneller transportiert werden. Immerhin benötigte der Zug von Elmshorn bis Husum im Jahr der Eröffnung 1887 nur noch drei Stunden und 20 Minuten. Im Zuge des Bahnbaus wurde bei Friedrichstadt erstmals eine feste Überwegung über die Eider unterhalb von Rendsburg errichtet; eine Straßenbrücke über den alten Grenzfluss zwischen Schleswig und Holstein, Nordfriesland und Dithmarschen folgte erst 1916. In Husum teilte die Eisenbahnbrücke den Binnen- vom neuen Außenhafen. Neue Wirtschaftsbetriebe entstanden, vielfach in unmittelbarer Nähe und manchmal mit direktem Gleisanschluss. Die Straßen zu den Bahnhöfen, die als Visitenkarten der Ortschaften galten, zierten häufig prachtvolle Villen. Zugleich brachte das Eindringen von Neuem Altes in Gefahr, wie sich zum Beispiel an dem beschleunigten Rückgang der friesischen Sprache zeigte.

Gerade rechtzeitig kam die Eisenbahn für den Viehexport aus Nordfriesland. Die

Ausfuhr über die Nordsee nach Großbritannien endete 1889. Jetzt wurden die Tiere auf Schienen nach Süden transportiert. Das Wachstum des Husumer Viehmarkts hing nicht zuletzt mit der neuen Eisenbahnverbindung zusammen.

Als Zubringer und für den regionalen Verkehr erhielt die Marschbahn mehrere Nebenstrecken, so 1888/89 die von Lindholm über Leck nach Flensburg, 1892 eine Verlängerung von Tönning nach Garding sowie die Strecke zwischen Tondern

Die Sylter Nordbahn in den Lister Dünen

Inselbahn in den Amrumer Dünen

Die Schwab-
stedter
Prahmfähre
befördert ein
Automobil,
1912.

und Hoyer-Schleuse, die vor allem für den Fremdenverkehr nach Sylt Bedeutung gewann. Auf der Insel selbst beförderte schon seit 1888 eine Kleinbahn die Badegäste vom Hafen Munkmarsch nach Westerland. Später verkehrte die Inselbahn auch zwischen List, Westerland und Hörnum. Hier entstand 1901 ein Anleger für die Seebäderlinie Hamburg-Helgoland-Hörnum des Hamburger Großunternehmens „Hapag". Amrum erhielt 1894 und 1900-02 seine Inselbahn. Die Anreise der Badegäste nach Föhr und Amrum erleichterte die 1895 eröffnete „Kleinbahn" – mit einer schmalen Spurweite von nur einem Meter – zwischen Niebüll und Dagebüll. Auch zwischen Friedrichstadt und Schleswig wurde 1904/05 eine Schmalspurbahn („Kreisbahn") gebaut. Im Jahre 1910 konnte eine weitere Eisenbahnlinie von Husum über Erfde nach Rendsburg eröffnet werden. Auf den beiden Bahnhöfen in Husum wurden im Rechnungsjahr 1913/14 bereits 360 000 Fahrkarten verkauft.

Stolzer Besitzer eines Stahlrosses: Carsten Andresen in Bondelum, um 1900

Als die Marschbahn sich in Nordfriesland gerade im Bau befand, stellten Karl Benz und Gottlieb Daimler 1886 ihre ersten Motorwagen vor und leiteten damit eine neue Revolution im Verkehrswesen ein. Es sollte noch bis in die 1930er Jahre dauern, ehe sich Lastkraftwagen auf der Straße zu einer leistungsfähigen Konkurrenz zur Eisenbahn entwickelten. Aber schon vor dem Ersten Weltkrieg fuhren auf den Chausseen Nordfrieslands die ersten privaten Automobile. Bis dahin waren die Straßen den Pferdefuhrwerken, Kutschen, Pferde-Omnibussen und ersten Fahrrädern vorbehalten. In Langenhorn etwa wurde das erste Fahrrad 1888 benutzt – der Besitzer des Gefährts mit großem Vorder- und kleinem Hinterrad erhielt den friesischen Beinamen „Spanfiil" (Spinnrad).

Das erste Motorrad fuhr in Langenhorn 1908, das erste Automobil 1913. In Ladelund erwarb der Kaufmann 1907 als erster ein Automobil, einen in Fulda hergestellten „Piccolo", der es auf eine Höchstgeschwindigkeit von 30 Kilometern in der Stunde brachte. Noch etwas fortschrittlicher zeigte man sich in der Stadt Husum. Hier ließ sich ein Tabakfabrikant schon 1904 einen offenen Zweisitzer aus Suhl in Thüringen kommen. Vor allem wohlhabende Kaufleute und Ärzte erwarben kurz darauf weitere dieser „Teufelsfuhrwerke". Die Straßenverhältnisse verbesserten

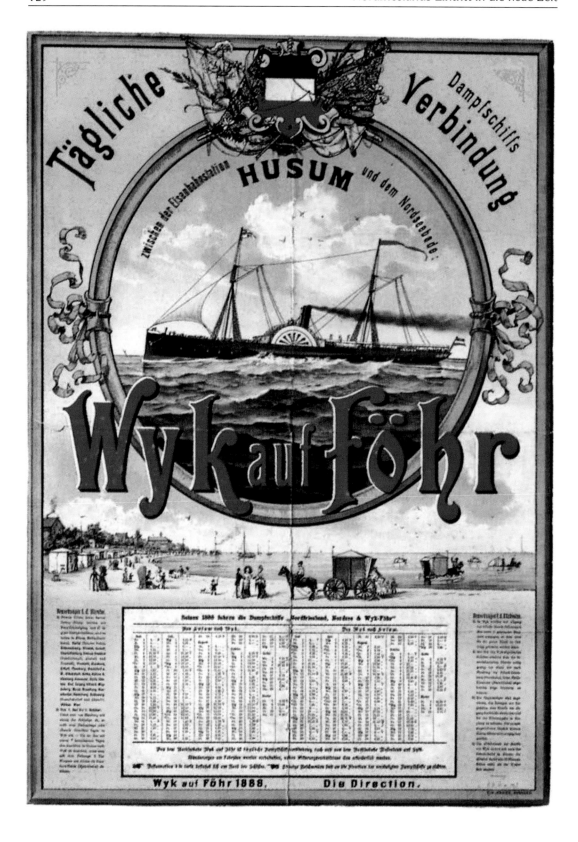

Im Jahre 1914 landete das erste Flugzeug auf Föhr, geflogen von Friedrich Christiansen.

sich. Auch manche Nebenwege erhielten feste Beläge. So wurde 1866 eine Klinkerchaussee von Langenhorn nach Munksbrück gebaut, 1886 entstand die Chaussee zwischen Schwabstedt und Husum, 1901 die zwischen Schwabstedt und Hude. Für den Chausseebau Bredstedt-Viöl 1902 wurden viele Italiener eingesetzt, die damals in großer Zahl bei Erdarbeiten in Deutschland tätig waren. In manchen Dörfern, so in Joldelund, sperrten sich einflussreiche Einwohner gegen den Anschluss an moderne Straßen und lebten lieber weiter in ihrer Abgeschiedenheit. Aus Löwenstedt wird folgender Ausspruch berichtet: „Nein, wir wollen keine Chaussee haben, dann bekommen wir nur alle Handwerksburschen (Bettler) ins Dorf."

Die Regel blieben noch Sandwege auf der Geest und Kleiwege in der Marsch. Welche Beschwernisse sie verursachen konnten, zeigt eine Episode aus Ockholm. Der im Sommer 1890 dort im Gasthaus weilende Kunstmaler Ludwig Bokelmann (1844-1894) hatte den niederdeutschen Dichter Klaus Groth (1819-1899) eingeladen. Er

fand im nur 100 Meter entfernten Pastorat Quartier. Doch anhaltender Regen machte den Weg zu „Schlick un Schiet". Nur mit Hilfe großer Holzschuhe konnte die kurze Strecke überhaupt zurückgelegt werden. Groth dichtete: „Harrn wi de groten Schoh nich funnen, / Weer he mit Huut un Haar verswunnen."

Der Fährverkehr zu den Inseln wurde ebenfalls ausgebaut. Schon in der Zeit des dänischen Gesamtstaats verkehrten die ersten Dampfschiffe im nordfriesischen Wattenmeer. Weitgehend unabhängig von Wind und Wetter, gewährleisteten sie regelmäßigere und sicherere Verbindungen, wenn auch die starke Abhängigkeit von den Tiden bestehen blieb. Bereits um 1830 war erstmals ein Dampfschiff von Hamburg nach Helgoland und weiter nach Wyk gefahren. 1847 verkehrte ein Raddampfer im Sommer zwischen Husum und dem Föhrer Seebad. Erst 1855 wurde man in der Region selbst aktiv und gründete eine „Dampfschiffahrts-Gesellschaft für die Westküste des Herzogthums Schleswig". Sie nahm im Jahr darauf den Verkehr von

Husum über Wyk und Sylt nach Hoyer auf
und lief auch Pellworm und Nordstrand
an.

Vor allem in den 1870er und 1880er Jahren entstanden eigene Dampfschifffahrts-
gesellschaften für den Fährverkehr nach
den einzelnen Inseln. Um die Verbindung
zwischen dem Festland und Föhr, später
auch Amrum konkurrierten zeitweise drei
Reedereien. Schließlich konnte sich die
1885 gegründete Wyker Dampfschiffs-
Reederei durchsetzen; sie entwickelte
sich in Nordfriesland zur größten Schiff-
fahrtsgesellschaft. Eine regelmäßige
Dampfer-Fährverbindung von Dagebüll
aus bestand seit 1873, während etwa der
Dampfer von Husum nach Pellworm noch
zu Anfang des 20. Jahrhunderts nur alle
zwei Tage verkehrte. In harten Wintern
blieben die Inseln weitgehend abge-
schnitten von jedem Verkehr. Bis in die
1920er Jahre wurden für die dringendsten
Transporte Eisboote mit eisernem Kiel
und starken Planken eingesetzt.

Wie abgeschieden von der Außenwelt vor
allem die Halligbewohner lebten, zeigt
eine Episode aus dem Winter 1888. Festlich wurde am 22. März auf Hooge – aber
auch noch auf Amrum – der 91. Geburtstag des Kaisers Wilhelm I. begangen, „als
derselbe bereits nach Beendigung aller
Trauerfeierlichkeiten im Mausoleum zu
Charlottenburg zur letzten Ruhe beige-
setzt war". Als sich nacheinander zwei
Pastoren der Hallig deswegen an den
neuen Kaiser wandten, erhielt Hooge –
im Pastorat! – eine Telegrafenhilfsstelle.
Stationen des dänischen Staatstelegrafs
bzw. Eisenbahn-Telegrafenstationen gab
es schon um 1854 in Garding, Husum,
Tönning und Ohrstedt.

Die Telegrafie machte später die Nach-
richtenübermittlung mit Brieftauben
überflüssig. Von Tönning aus hielten
Tauben die Verbindung zu zwei in der
Eidermündung liegenden Feuerschiffen.
Die Auflösung der dortigen Station im
Jahre 1912 bedeutete das Ende der Tau-
benpost in Deutschland.

Der Leucht-
turm vor
Westerhever
im Bau, 1907

Das Telefon trat seinen Siegeszug in
Nordfriesland in den 1890er Jahren von
Husum und Westerland aus an, nachdem
sich 1881 in Berlin erstmals in Deutschland und 1883 in Kiel zum ersten Mal
in Schleswig-Holstein „Abonnenten" an
einer Fernsprecheinrichtung beteiligt
hatten. Schon 1897 und 1901 wurden
Fernsprech-Seekabel nach Sylt bzw.
nach Föhr und Amrum verlegt. 1901 gab
es in Westerland 51 Telefonanschlüsse.
In Husum verfügten 1913 immerhin 282
Einwohner über die neue Errungen-
schaft, 1897 waren es nur 15 gewesen.
Insbesondere Geschäftsleute, Ärzte und
öffentliche Einrichtungen nutzten die
neue Technik.

Um die Sicherheit im Schiffsverkehr zu
vergrößern, war schon in dänischer Zeit
das Seezeichenwesen ausgebaut worden.
So lag bereits seit 1815 ein Feuerschiff
vor der Eider, das erste in der Deutschen
Bucht. Im Jahre 1855 wurde bei Kampen
auf Sylt ein hoher Leuchtturm aus gelben
Klinkersteinen errichtet, geschmückt
mit den schmiedeeisernen Initialen des
dänischen Königs Friedrich VII. Weitere
markante Leuchttürme entstanden 1874

Eisbootfahrt nach Nordstrand-Morsumkoog, 1892

auf Amrum – der mit einer Feuerhöhe von 63 Metern höchste in Nordfriesland –, 1906-08 auf Pellworm, in Hörnum und vor Westerhever, außerdem 1891 eine neue und größere Rettungsbake auf Süderoogsand, wo bereits 1611 eine erste Bake gestanden hatte.

Die Begeisterung mancher Insulaner über diese Neuerungen soll sich in Grenzen gehalten haben, denn Strandungen waren eine willkommene Nebeneinnahme. Deren Häufigkeit nahm allerdings im neuen Zeitalter der Dampfschiffe langsam ab. Außerdem war die Bergung verunglückter Schiffe in der Strandungsordnung für das

Rettungsboot am Sylter Strand

Deutsche Reich von 1874 ganz im Sinne der Eigentümer geregelt worden. Später erwuchs den Insulanern auch Konkurrenz durch Hamburger und Bremer Bergungsgesellschaften.

Die Zuständigkeit für das Seezeichenwesen, das 1873 in die alleinige Regie des Staates übernommen wurde, erhielt eine 1884 in Tönning eingerichtete Wasserbaubehörde (heute: Wasser- und Schifffahrtsamt). Schon bald nach der Gründung der Deutschen Gesellschaft zur Rettung Schiffbrüchiger 1865 in Kiel wurden auf Amrum und Sylt sowie in Sankt Peter-Ording Rettungsstationen eingerichtet. Zusätzlich entstand 1891 auf Sylt ein Freiwilliges Rettungs-Corps.

Wichtigster Hafen an der Westküste Schleswig-Holsteins war im 19. Jahrhundert Tönning. Verschiedene Entwicklungen warfen die Stadt an der Eider jedoch zurück. Die neue „Marschbahn" lief an ihr vorbei. Der 1895 fertig gestellte Kaiser-Wilhelm-Kanal (Nord-Ostsee-Kanal) zwischen Kiel und Brunsbüttel machte den alten Eiderkanal bedeutungslos, den 1872 noch über 5000 Schiffe passiert hatten. Die fast vollständige Stilllegung der Eisenschiffswerft 1907-16 bedeutete einen weiteren Rückschlag. Um diese Zeit überflügelte der Husumer Hafen

den Tönnings an Bedeutung. Die neue Seeschleuse von 1904, eine Vertiefung des Fahrwassers und der Ausbau des Außenhafens ließen den Güterumschlag in Husum stetig steigen. Eingeführt wurden vor allem Dünge- und Futtermittel sowie Kohlen aus England, ausgeführt insbesondere Getreide.

Auf den neuen Fährschiffen, im Seenotrettungsdienst, als Postschiffer oder Leuchtturmwärter boten sich manchen Inselfriesen Erwerbsmöglichkeiten, die immerhin mit der Tradition der Seefahrt in Verbindung standen. Aber als Seefahrerregionen können die Nordfriesischen Inseln spätestens seit dem starken Rückgang in den 1870er Jahren nicht mehr bezeichnet werden. Die Umstellung auf die neuen Erfordernisse der Dampfschifffahrt gelang nicht. Bald gab es nur noch wenige Kapitäne von Sylt, Föhr, Amrum und den Halligen auf Großer Fahrt. Einer der bekanntesten von ihnen war Boye Richard Petersen (1869-1943). Er stammte von der Hallig Langeneß und zog als

Sechsjähriger mit seinen Eltern nach Gröde, wo er die kleine Schule besuchte. Seine Leidenschaft galt der Seefahrt. Als Steuermann trat er in die Dienste der bekannten Hamburger Reederei Laeisz. Von 1902 bis 1908 führte er als Kapitän das neue Fünfmastvollschiff „Preußen", Meisterwerk des Segelschiffbaus und Stolz der deutschen Handelsflotte.

Die Schifffahrt Nordfrieslands wurde durch den technischen Fortschritt nicht in dem Maße gefördert, wie die Lage an der Nordsee nahe legen könnte – im Gegenteil. Denn die Häfen Nordfrieslands am ohnehin schwer zu befahrenden Wattenmeer reichten für die neuen, größeren Schiffe erst recht nicht aus. Die Insulaner waren fast immer auf fremden Schiffen und von fremden Häfen aus auf Große Fahrt gegangen und hatten sich höchst selten unternehmerisch als Reeder betätigt.

Die weiten Verbindungen über das Meer hatten namentlich für die Inselfriesen in den zurückliegenden Jahrhunderten die

Das Fünfmastvollschiff „Preußen" wurde 1902-08 von Kapitän Boye Richard Petersen geführt.

Badewärterinnen in Westerland, 1872

Wulf Manne Decker

Gustav Ross

wichtigsten Verkehrswege ausgemacht. Die schwindende Bedeutung der Schifffahrt traf Nordfriesland darum besonders schwer. Der Verkehr verlagerte sich aufs Land. Aber der Ausbau von Straßen und Bahnstrecken konnte die Entfernung zu den aufstrebenden Zentren und Ballungsgebieten nicht ausgleichen. Ohnehin verliefen die wichtigsten Landverkehrsrouten in Schleswig-Holstein an der Ostküste. Der Ausbau des Verkehrs im Zuge der Industriellen Revolution befreite Nordfriesland keineswegs aus seiner Randlage, sondern ließ im Gegenteil deren Folgen noch spürbarer werden.

Die Inselfriesen fuhren jetzt nicht mehr hinaus in die Welt, in die Fremde. Sie holten sie zu sich herein.

Aufschwung im Fremdenverkehr

„Ein Modebad ist Westerland nicht und wird es ... auch schwerlich werden", meinte 1859 der Schriftsteller Julius Rodenberg (1831-1914). Er täuschte sich sehr. Eher schon trat die Prophezeiung Theodor Mügges von 1851 ein: „Legt

Seebäder an, und eure Möwen und Seeschwalben werden goldene Flügel bekommen."

Westerland auf Sylt war 1855, im ersten Jahr als Seebad, ein kleiner Ort mit gerade 101 Häusern – ein „altes ödes Dorf", hieß es 1905 rückblickend, „das dem Untergang geweiht schien". Innerhalb von sechs Jahrzehnten, bis 1914, sollten sich die Häuserzahl auf 500 und die Einwohnerzahl auf fast 2500 verfünffachen. Westerland war damit der bei weitem größte Ort auf der Insel und hatte den einstigen Hauptort Keitum in den Schatten gestellt. Vor allem der Westerländer Wulf Manne Decker (1815-1876) und der Altonaer Arzt Dr. Gustav Ross (1818-1861) waren zu Beginn die treibenden Kräfte einer Entwicklung, deren Rasanz schnell alle anderen Badeorte in Schleswig-Holstein überflügelte. Für das neue Seebad warb Ross mit begeisterten Worten: „Ein großartiges Meer, ein Strand, meilenweit ausgebreitet wie der köstlichste Samtteppich, die phantastische Dünenwelt, die hehre Schönheit der ganzen Insel ..." Wenig angetan waren die ersten Badegäste indes von den kargen Unterkünften und dem „höchst monotonen" Angebot auf der Insel. „Fast jede Bequemlichkeit, an die uns ... das Leben gewöhnt hat, hört hier auf", notierte Rodenberg. Aber bald schon schossen Hotels, Restaurants, Tanzlokale aus dem Boden.

Solche Objekte wurden fast ausschließlich von Auswärtigen errichtet. Glücksritter und Spekulanten suchten die Konjunktur zu nutzen. Bei den eingesessenen Syltern lähme „eine gewisse Schwerfälligkeit im wirtschaftlichen Handeln die Kraft der Initiative", schrieb 1908 ein Beobachter. Viele Westerländer arbeiteten bei zugezogenen Hoteliers und hatten in ihrem Heimatort nicht mehr viel zu sagen. Andere vermieteten ihre eigenen Schlaf- und Wohnräume, zogen während der Saison in den Keller oder in angebaute Schuppen und konnten später Pensionen errichten. Zu jeder Saison trieb es überdies viele

hundert Hilfskräfte wie Kellner und Zimmermädchen in die Badeorte.

Der große Einfluss von Auswärtigen zeigte sich in den meisten Badeorten, in besonderer Weise jedoch auf Sylt. Manche Einheimischen klagten bald über eine „Überfremdung". Der Hamburger Überseekaufmann Andreas Hübbe, auf der Insel aufgewachsen und ein guter Kenner der Verhältnisse, urteilte rückblickend: „Wir hätten dies ... ebenso gut verhindern können wie die Helgoländer es stets verhindert haben, indem wir die Errichtung der Hotels und all der anderen Sachen, die zum Betriebe und der Entwicklung eines großen Bades gehören, selbst in die Hand genommen hätten, anstatt das Geschäft den Fremden zu überlassen. ... Kein Fremder hätte irgendetwas in Westerland bauen können, wenn man ihm das Grundstück nicht verkauft hätte."

Auch beschleunigt durch die verbesserten Verkehrsverhältnisse, stieg die Zahl der Kurgäste Jahr für Jahr auf über 32 000 im Jahr 1911, davon 3000 im benachbarten Wenningstedt. Westerland hatte damit die früher gegründeten Nordseebäder Wyk (7469 Gäste im Jahre 1911), Helgoland (6607) und Büsum (6029; Seebad seit 1837) überflügelt. Vor allem die gut verdienenden Angehörigen der Oberschicht konnten sich damals einen Urlaub im mondänen Westerland leisten. Die Träger der wilhelminischen Gesellschaft gaben sich hier ein Stelldichein. In der letzten Saison vor dem Ersten Weltkrieg entfielen auf Adel, höhere Offiziere, Kaufleute, Bankiers, freie Berufe und die höhere Beamtenschaft 62,5 Prozent der Kurgäste, während deren Anteil an der Gesamtbevölkerung gerade fünf Prozent ausmachte. Nur jeder sechzigste Badegast war Arbeiter, Bauer oder Handwerker.

Prominente Kurgäste, so Heinrich von Stephan (1831-1897), der Organisator des deutschen Postwesens und Begründer des Weltpostvereins, steigerten die Berühmtheit Westerlands und übten eine Sogwirkung auf viele andere aus. 1888

Am Sandwall in Wyk um 1900

Heinrich von Stephan

Am Westerländer Strand um 1900

stieg Königin Elisabeth von Rumänien mit ihrem Hofstaat in der „Villa Roth" ab; als Carmen Sylva war sie durch Romane und Gedichte bekannt geworden und las nun am Strand Kindern Geschichten vor. In der Welt der Kultur machte unter anderem Ferdinand Avenarius (1856-1923), Redakteur der einflussreichen Zeitschrift *Der Kunstwart* und ein Anreger der Jugend-

bewegung, die Nordseeinsel bekannt. Er ließ sich in der Kampener Heide ein Haus bauen, womit ein Grundstein für Kampens spätere Bedeutung als „Künstlerkolonie" gelegt war, und setzte sich als einer der ersten für Naturschutzgebiete auf Sylt ein.

Der Dichter Gerhart Hauptmann gewahrte in den Lister Dünen „einen Anblick von solch erhabenem Geist, daß mir ist, als habe ich in der Natur nie Ähnliches gesehen". Über solche Begeisterung der Badegäste für die kargen Dünen konnte mancher Sylter nur den Kopf schütteln. Vielen Besuchern indes wurde Sylt so etwas wie eine „Philosophie", viel mehr als irgendein Ferienziel. Im Zuge einer erneuten Bewegung „zurück zur Natur" konnte von 1904 an auf Sylt nackt gebadet werden.

Auch Wyk auf Föhr lockte Prominenz an und beherbergte, anknüpfend an die dänische Königszeit, häufig Mitglieder des preußischen Königshauses und der kaiserlichen Familie. Bereits 1865 kamen Kronprinz Friedrich Wilhelm und seine Frau Victoria, Tochter der englischen Königin Victoria, auf die Insel. Den ganzen Tag die frische Seeluft einzuatmen empfand sie als „großen Luxus". Bei dem aus Bredstedt stammenden Kunstmaler Christian Carl Magnussen nahm sie Zeichenunterricht und malte Frauen in friesischer Tracht. Ihr Sohn Wilhelm, der spätere Kaiser Wilhelm II., erhielt ebenfalls Unterricht bei Magnussen. Er schrieb: „Unsere Modelle waren alte Frauen – alte Schiffe wären mir lieber gewesen." Bleibenden Eindruck hinterließen bei ihm „die schwermütige Landschaft, die festen Menschen von ebenso schwerem Schlag, die wunderhübschen Trachten".

Wyk und Westerland lieferten sich zeitweise einen Wettlauf um die Gunst der Badegäste, doch sprachen beide Seebäder zunehmend ein unterschiedliches Publikum an. Wyk entwickelte sich eher zu einem Familienbad. Es wurde stark von Medizinern beeinflusst. Der Marburger Anatomieprofessor M. W. Beneke gründete namens des Vereins für Kinderheilstätten an den deutschen Seeküsten 1883 das erste Kinderheim. Der aus Stuttgart stammende Arzt Karl Gmelin (1863-1941) ließ 1898 am damals noch völlig unbebauten Südstrand das Nordseesanatorium erbauen. Er wollte natürliche Heilkräfte zur Belebung des menschlichen Daseins einsetzen. Im Sinne der am Ende des 19. Jahrhunderts entstandenen Lebensreform-Bewegung träumte er gemeinsam mit dem Künstler Wenzel Hablik (1881-1934) vom „neuen Menschen", fernab der „entarteten" Großstädte.

Der neue Wyker Ortsteil wurde stark von dem aus Berlin stammenden Architekten August Endell (1871-1925) geprägt, der die neue Kunst des Jugendstils hier einführte. Gmelin zog seinen Kollegen Carl Haeberlin (1870-1954) nach Föhr. Die beiden Schwaben erkannten das Besondere ihrer Wahlheimat und wirkten

Kinderheim in Wyk auf Föhr

in vielfältiger wissenschaftlicher, kultureller und sozialer Weise. Später, 1926, gründeten sie in Wyk die Bioklimatische Forschungsstelle, die wichtige Beiträge zur Meeresheilkunde leistete. „Der Wind ist unsere Sonne", lautet ein markanter Satz aus Haeberlins Schriften.

Viele Einheimische standen dem Fremdenverkehr allgemein skeptisch gegenüber. Die Föhrer Landbevölkerung sah, so wurde schon 1846 berichtet, aus dem Badeort Wyk „die Kultur, die Verderbnis und die Krankheiten des Festlandes" kommen. Auch auf Sylt fehlte es nicht an warnenden Stimmen. Hauptsächlich der Fremdenverkehr habe dafür gesorgt, so stellte 1877 Christian Peter Hansen fest, dass das „solide, sittlich ernste und unverdorbene Wesen der Sylter immer mehr schwand, einem übertünchten, modernen, Fremde nachäffenden Wesen Platz machte". Resignierend fügte er hinzu: „Es nützt nichts für uns Sylter, gegen den Zeitgeist kämpfen zu wollen."

Man sah die Schattenseiten des Fremdenverkehrs. Doch dieser war mittlerweile die Haupteinnahmequelle vieler Insulaner. Wie die Nordsee den Friesen Segen und Fluch sei, so gelte auch für die „Flut fremden Wesens": Sie sei „Wohltäter und Feind unseres Landes zugleich", meinte 1906 der Vorsitzende des im

Carl Haeberlin

Hotel Quedens in Wittdün um 1900

Karten-skizze von Pastor Bodel-schwingh mit dem „Hospiz der Zukunft" (oben links bei Norddorf)

Vorjahr gegründeten Heimatvereins *Söl'ring Foriining*, Friedrich Riewerts. Boy Peter Möller, aus Keitum stammend und dann als Lehrer in Hamburg tätig, schrieb 1907: „Wer für das alte Sylt schwärmt, wird manches mit Bedauern verwandelt finden. Die alte Einfachheit der Sitten ist, abgesehen von Morsum, zum großen Teil verschwunden."

Besonders groß aber war das Misstrauen der Amrumer. Man wollte hier zunächst nicht „mit fremden Leuten Geld verdienen". Noch 1885 wurde der erste Antrag auf Anlage eines Badeortes, vorgelegt von dem Wyker Kurgast Schulze-Waldhausen, in Bausch und Bogen einstimmig abgelehnt. Es würden, befürchtete die Gemeindevertretung, „die guten hiesigen Sitten und die einfache Lebensweise durch steigende Bedürfnisse und neue Moden zurückgedrängt, so daß ein Bad für die Insel kein dauernder Segen sein kann". Auch würden vor allem „auswärtige Kapitalisten" Profit davon haben.

Doch schon bald konnten auch die ersten Amrumer den Verlockungen des Geldes nicht länger widerstehen und vermieteten Zimmer an „Badeleute". Dies nun rief den Inselpastor Wilhelm Tamsen auf den Plan. Er wandte sich mit einem Hilferuf an die Innere Mission in Schleswig-Holstein, „beseelt von dem innigen Wunsche, auf Amrum ein christliches Bad zu errichten, um die einfachen Sitten und den Vaterglauben zu erhalten". Daraufhin besuchte 1888 Pastor Friedrich von Bodelschwingh (1831-1910) die Insel, der Begründer der Betheler Anstalten und anderer sozialer Werke. Schon bald entstand nördlich von Norddorf ein christliches Seehospiz, dem später drei weitere folgten. Hundert Jahre stand hier die Erholung unter christlichen Vorzeichen.

Der weltliche Fremdenverkehr bemächtigte sich der Insel vor allem von Süden her. An der Südspitze Amrums ließ der Kapitän und Strandvogt Volkert Martin Quedens 1889 das erste „Logierhaus" errichten. Auswärtige Spekulanten folgten diesem ersten Schritt, und binnen weniger Jahre wuchs hier – erstmals in der Geschichte der Nordseebäder – ein völlig neuer Badeort aus den Dünen. Besonders gefördert wurde die Entwicklung von dem aus Kappeln stammenden Geschäftsmann Heinrich Andresen; er ließ 1892 unter anderem das „Kurhaus" auf der äußersten Südspitze bauen, das bis zu seinem Abbruch 1974 ein „Wahrzeichen" der Insel blieb. In Wittdün lebten fast ausschließlich Zugezogene, und viele Amrumer sahen in dem Ort einen Fremdkörper auf ihrer Insel. Hier und in Westerland zeigte sich in besonderer Weise der von Julius Rodenberg schon 1859 benannte „demoralisierende Einfluß", den die „Leichtigkeit des neuen Gelderwerbs" ausüben konnte. Kaum eine andere Entwicklung im 19. und 20. Jahrhundert hat die Lebensumstände auf den Nordfriesischen Inseln so grundlegend umgestaltet wie das Vordringen des Fremdenverkehrs!

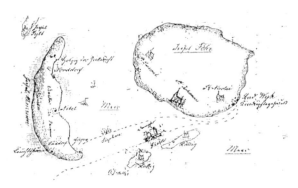

Nordseebad Norddorf a. Amrum   See-Hospiz 3

Auf Röm wurde 1898 das Nordseebad Lakolk gegründet, gefördert vor allem von
dem deutschnationalen Pastor J. C. Jacobsen aus Scherrebek in Nordschleswig.
Die Insel mit plattdänischer Volkssprache
weist in Landschaft und Kultur manche
Ähnlichkeiten mit den Nordfriesischen
Inseln auf. Nach dem Ende der Seefahrts-
epoche war die Bevölkerung hier stark
zurückgegangen.

Auch auf dem Festland hielten Badegäste
ihren Einzug. In Sankt Peter und Ording
an der Westküste Eiderstedts stellten
sich 1837 die ersten ein, doch noch
1853 hieß es: „...und fände sich nur ein
unternehmender Mann für die nöthigen
Bauten und Anstalten und Anlagen, so
könnte wohl ein Bad auch für Fremde
hier eingerichtet werden". Der oft von
Sandstürmen überzogene Boden an
den Dünen erlaubte kaum eine ergiebige
Landwirtschaft, und auch die Fischerei
ließ niemanden reich werden. Einer der
ersten, die an Badegäste vermieteten,
war 1872 der Ordinger Lehrer Jacob

Cornils, der damit sein kärgliches Gehalt
aufbesserte.

Seit der Errichtung des „Strandho-
tels" 1877, das als Gründungsjahr des
Nordseebades gilt, kamen zunehmend
Erholung suchende Menschen in die abgelegenen Eiderstedter Dörfer. Der Hamburger Arzt Oscar-Louis Scheby-Buch
rühmte die „flutumbrandete Einsamkeit"
und „großartige Dünenlandschaft". Er sah
in Sankt Peter „das einzige Küstenbad,
welches durch seine Lage am offenen
Meere den Namen eines Nordseebades
verdient". Der Schriftsteller Detlev von
Liliencron notierte 1896: „Vier Häuser,
viel Sand und das heilige Meer." Nach
der Gründung des ersten Seehospizes
„Köhlbrand" 1911, von Hamburg aus
betrieben, entstanden in Sankt Peter und
Ording besonders viele Kinderheime. Der
Ort, einst ein „Armenhaus" Eiderstedts,
wurde nach und nach zu einem modernen
Seebad ausgebaut und erreichte mit seinen Gästezahlen später nach Westerland
den zweiten Platz der Nordseebäder.

Seehospiz
bei Norddorf

Logierhäuser in Sankt Peter-Ording, um 1907

Küstenschutz, Halligsicherung, Naturschutz

An dem zu Beginn des 19. Jahrhunderts eingeführten Küstenschutzsystem änderte sich jahrzehntelang nicht viel. Die preußische Verwaltung schaltete sich jedoch erheblich stärker in diesen Aufgabenbereich ein. Der staatliche Einfluss wuchs. In Husum und Tönning wurden 1882/84 Wasserbauinspektionen eingerichtet, die neben der Deichunterhaltung auch für die Wasserstraßen zuständig waren. In Husum entstand 1898 das Domänenrent- und Bauamt (seit 1936 Marschenbauamt, seit 1973 Amt für Land- und Wasserwirtschaft, seit 1998 Amt für ländliche Räume, seit 2008 Landesbetrieb für Küstenschutz, Nationalpark und Meeresschutz). Planmäßig betrieb man die Landgewinnung durch Buhnen- und Lahnungsbau. Die ausgedehnten Vorlandflächen im Eigentum des Staates dienten dem Deichschutz und als Vorbedingung für neue Köge.

Schleusenbau Tetenbüllspieker, 1908. Dabei kam die auf Veranlassung von J. C. Rollwagen um 1610 erbaute Seeschleuse (rechts) wieder ans Tageslicht.

Doch nur zwei neue Köge entstanden im halben Jahrhundert zwischen der Übernahme durch Preußen und dem Ersten Weltkrieg: 1866 der bereits in dänischer Zeit geplante Morsumkoog, der sechste Nordstrander Koog seit der großen Sturmflut von 1634, eingedeicht in einem Frühjahr und Sommer von 1200 Arbeitern, und 1905 der Cecilienkoog vor Bredstedt, benannt nach der preußischen Kronprinzessin. Erstmals in Nordfriesland wurden hier in großem Stil Maschinen eingesetzt. Den Cecilienkoog besiedelten vor allem Dithmarscher Bauern, die hier den Ackerbau einführten, während sonst in den Marschen die Grünlandwirtschaft vorherrschte. Auch die Form der Bauernhäuser, orientiert am Vorbild ostfriesischer Gulfhäuser, strahlte später in andere Köge Nordfrieslands aus.

Auf Sylt, Amrum und bei Sankt Peter-Ording wurden die Dünen mit weiteren Bepflanzungen versehen und Sandfanganlagen gebaut. Zum Schutz gegen Verwehungen forstete man zum Beispiel die Ordinger Dünen ab 1873 mit Kiefern, Eichen, Birken und Pappeln auf. Namentlich der Schriftsteller und Regierungsbeauftragte Graf Adalbert von Baudissin (1820-1871) entwickelte Pläne für einen wirksamen Dünenschutz und gegen das weitere Landeinwärtsrücken der Dünen. Seine Vorschläge wurden von vielen Einheimischen zunächst abgelehnt; sie befürchteten, dass über ihre Köpfe hinweg entschieden würde. Seit 1869 war eine staatliche Düneninspektion in Keitum für das Dünenwesen zuständig. Am Strand selbst errichtete man 1867 erstmals Pfahlbuhnen, die aber der schweren Brandung nicht standhielten. Von 1872 an wurden systematisch Steinbuhnen angelegt; auch sie konnten den Abbruch an der Westseite Sylts nicht aufhalten. Westerland erhielt 1907, Wittdün 1910 eine massive Strandmauer. Spektakulär war im November 1911 die Zerstörung der hölzernen Westerländer Promenade. Die Musikmuschel wurde fortgespült.

Bereits in der Zeit des dänischen Gesamtstaats war die Notwendigkeit des
Halligschutzes erkannt worden. Die Ose-
ligs-Hallig, zuletzt Hains-Hallig genannt,
verschwand um 1835 und die Beens-
Hallig bald nach 1875 von der Landkarte.
C. P. Hansen von Sylt und der Deichkon-
dukteur C. G. Bruun in Husum hatten
bereits in den 1850er Jahren den Bau
von Verbindungsdämmen vorgeschlagen.
Als erste wurde die Hamburger Hallig mit
dem Festland verbunden, 1859 durch
einen Lahnungsdamm und endgültig
1874/75 durch einen festen Buschdamm
mit Erdkern, um die Landgewinnung vor
den Reußenkögen zu fördern; die Hallig
erhielt 1880-83 auch ein Uferdeckwerk,
ebenso wie zuvor bereits ein Teil von

Eindeichung
des Ceci-
lienkoogs,
1904/05

Halmpflan-
zungen in
den Sylter
Dünen

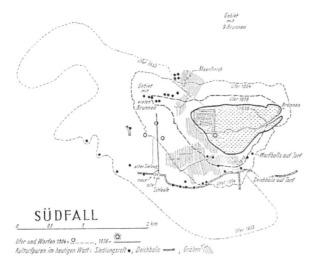

SÜDFALL

Ufer und Warfen 1804. ⚪ ---- *, 1936 =* ☀
Kulturspuren im heutigen Watt: Siedlungsreste ●*, Deichbalis* ▬▬ *, Gräben* \\\\

Die Karte von Südfall zeigt, wie sehr sich die Halligflächen verkleinerten.

Nordmarsch. Ansonsten aber geschah jahrzehntelang nichts, während der Landabbruch an den Halligen immer weiter voranschritt. So musste eine der drei Warften auf Hallig Gröde aufgegeben werden, und auf Nordmarsch näherte sich die Abbruchkante immer mehr der Peterswarft, die schließlich ebenfalls zerstört wurde.

Die bedrohten kleinen Eilande wurden in der deutschen Öffentlichkeit bekannter durch literarische Arbeiten von Theodor Storm, insbesondere seine 1873 erschienene Novelle „Eine Halligfahrt", und Detlev von Liliencron, 1882/83 Hardesvogt auf Pellworm, später zum Beispiel durch Romane wie „Der Halligpastor" und „Landunter" von Wilhelm Lobsien (1872-1947). Auch erste Kunstmaler entdeckten die abgeschiedenen Eilande. Zum „Maler der Halligen" wurde der aus Westerhever, Eiderstedt, stammende Jacob Alberts. Otto Heinrich Engel, der vor allem auf Föhr seine Motive fand, kam 1892 erstmals auf die Halligen. Hier war man auf Besucher noch gar nicht eingestellt: „Erst hieß es, auf Oland sei nur ein Bett für einen Fremden vorhanden, allmählich erinnerte sich die Frau noch an ein zweites." Zu den ersten Fotografen auf den Halligen zählte der Kieler Lehrer Theodor Möller (1873-1953), der sie erstmals 1906 mit Wilhelm

Lobsien bereiste. „Immer deutlicher erkannte ich sie als eine Welt für sich, die nicht mehr ihresgleichen hat und deren Schicksal es ist, dem Untergange geweiht zu sein."

Den entscheidenden Anstoß zur Sicherung der Halligen gab der aus Grunau/ Posen stammende Museumsbibliothekar Dr. Eugen Traeger (1855-1901), der in den 1880er Jahren alle Halligen besuchte, zum Teil monatelang, und sich den Halligschutz zur Lebensaufgabe machte. „Seit langen Jahren führt mich alljährlich mein Weg an die wunderbaren Gestade der Nordsee, die den meisten Menschen reizlos, traurig und unwirtlich erscheinen, die aber in Wahrheit zu den eigenartigsten Gebieten der Erde gehören". Dabei wurde er Augenzeuge, „wie Stück für Stück von dem Lande abbröckelt und sich langsam in ruhelos umhertreibende Atome auflöst". In seinem Buch „Die Halligen der Nordsee" von 1892 schilderte er umfassend das Leben auf den kleinen Eilanden. Mit genauen Vorschlägen wandte er sich an die Regierung und forderte umgehende Hilfe.

Endlich, im Jahre 1894, wurde ein umfassender – später ergänzter – Halligschutz-

Eugen Traeger

plan aufgestellt, für den der preußische Landtag 1896 einmütig Gelder bewilligte, und im selben Jahr begannen die Arbeiten. Als erstes erhielt Oland eine Steindecke als Uferbefestigung und wurde durch einen 4,6 Kilometer langen Damm nach Fahretoft mit dem Festland verbunden. 1899 folgte ein 3,5 Kilometer langer Verbindungsdamm zwischen Oland und Langeneß.

Die große Bucht zwischen Gröde und Appelland wurde 1899-1902 durch einen Steindamm geschlossen, so dass durch weitere Anlandung beide Halligen zu einer einzigen zusammenwuchsen. Am Westkopf von Nordmarsch-Langeneß entstand 1901-04 unter anderem ein 3,5 Kilometer langes Steindeckwerk; kleine Dämme zwischen Langeneß und den benachbarten Halligen Nordmarsch und Butwehl waren bereits 1847 bzw. 1869 errichtet worden, um die starke Zerklüftung

abzumildern und eine zusammenhängende Fläche zu schaffen.

Auf Hooge wurde zunächst der besonders gefährdete Nordwestabschnitt durch ein Steindeckwerk gesichert. In den Jahren 1911-14 erhielt die Hallig als erste einen über 11 Kilometer langen, etwa 1,7 Meter über dem mittleren Tidehochwasser liegenden Sommerdeich. Dieser reduzierte deutlich die Zahl der Überschwemmungen; nur noch bei sehr hohen Fluten gab es seitdem „Landunter". An zahlreichen Stellen an den Halligufern entstanden Buhnen und Lahnungen, um die Anschlickung zu fördern. Außerdem wurde 1906/07 ein erster, schmaler Damm zwischen der seit 1866 mit Nordstrand verbundenen Pohnshallig und dem Festland fertig gestellt.

Durch die Dämme sollten im Wattenmeer Buchten entstehen, „wo die Strömung sehr langsam geht und in denen

Abbruch-
kante, Hallig
Oland

Christian
Jensen

Joachim
Rohweder

Über den ersten Damm Wobbenbüll-Nordstrand bringt Zahlmeister Jansen vom Domänen-rentamt in Husum Lohn-gelder auf die Insel.

Jens Wandt mit einer Schar von Brandsee-schwalben auf Norderoog

die Landbildung sofort beginnt, da der landbildenden Tätigkeit des Meeres dann ein fester Halt geboten ist", schrieb der aus dem Marienkoog bei Dagebüll stam-mende Lehrer und Heimatschriftsteller Christian Jensen (1857-1936), der sich ebenfalls für den Hallig- und Inselschutz einsetzte. Auf diese Weise werde zusätz-lich nicht nur das Festland gesichert, sondern auch das Wattenmeer in einen „Schauplatz der Landgewinnung" ver-wandelt. Tatsächlich bildeten sich an den Dämmen große Vorlandflächen. Geplant waren auch Dämme vom Festland nach Nordstrandischmoor und nach Gröde-Appelland. Doch verhinderte der Erste Weltkrieg die Ausführung.

Für die Geschichte der Halligen be-deutete das 1894 eingeleitete Schutz-programm einen Markstein. Ohne die damals begonnenen Sicherungsarbeiten wären die meisten Halligen mit hoher Wahrscheinlichkeit in den folgenden Jahrzehnten verschwunden.

Um die Jahrhundertwende setzten auch Bemühungen um den Natur-, insbeson-dere den Vogelschutz im Wattenmeer ein. Ein Vorkämpfer wurde der aus Wapelfeld bei Rendsburg stammende Husumer Gymnasiallehrer Joachim Roh-weder (1841-1905), zugleich der wohl bedeutendste Ornithologe seiner Zeit in Schleswig-Holstein. Er veröffentlichte

wesentliche vogelkundliche Untersuchungen, stand an der Spitze des Husumer Tierschutzvereins, arbeitete in dem 1890 gegründeten Verein zur Pflege der Natur- und Landeskunde in Schleswig-Holstein mit, zählte 1902 zu den Mitbegründern des Nordfriesischen Vereins und setzte sich früh für praktischen Vogelschutz ein, etwa auf Helgoland, Sylt und den Halligen.

Naturbegeisterte störten sich vor allem am Absammeln vieler Gelege und an der Vogeljagd als „Lustbarkeit" der Badegäste. Angesichts des zunehmenden Fremdenverkehrs, insbesondere auf Sylt, wollten sie den Vögeln ein „Asyl" schaffen. Im Jahre 1907 gründete sich aus dem Deutschen Verein zum Schutze der Vogelwelt heraus der „Verein zur Begründung von Vogelfreistätten an den deutschen Küsten Jordsand" in Hamburg. Vorsitzender wurde Dr. Franz Dietrich (1862-1944), der als „Vater des deutschen Seevogelschutzes" bezeichnet wurde. Kurz zuvor hatte er sich erfolgreich um die Pachtung der

Dünenlandschaft auf dem Sylter Ellenbogen bemüht.

Der Verein machte die kleine, nur im Sommer von einem Hirten bewohnte Hallig Jordsand, zwischen List/Sylt und dem Festland gelegen, mit Erlaubnis des Hamburger Besitzers zu einer Vogelschutzstätte. Als nächstes erwarb er 1909 mit Hilfe von Spenden für 12 000 Goldmark die seit der Sturmflut 1825 nicht mehr ständig bewohnte Hallig Norderoog. Die Hallig wurde zu einem Paradies der Vögel. Durch vier Jahrzehnte betreute sie der Vogelwart Jens Sörensen Wandt (1875-1950), der „Vogelkönig" von Norderoog; er ertrank 1950 bei plötzlich aufkommendem Nebel auf dem ihm so vertrauten Wattenweg zwischen Hooge und „seiner" Hallig.

Das Watt forderte immer wieder Menschenleben. Der Lehrer von Nordstrandischmoor ertrank 1907 vor den Augen seiner vor Verzweiflung gelähmten Frau, die von der Hallig aus mit dem Fernglas Ausschau nach ihrem Mann hielt.

Blühende Hallig. Ölgemälde von Jacob Alberts, um 1895

Gesellschaftliches Leben und Kultur im Kaiserreich

Adel und Militär, Bürger und Bauern, Arbeiter und Arme

Der Adel und das Militär gaben vielfach den Ton an in Preußen und im deutschen Kaiserreich. Doch diese beiden tragenden Säulen der wilhelminischen Gesellschaft waren in Nordfriesland kaum vertreten. Zwar bekleideten viele Preußen wichtige Ämter in den neuen Behörden und Einrichtungen, aber der Anteil an Adligen war doch recht klein. Es gab auch nur wenige militärische Anlagen, so dass man selten auf Soldaten traf. Zum Militärdienst mussten die jungen Männer ihre Heimat verlassen, die meisten zum ersten Mal überhaupt. Diese Zeit prägte das Leben in einschneidender Weise.

Die Achtung vor militärischen Dienstgraden war stark ausgeprägt. Militärischer Gehorsam galt als eine Tugend, die zum Beispiel auch in den Schulen Nordfrieslands hochgehalten wurde. Die großen Schlachten preußischer Feldherren setz-

ten Glanzpunkte im Unterricht. „Soldat spielen" war beliebt. Die Vorliebe Wilhelms II. für Waffenglanz und Uniformen beeinflusste ebenfalls die Kleidung.

Auch in Nordfriesland lachte man 1906 über den „Hauptmann von Köpenick", der den Respekt vor dem Militär und den übertriebenen Gehorsam karikierte. Der arme Berliner Schuster Voigt hatte in einer geliehenen Hauptmannsuniform mit zufällig aufgelesenen Soldaten das Rathaus von Köpenick besetzt. Die lokalen Zeitungen berichteten ausführlich über den Vorfall. Zwei Monate nach den tatsächlichen Ereignissen konnte man in der Husumer „Centralhalle" am Markt „lebende Photographien", bewegte Bilder, zu diesem Ereignis bestaunen, und ein Kaufmann in der Großstraße zeigte im Schaufenster eine Figur des „Hauptmanns" in Lebensgröße.

In den kleinen Städten war das Bürgertum die bestimmende Schicht: Kaufleute, hohe Beamte, Rechtsanwälte, Ärzte, Apotheker, Pastoren, bald auch Lehrer.

Der Inste Hans Hansen, genannt „Juni", und seine Frau vor ihrer Kate in Ostenfeld

BREDSTEDT — Bahnhofstraße

Villen in der Bredstedter Bahnhof-straße

Der Wohlstand des Besitzbürgertums zeigte sich an und in ihren Häusern. Vor allem um die Jahrhundertwende entstanden viele prachtvolle Villen. Die Unterschicht – Tagelöhner, kleine Handwerker, Arbeitsleute – hatte für ihre Familien häufig nur zwei Zimmer zur Verfügung. Die sozialen Milieus waren nicht streng getrennt. Dass aber etwa ein gro-ßer Kaufmann privat mit einem Arbeiter verkehrte, war fast undenkbar. Auch die meisten Vereine sprachen nach unge-schriebenen Gesetzen jeweils bestimmte soziale Schichten an.

Dennoch waren die Gegensätze nicht so krass wie in den Großstädten. Die Schrift-stellerin Friede H. Kraze, die mehrere Jah-re lang an der Husumer Töchterschule unterrichtete, wusste vielmehr den sozia-len Zusammenhalt zu schätzen. In ihrem Roman „Maria am Meer" (1923) schrieb sie: „In diesen kleinen Städten kann der Bürger nicht sagen, wo der Bauer in ihm aufhört oder der Gärtner anfängt. Auch bedeutet Besitz noch nicht alles. Die Unterschiede sind nicht so ungeheuer … Wie viele haben auf derselben Schulbank gesessen! … Ja, man muß einander doch wohl beistehen! Ob nun geschlachtet wird oder Kinder kommen oder ein schweres Sterben. Einer hilft und gibt auf diese Weise und der andere auf die andere."

In mehreren seiner Novellen hat Theodor Storm das bürgerliche Leben in Husum beschrieben. Doch so sehr er selbst Bildungsbürger war, so stand er der kleinstädtischen Gesellschaft doch auch mit Distanz gegenüber. In seiner Novelle „Pole Poppenspäler" (1874) etwa kritisierte er die kleinbürgerliche Beschränktheit, die der freien, fremden, abenteuerlichen Welt des Puppenspielers nur Spott und Verachtung entgegenbringt. Wie Klein-stadt-Tratsch eine tüchtige Familie an den Rand des Ruins bringen konnte, zeigte er in der Novelle „Im Brauerhause" (1879). Storm spürte die latenten Ge-fahren der Epoche, in der Besitzstreben und Karrieredenken für viele bestimmend wurden.

Die Wohnungen vieler Menschen waren äußerst dürftig. In einem medizinalpoli-zeilichen Bericht von 1869 hieß es über die Wohnungen der Insten, das sind Arbeiter ohne eigenen Landbesitz: „Auch auf Nordstrand und Pellworm scheinen die Wohnungen der Insten einen nicht geringen Anteil zu tragen an der großen Sterblichkeit der beiden letzten Jahre. Sie stehen ohne Fundament auf mit Seesand gemischter Marscherde, haben dünne Mauern aus schlechtem porösen Ziegelstein, sind bis ans Dach hinauf feucht, mit Lehmfußböden, ohne Windofen und bergen in einem und demselben Raum sämtliche Insassen zum Wohnen und Schlafen. Besitzen die Bewohner ein Schwein oder ein paar Schafe, so sind diese im Winter entweder unter demselben Dache oder doch in so unmittelbarer Nähe der Hütten untergebracht, daß die Zersetzungsprodukte der Excremente den Grund der Wohnung fortwährend durchdringen."

Vom bitteren Schicksal etwa derjenigen, die im Niebüller Armenhaus wohnten und mit 20 anderen in einer Dachkammer nächtigten, berichtete der Tonderner Amtsarzt 1880: „Der Schmutz war hier oft unbeschreiblich, die Luft schwer verpestet. Daher konnte es kommen, daß in der Niebüller Anstalt in kurzer Zeit 10 kleine Kinder an der Influenza starben."

Den Gegenpol dazu bildeten in den Städten prächtige Villen für betuchte Bürger und auf dem Land große Bauernhäuser, die jetzt nicht selten mit repräsentativen Fassaden versehen wurden. Mancher Hofbesitzer in der Marsch, so in Eiderstedt, in den Kögen vor Bredstedt oder in den Christian-Albrechts-Kögen, band sich morgens einen Schlips um und musste tagsüber kaum mit anpacken. Da blieb reichlich Zeit für Müßiggang oder auch für schöngeistige Interessen.

Frauen

Die Rolle der Frauen im Kaiserreich brachte die in Husum aufgewachsene Landratstochter Franziska zu Reventlow mit noch nicht 19 Jahren auf den Punkt: Mädchen „dürfen überhaupt nichts sein, im besten Falle eine Wohnstubendekoration oder ein brauchbares Haustier, von tausend lächerlichen Vorurteilen

Damenklub
in Bredstedt,
um 1900

eingeengt, die geistige Ausbildung wird vollständig vernachlässigt, möglichst gehemmt. Zuletzt werden sie dann an einen netten Mann verheiratet und versumpfen in Haushalt und dergleichen."
Im öffentlichen Leben führten allein Männer das Wort. In Nordfriesland wie überall in Deutschland war Frauen der Weg zu Bildung und gesellschaftlichem Einfluss versperrt. Allenfalls Berufe im sozialen oder im schulischen Bereich kamen in Frage. Die Familie, „Heim und Herd" waren ihr Bereich.
Viele Frauen arbeiteten als Dienstmägde in Haushalten, Läden, Gastwirtschaften. In einer Zählung von 1860 wurden in Husum 303 weibliche Dienstboten verzeichnet; das älteste „Dienstmädchen" zählte dabei 72 Jahre.
Die Zeit als Dienstmädchen galt in aller Regel der Vorbereitung auf die Ehe. Starb der Mann, der zumeist deutlich älter war, und gelang keine neue Heirat, dann schlug sich die Witwe oft mit schlecht

bezahlter Handarbeit durch, als Wäscherin, Spinnerin oder Weberin. Häufig blieb nur die Armenkasse. Auf den Inseln bot der stark zunehmende Fremdenverkehr Beschäftigung in Gastronomie oder anderen Dienstleistungen für die Badegäste. Einige wenige Frauen arbeiteten als Selbstständige. Zumeist führten sie einen kleinen Laden für den täglichen Einkauf, eine „Hökerei", oder eine Gastwirtschaft. Neu bildete sich der Beruf der Typistinnen (Sekretärinnen) heraus.
Margarete Böhme schildert in ihrem Roman „Christine Immersen" (1913) kritisch das gesellschaftliche Leben in Husum in der Zeit kurz vor dem Ersten Weltkrieg. Als Vorbild für ihre Romanheldin diente wohl ihre Husumer Jugendfreundin Ingeborg Joosten, die in Leipzig als Telefonistin arbeitete. Sie setzte sich dort für die Interessen ihrer Kolleginnen und allgemein für die Rechte der Frauen ein. Mit dem Blick ihrer Romanheldin charakterisiert sie nun ihre Geburtsstadt, die

Obere Neustadt in Husum; hier gab es besonders viele Gastwirtschaften.

im Roman „Treuhusen" genannt wird: „Treuhusen vergrößert sich nach allen Seiten, neue Straßenzüge sind erstanden, in den wenigen Jahren sind mehr als ein Dutzend wirklich großstädtisch zugeschnittener Geschäfte eröffnet, überall macht sich der reg- und betriebsame Sinn der Einwohner geltend, so daß man von einer Rückständigkeit im Ernst nicht sprechen kann. Und doch scheint es mir, als sei die Zeit seit unserm Wegzug hier still gestanden."

Dörfer und Städte im Wandel

Die schnellen Veränderungen in Wirtschaft, Technik, Verkehr und Gesellschaft wirkten sich auch auf das Aussehen der Dörfer und Siedlungen aus. Die überlieferten friesischen Hausformen wurden häufig bei Neubauten nicht mehr aufgenommen. An die Stelle von Reet zum Beispiel traten moderne Baumaterialien wie Industrieziegel, Schiefer, Teerpappe oder Blech. Noch um 1870 hatte es beispielsweise in Niebüll neben den hart bedachten Schmieden nur drei Häuser mit einem Ziegeldach gegeben. In dem beginnen-

den „modern barbarischen Jahrhundert", so bedauerte der von Föhr stammende Heimatforscher Lorenz Conrad Peters, dienten die neuen technischen Möglichkeiten nicht einer organischen Weiterentwicklung des Überkommenen, sondern „nur der Verbilligung des Bauens und der rücksichtslosen Befriedigung der gesteigerten Ansprüche". Die Heimat Nordfriesland verliere langsam ihr Gesicht.

Diese Entwicklung zeigte sich auf dem Land, aber in anderer Weise auch in den Städten, deren Straßen bis dahin vorwiegend von kleinen Giebelhäusern bestanden waren. Hier wurden in der „Gründerzeit" große Gebäude errichtet, die in Stil und Dimension mit dem Vorhandenen brachen. Auch öffentliche Einrichtungen wie Postämter, Krankenhäuser, Schulen, Amtsgerichte – äußere Zeichen der Einverleibung in Preußen – knüpften in der Regel nicht an landschaftstypische Bauformen an. Maßstabsbrüche waren bezeichnend für die Gründerzeit und den „Pioniergeist" des Kaiserreichs.

Am Beispiel der auf vielen Gebieten recht fortschrittlichen Stadt Husum seien einige Neuerungen dieser Jahrzehnte vor Augen geführt: Hier versorgte seit 1863

Hauptstraße in Niebüll, um 1900. Typisch für die Zeit des Kaiserreichs sind Häuser mit „Drempel", auch „Kniestock" genannt; auf diese Weise vergrößerte man das Dachgeschoss um ein halbes Stockwerk. Das neue Baumaterial Schiefer, herantransportiert durch die Bahn, ermöglichte eine flachere Dachneigung. Die Giebel waren häufig mit Verzierungen versehen („Schweizer-Dach").

Zweistöckiges Geschäftshaus in der Bredstedter Osterstraße im Jahre 1912. Im großen Schaufenster werden unter anderem Fahrräder zum Kauf angeboten.

Alte und neue Architektur in der Husumer Großstraße. Neben dem Wernerschen Haus mit Treppengiebel entstand 1908 das Kaufhaus der Eisenwarenhandlung Topf, das Anklänge an die großstädtische Architektur in Amerika aufwies.

Modernes Geschäftshaus in Friedrichstadt in der Prinzenstraße an der Ecke zum Fürstenburgwall

eine Gasanstalt die neue Straßenbeleuchtung und einige Häuser mit Energie; diese neue Technik war neun Jahre zuvor erstmals in Schleswig-Holstein eingesetzt worden. Bereits im Jahr der Einverleibung Schleswig-Holsteins in Preußen, 1867, errichtete man einen großzügigen Neubau für das Gymnasium, und zwar im zeittypischen Stil der Neogotik. 1876 entstand eine „Centralvolksschule" für die ganze Stadt. Die Reichspost errichtete ihre Amtsgebäude 1878 und 1890. Die neuen Anlagen der Marschbahn entstanden 1887, ein größerer Bahnhof sodann 1910. Ein Krankenhaus wurde 1883 eröffnet. Der Körperpflege diente eine 1899 errichtete Warmbadeanstalt. Ein Wasserleitungsnetz machte seit 1902 die Pumpen in den Straßen überflüssig; mit dem Bau eines Wasserwerks und eines Wasserturms waren dafür die technischen Voraussetzungen geschaffen worden. Gleichzeitig begann man mit einer Teilkanalisation. Erste öffentliche Toiletten entstanden. Das 1908 errichtete Elektrizitätswerk mit zwei Dampflokomobilen versorgte die Stadt mit Strom. Die Zahl der Straßen verdoppelte sich innerhalb von vier Jahrzehnten. Viele davon wurden gepflastert und erhielten „Trottoirs", Bürgersteige. Im Jahre 1897 zeigte ein Wanderunternehmer erstmals „lebende Photographien", und 1909 wurde ein Kino eingerichtet.

Die Orte Bredstedt, Westerland und Wyk nahmen in der Zeit des Kaiserreichs städtisches Gepräge an. Sie erhielten in den Jahren 1900, 1905 bzw. 1910 Stadtrechte. Neue Straßen wurden angelegt, großzügige Villen und Geschäftshäuser erbaut. Kennzeichen der modernen Zeit waren Gas- und Elektrizitätswerke, die mehr Licht auf die Straßen und später auch in die Häuser brachten.

Mit Stolz wurden die neuen Errungenschaften präsentiert. Aus der Zeit des Kaiserreichs hat sich eine Vielzahl von Photographien erhalten, viele davon koloriert. Man legte viel Wert auf Repräsentation. Gebäude in Stadt und Land erhielten häufig Zierfassaden, manchmal säulengeschmückte Eingänge. Die modernen Kolonial- und Manufakturwarengeschäfte boten in Schaufenstern – auch sie ein Kind der Zeit – ihre Artikel dar, ganz anders als die alten Hökerläden. Bis ins kleinste Dorf legte man überdies Grünanlagen an oder errichtete Denkmäler.

In der Zeit des schnellen Wandels um die Jahrhundertwende setzte aber auch eine Gegenbewegung ein, die auf Bewahrung des Althergebrachten abzielte. Sammlungen von „Altertümern" und erste Museen entstanden, zum Beispiel 1902 die Städtische Altertumssammlung in

Tönning, aus der das Eiderstedter Heimatmuseum hervorging, oder 1908 das Carl-Haeberlin-Friesenmuseum in Wyk auf Föhr. Die 1905 gegründete *Söl'ring Foriining* erwarb am Kliff in Keitum/Sylt gleich zwei friesische Häuser: das alte Wohnhaus C. P. Hansens, das als Freilichtmuseum diente, und unmittelbar nebenan ein stattliches Sylter Kapitänshaus für Ausstellungen. Dies sah der Sylter Heimatverein als Teil eines „starken Bollwerkes gegen den nivellierenden Einfluß des Badeverkehrs". Als Ganzes bewahrt

„Zur Förderung der bodenständigen Bauweise" gab der Verein „Baupflege Kreis Tondern" Postkarten heraus. Diese zeigt den Hof Neumark im Christian-Albrechts-Koog.

Magnus Peter Voß

Das Haus Heldt aus Ostenfeld wurde in Husum zum Freilichtmuseum.

In den Jahren vor dem Ersten Weltkrieg verkehrten in den Dörfern Nordfrieslands immer mehr Motorwagen. Die ersten beiden Auto-Omnibusse auf Föhr – hier in Oldsum – wurden 1912 eingesetzt.

wurde auch ein altes niedersächsisches Fachhallenhaus aus Ostenfeld, das auf Anregung des Husumer Gymnasiallehrers Magnus Peter Voß (1856-1905) bereits 1899 nach Husum versetzt wurde und als erstes Freilichtmuseum in Deutschland gelten kann.

Die Norderstraße in Garding wird gepflastert, 1897.

Das bis dahin Selbstverständliche erhielt den Reiz des Seltenen. Gefliese Wände, gusseiserne „Bilegger"-Öfen oder Wandbetten (Alkoven) wurden von vielen als „unmodern" angesehen und an Museen oder Privatleute abgegeben. Schon in den 1840er Jahren bemerkte der Schriftsteller Johann Georg Kohl: „Reiche Hamburger und Engländer sind hier mehrere Male von Insel zu Insel, auf alte Stühle, Schränke und Tische Jagd machend, herumgereist, um sie für ihre Villas und Cottages zu sammeln." Ganze Wohnstuben aus nordfriesischen Häusern wurden im ausgehenden 19. Jahrhundert zum Beispiel an Museumsgründer in Flensburg, Hamburg, Kiel und Schleswig verkauft.

„Die heimatliche Bauweise zu pflegen und zu fördern" war das Ziel des 1908 gegründeten Vereins „Baupflege Kreis Tondern", dem schon bald 240 Mitglieder, darunter allein 60 Bauhandwerker, angehörten. Er wollte, schrieb sein Vorsitzender, der Tonderner Landrat Friedrich Rogge (1867-1932), den Blick dafür schärfen, „wie viel Schönes und Würdiges in den einfachen Formen unserer friesischen Bauernhäuser, jütischen Höfe und Tondernschen Häuser zu finden ist". Ausdrücklich „in

Anlehnung an die heimische Bauweise" war kurz zuvor, 1905-07, das Kreishaus in Tondern errichtet worden, das ganz im Gegensatz zu anderen, herrisch abweisenden Behördenbauten stand und dessen Vorbild weithin ausstrahlte. Das 1907/08 erbaute Warmbadehaus in Westerland, entworfen von dem bedeutenden „Heimatschutz"-Architekten Heinrich Bomhoff (1878-1949), knüpfte mit seinen großen Giebeln ebenfalls an die friesische Bautradition an.

Auch das äußere Erscheinungsbild der Menschen änderte sich. Bis dahin wurde vor allem einfache Leinenkleidung getragen. Industriell gefertigte Ware drang jetzt vor, die Garderobe wurde vielfältiger. Schon in der Notzeit des beginnenden 19. Jahrhunderts schafften die Sylter Frauen ihre „kostbare Nationaltracht" ab, bemerkte C. P. Hansen 1877; nur das weiße Kopftuch blieb vorerst. „Es würde töricht sein, von einer Nationaltracht der Sylterinnen der Gegenwart reden zu wollen, denn der erste Anblick einer Sylterin überzeugt davon, daß hier die Mode ihren Einzug gehalten", schrieb 1891 Christian Jensen in seinem Werk „*Die Nordfriesischen Inseln vormals und jetzt*".

Die eigengeprägte Tracht behielt aber in manchen Gegenden ihre Bedeutung, insbesondere im Westen von Föhr, obwohl sich auch auf dieser Insel der „Despotismus der Mode" bemerkbar machte, wie O. C. Nerong 1903 schrieb.

Altergebrachtes verschwand. Das Neue erschien nützlicher. Wertvorstellungen änderten sich. Ein Mann wie Emil Nolde sah in manchen Neuerungen, etwa bei den Wohnmöbeln, einen „Geschmacks- und Kultursturz". In seinen Lebenserinnerungen hielt er fest: „Die Wagen der Händler zogen von Dorf zu Dorf, von Hof zu Hof, schachernd alles Wertvolle auf hohen Fuhren wegführend. Ich lief als Knabe hinter ihnen her, schaute hinauf zu den Schätzen, wie ahnend, daß hier etwas Besonderes weggefahren werde."

Das 1907 fertiggestellte Kreishaus in Tondern

Soziale Fürsorge, Gesundheitswesen

Viele Arbeiter lebten mit ihren Familien äußerst beengt in düsteren und feuchten Wohnungen, nicht selten in Kellern oder auf Dachböden. Ein 1894 gegründeter Arbeiterbauverein auf genossenschaftlicher Grundlage sorgte in Husum für die Errichtung von Arbeiterhäusern, etwa am Jebensweg. Peter Christian Hansen aus Flensburg, der prominenteste bürgerliche Sozialpolitiker in Schleswig-Holstein während der Kaiserzeit, hatte den Anstoß gegeben. In Friedrichstadt errichtete ein Arbeiterbauverein Häuser auf dem Treenefeld und der Barackenfenne, die sich gut in das Stadtbild einfügten. Für einen Ausgleich der sozialen Spannungen setzte sich ebenfalls der von der Insel Sylt stammende Bleick Bleicken (1835-1900) ein, ein Bruder des ersten Landrats in Tondern.

Friedrich Rogge

In den vielen neu erbauten Häusern lebten Mensch und Tier zumeist nicht mehr unter einem Dach. Zunehmend kam es auch zu einer Trennung von Wohn- und Arbeitsplatz. Die traditionelle Großfamilie mit Großeltern, Eltern und Kindern, auf den Höfen das „ganze Haus" mit Bauernfamilie und Gesinde war weitgehend auch für Erziehung, Kranken- und Altenpflege zuständig gewesen. Der Staat zog diese Aufgaben nun stärker an sich oder unterwarf sie festen Regeln.

Die meisten Arbeits- und Armenhäuser wurden bis zum Ende des 19. Jahrhunderts aufgehoben oder neuen Aufgaben

Das Warm-
badehaus in
Westerland

Werbepla-
kat für die
Husumer
Badeanstalt

zugeführt. Die Wirtschaftslage hatte sich verbessert, und die von Reichskanzler Otto von Bismarck auf Druck der sich entfaltenden Arbeiterbewegung eingeführte Sozialgesetzgebung führte wesentliche Fortschritte herbei: Krankenversicherungsgesetz (1883), Unfallversicherung (1884), Alters- und Invaliditätsversicherung (1889).

Private Initiative und Wohltätigkeit brachten den Armen Erleichterungen. Ein prominentes Beispiel bildet das Asmussen-Woldsensche Vermächtnis in Husum, das 1873 in Kraft trat. Der wichtigste Teil der Stiftung von Anna Catharina Asmussen (1793-1868) und August Friedrich Woldsen (1792-1868) bestand aus über 100 Hektar besten Marschlandes mit dem Roten Haubarg in Eiderstedt als Mittelpunkt. Aus den Erträgen wurden in verschiedener Weise Minderbemittelte unterstützt; der 1902 errichtete „Tinebrunnen" auf dem Husumer Marktplatz erinnert an die Wohltäter. Bereits vorher waren der Stadt ein Wohnheim für Witwen und ein Altenheim geschenkt worden. In Garding konnte 1897 ein großzügiges Gebäude des „Marienstifts" für 15 Bedürftige und Alte errichtet werden. Um die „Brüder der Landstraße" – wandernde Handwerksgesellen, und andere fahrende Leute – kümmerten sich „Herbergen zur Heimat", so in Bredstedt, Friedrichstadt, Husum, Leck.

Schon seit den 1850er Jahren entstanden, zunächst wohl in Tönning und Husum, für kleine Kinder der ärmeren Bevölkerung „Warteschulen", für die sich sodann die Bezeichnung „Kindergarten" durchsetzte. In manchen Dörfern wurden später „Erntekindergärten" für die Kinder der bei der Ernte Beschäftigten unterhalten.

Neu war auch die Einrichtung eigener Krankenhäuser. Bis dahin waren unvermögende Gebrechliche einfach in die Armen- und Arbeitshäuser gesteckt worden. In Husum entstand 1883 ein von einem Verein getragenes Krankenhaus. Der Kreis Tondern bewilligte 1892 Zuschüsse für den Bau von sieben Krankenhäusern in Niebüll, Leck, Westerland, Wyk, Tondern, Hoyer und Lügumkloster. In Tönnig wurde 1900 ein Krankenhaus eröffnet. Auch die Kreise Nordfrieslands erhielten Amtsärzte („Kreisphysici"). In allen größeren Orten waren jetzt studierte Ärzte und auch erste Tiermediziner tätig. Kranke Zähne behandel-

Warteschule
in Tönning,
1899

ten außer den Ärzten „Balbierer", sodann „Dentisten"; der erste akademisch gebildete Zahnarzt siedelte sich zum Beispiel in Bredstedt 1922 an.

Einer der Pioniere des Gesundheitswesens war der in Tönning gebürtige und in Kiel tätige Chirurg Friedrich Esmarch (1823-1908), der neue Behandlungsmethoden einführte und der Ersten Hilfe mit zum Durchbruch verhalf; seine Geburtsstadt stiftete 1903 ein Denkmal zu seinen Ehren. Der aus Husum stammende Mediziner Oskar Vogt (1870-1959) trat vor allem als Hirnforscher hervor und untersuchte später unter anderem das Gehirn Lenins.

Viele technische Errungenschaften dieser Zeit vereinfachten das Leben und dienten

der Gesundheit der Bevölkerung. In den Städten und größeren Orten entstanden Wasserleitungen und Stromversorgung. Die Kreise Eiderstedt und Tondern gehörten 1912 zu den Gründungsmitgliedern des Schleswig-Holsteinischen Elektrizitätsverbandes; der Tonderner Landrat Rogge wurde zum Verbandsvorsteher gewählt. Die ländlichen Gebiete Nordfrieslands blieben aber zumeist noch lange außerhalb der modernen Versorgungsnetze. Elektrizität und Wasserversorgung erreichten die letzten Gehöfte erst in den 1960er Jahren.

Friedrich
von Esmarch
vor seinem
Denkmal

Kultur, Büchereien, Schulen, Zeitungen

Was man bisher mündlich in der Familie und vom Handwerksmeister erfahren und gelernt hatte, reichte nicht mehr aus. Der Schulunterricht wurde immer wichtiger, die Schulpflicht jetzt weitgehend durchgesetzt. Der Dorflehrer, inzwischen besser ausgebildet und mit höherem Gehalt ausgestattet, stieg in dieser Zeit zu einer Respektsperson auf, während früher häu-

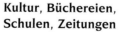

Vereinskrankenhaus in Husum

Die 1900 fertig gestellte Volksschule in Nord-Niebüll

fig „verkrachte Existenzen" die Kinder unterrichtet hatten. Viele neue Schulgebäude entstanden, massiv gebaut und häufig mit großen Fenstern. Ein Beispiel bietet das 1871 errichtete Gebäude der Volksschule in Bredstedt, heute vom *Nordfriisk Instituut* genutzt. Tönning erhielt 1904 eine Knabenschule für die ganze Stadt. Auch weiterführende Schulen wurden errichtet, so entstanden Mittelschulen 1911 in Bredstedt und Westerland, 1912 in Tönning. In mehreren Orten, so in Friedrichstadt und Niebüll, gab es andere „höhere" Schulen, an denen aber kein anerkannter Abschluss möglich war. Das 1908 gegründete – und 1942 endgültig geschlossene – Nordseepädagogium im Sanatorium am Wyker Südstrand stand

Schule in Karlum um 1900

vor allem erholungsbedürftigen Kindern zur Verfügung, wurde aber auch von Föhrern besucht.

Das Gymnasium in Husum, das seit 1914 Hermann-Tast-Schule hieß, blieb lange das einzige in Nordfriesland. Hier wirkte als wohl berühmtester aller Husumer Lehrer von 1867 bis 1869 der junge Rudolf Eucken (1846-1926); der aus Ostfriesland stammende Philosoph wurde später Professor in Jena und erhielt 1908 den Nobelpreis für Literatur. Als deutschnationaler Dichter tat sich der Direktor Karl Heinrich Keck (1824-1893) hervor.

Für Mädchen bestand in Husum seit 1866 eine Privatschule, anfangs mit sieben Schülerinnen, gegründet von der Lehrerin Sophie Jacobsen (1829-1917). Die heutige Theodor-Storm-Schule wurde 1914 zum städtischen Lyzeum und 1929 zur Oberschule aufgestuft. Während des ganzen Kaiserreichs konnte also noch kein Mädchen in Nordfriesland das Abitur machen. Als bedeutende Lehrerinnen waren unter anderen tätig 1903-06 die spätere erste Oberschulrätin Hamburgs und liberale Vorkämpferin der Frauenbewegung, Emmy Beckmann (1880-1967), und 1896-1905 die Schriftstellerin Friederike Kraze (1870-1936). Bildungschancen waren auch hier stark vom Status der

Eltern abhängig. Ein recht hohes Schulgeld sorgte dafür, dass nur Töchter aus „besseren Familien" die Schule besuchen konnten. Der Unterricht war stark auf die überkommene Rolle der Frau und auf die Werte des monarchischen Obrigkeitsstaats ausgerichtet.

Neben dem allgemein bildenden entstand ein berufliches Schulwesen, dessen Besuch zunächst in der Regel freiwillig war; Handwerkervereine und Innungen etwa trugen Fortbildungsschulen. Die erste und wichtigste landwirtschaftliche „Winterschule" an der schleswigschen Westküste wurde 1893 in Bredstedt gegründet, zunächst getragen vom dortigen Nordfriesischen landwirtschaftlichen Verein, seit 1896 vom Kreis Husum und ab 1922 von der Landwirtschaftskammer Schleswig-Holstein, die 1896 ihre Arbeit aufgenommen hatte. Die 1910 in Tondern gegründete Landwirtschaftsschule wurde nach der Volksabstimmung von 1920 nach Niebüll verlegt, und für Eiderstedt entstand im Winter 1921/22 in Garding eine eigene Schule.

In einer Zeit großer Veränderungen waren Kenntnisse, Bildung und Fertigkeiten gefragt. Die Aufnahme neuer Informationen wurde immer wichtiger. Das Lesen war bald für viele Bestandteil des Alltags.

Mehrere neue Zeitungen wurden gegründet, so in Garding 1864, Wyk 1870,

Husum 1873, Niebüll-Deezbüll 1878/79, Westerland 1885/86, Leck 1892, Risum-Lindholm 1895. Im Jahre 1911 bestanden im Gebiet des heutigen Kreises Nordfriesland nicht weniger als 15 Zeitungen; in manchen Orten konkurrierten sogar zwei Blätter miteinander. Der Erbauung, Belehrung und Unterhaltung dienten außerdem Kalender in Buchform. Weit verbreitet war Dr. L. Meyn's *Schleswig-Holsteinischer Haus-Kalender*, herausgegeben seit 1868 von Heinrich Lühr und Jacob Dircks, die in Garding Zeitung, Druckerei und Buchverlag betrieben. Mehrere grundlegende Arbeiten zur Heimat- und Naturkunde kamen heraus, vielfach von Lehrern verfasst. Die Hinwendung zur Geschichte stellte manches Mal allerdings zugleich eine Flucht aus der konfliktreichen Gegenwart dar, der eine idealisierte, vermeintlich harmonischere Vergangenheit gegenübergestellt wurde.

Druckwerke wurden jetzt zunehmend von Büchereien vorgehalten. Nach den Anfängen bereits in dänischer Zeit entstanden nun weitere Büchersammlungen, getragen häufig von Liedertafeln, Handwerkervereinen oder auch örtlichen Buchhändlern. In Husum gründete 1892 ein „Verein für Volkswohl" eine „Volksbibliothek" mit 200 Bänden. Jeden Sonnabend von 20 bis 21 Uhr konnten Bücher ausgeliehen werden. Aus diesen kleinen Anfängen entwickelte sich die Stadtbücherei mit heute über 40 000 Medien.

Landwirtschaftsschule in Bredstedt, Klassenraum

Unterricht auf der Hallig Süderoog, 1906

Kirche in
Neugalmsbüll

traditionelle Bindung an die Kirche. Um die Mitte des 19. Jahrhunderts sei der Kirchenbesuch in Langenhorn noch ganz regelmäßig gewesen, schrieb Friedrich Paulsen in seinen Erinnerungen, „die Sitte beherrschte darin auch den Gleichgültigen und selbst den Widerwilligen". Doch von 1870 an habe sich das geändert. „Seitdem konnte es geschehen, daß sich in der Kirche, die gegen 600-700 Personen faßte, nicht mehr als drei, vier Leute außer den paar gebetenen Besuchern einfanden. ... Das Band, das den einzelnen mit der Kirche als der geschichtlichen Lebensform verbindet, hat an Stärke sehr viel verloren."

In einem Bericht des Synodalausschusses der Propstei Südtondern hieß es im Jahr 1890: „Die an regelmäßigen Kirchgang gewöhnte ältere Generation stirbt allmählich aus, und bei dem Nachwuchs merkt man einen anderen Geist in diesem Punkte." Vor allem in den Städten zeigte sich diese Tendenz. Austritte aus der Kirche waren aber noch eine Seltenheit.

Religion

Die Tendenzen der neuen Zeit – Technisierung, Mobilität, stärkerer Individualismus, zunehmende Bildung, wachsender Einfluss des Staates – schwächten die

Ein markanter Kirchenbau entstand 1888-91 in Neugalmsbüll für die Köge

Kirche in
Westerhever
um 1900

Tine Knopmager mit Bibel. Gemälde von Hans Peter Feddersen, 1884

westlich Niebülls. Mit Heinrich Moldenschardt hatte einer der bedeutendsten Baumeister des Historismus in Schleswig-Holstein das neue Gotteshaus mit spitzem Turm und gotischem Baukörper entworfen.

Viele Pastoren bezogen Stellung gegen die aufkommende Sozialdemokratie. Kirchenbesuch und SPD-Mitgliedschaft sahen viele auf beiden Seiten als unvereinbar an. Die stark mit dem nationalen Staat verflochtene Kirche hielt in einer Zeit schnellen sozialen Wandels großenteils an ihrem überkommenen Gesellschafts- und Menschenbild fest. Andererseits wirkten gerade die Kirche oder einzelne Pastoren an Gründungen mit, die das Los der Benachteiligten verbesserten, so etwa im Husumer Arbeiter-Bauverein von 1894 oder bei der Einrichtung von „Herbergen zur Heimat" in verschiedenen Orten Nordfrieslands. Der Staat weitete in der Zeit des Kaiserreichs seine Zuständigkeiten aus. Er verstärkte seinen Einfluss zum Beispiel im Bereich der Schulaufsicht. Waren für Geburten,

Kirche in
Klixbüll

Küster mit
Gesangbuch,
gemalt von
C. L. Jessen,
1917

Katholische
Kirche in
Friedrich-
stadt am
Fürstenburg-
wall, geweiht
1854

Eheschließungen, Todesfälle bis dahin die Kirchenbücher maßgeblich, so übernahmen von 1874 an Standesämter die Beurkundung.

Auch in der Kirche waren nur Männer wahlberechtigt; sie mussten volljährig sein, also das 21. Lebensjahr vollendet haben, und zur Kirchen- und Staatssteuer beitragen. Wie bei den Kommunal- und Landtagswahlen waren die Stimmen öffentlich abzugeben. Diese der Gemeindeordnung von 1869 folgende Regelung bedeutete gewiss keine Demokratisierung des kirchlichen Lebens. Immerhin wurde damit aber erstmals überhaupt eine Mitwirkung der Gemeinde klar geregelt. Vorher bestimmten etwa in Eiderstedt der Pastor und lebenslänglich bestellte Kirchenvorsteher aus den Reihen der Großgrundbesitzer über die Geschicke der Gemeinde. Das Kirchenvolk selbst konnte kaum Einfluss nehmen.

Die Bevölkerung Nordfrieslands hing weiterhin fast durchgängig der evangelisch-lutherischen Konfession an. Historisch gewachsene Ausnahmen gab es nur in Friedrichstadt, das seit 1621 mehreren Religionsgemeinschaften eine Freistatt bot, und auf Nordstrand, wohin einige der an der Bedeichung seit 1654 beteiligten Niederländer den katholischen Glauben gebracht hatten. Die fortbestehende Verbindung mit dem Bistum Utrecht hatte zu Beginn des 18. Jahrhunderts dafür gesorgt, dass sich im Zusammenhang mit der jansenistischen Bewegung auch die Gemeinde auf Nordstrand spaltete. Die päpstlich Gesinnten wurden im Jahre 1826 als eigenständige Gemeinde anerkannt. Das Gotteshaus Sankt Theresia blieb in der Hand der Jansenisten und beim Bistum Utrecht. Sie näherten sich jetzt der 1870 entstandenen altkatholischen Kirche an, die vor allem die Unfehlbarkeit des Papstes und dessen Befehlsgewalt über alle Christen ablehnte. Bereits seit 1867 wurde hier hochdeutsch gepredigt, die niederländische Sprache trat in den Gottesdiensten mehr und mehr zurück. 1920 ging die Gemeinde St. Theresia, die in der Zeit des Kaiserreichs bis zu 50 Mitglieder zählte, förmlich in das deutsche alt-katholische Bistum über.

In Husum wurden 1867 nur zehn Katholiken gezählt, außerdem vier Reformierte, acht Mennoniten und drei Juden. Doch die politische und wirtschaftliche Entwicklung sorgte für einen starken Zuzug aus anderen Gegenden Deutschlands. Bis 1905 erhöhte sich die Zahl von 10 auf 145. In den 1870er Jahren bildete sich eine römisch-katholische Gemeinde, die 1890 einen Betsaal errichtete. Westerland auf Sylt erhielt 1896 eine katholische Kapelle mit 160 Plätzen. Der zunehmende Fremdenverkehr brachte im Sommer zahlreiche Katholiken in das Seebad, manche siedelten sich fest an. Ab 1869 hatten „Strandpfarrer" an wechselnden Orten erste Gottesdienste gehalten.

Kirchgang auf der Hallig

Die einzige jüdische Gemeinde bestand in Friedrichstadt, wo sich bereits Ende des 17. Jahrhunderts erste Juden angesiedelt hatten. Gemäß der Volkszählung von 1845 gehörten ihr 421 Menschen an. Die Gemeinde war damit eine der größten im ganzen dänischen Gesamtstaat. Einen Höhepunkt in ihrer Geschichte brachte die Einweihung der neuen Synagoge 1845. Doch nach der Verkündung der Juden-Emanzipation im Herzogtum Schleswig 1854 und nach dem Übergang zu Preußen 1867 siedelten sich viele in anderen Orten an. So sank die Zahl bis 1905 auf 117, bis 1925 sogar auf 40 Menschen. Sie wohnten in Friedrichstadt als Nachbarn unter Nachbarn, nicht in einer „Judengasse" oder gar einem „Ghetto".

Ansonsten lebten nur in wenigen Orten Nordfrieslands einzelne Juden. Im Jahre 1905 wurden in den drei Landkreisen nicht mehr als 16 gezählt. Auf den Inseln stellten sich aber in jedem Sommer viele Juden als Feriengäste ein. Einige unterhielten Saisongeschäfte. Sie hatten seit den 1880er Jahren zum Teil unter dem aufkommenden Antisemitismus zu leiden, wenn es auch in Nordfriesland kein ausgesprochen judenfeindliches Seebad gab, als das sich die ostfriesische Insel Borkum profilierte. Traditionsbäder wie Wyk auf Föhr, Helgoland und Westerland

auf Sylt galten eher als judenfreundlich. Insbesondere später gegründete Seebäder traten antisemitisch auf. Auf Sylt galt das vor allem für Wenningstedt. Manche Pensionen hängten Schilder auf: „Nichtchristliche Gäste verbeten" oder „Juden nicht erwünscht". Auf Amrum versuchte der Badekommissar von Bismarck um 1900, aus der Insel ein zweites Borkum zu machen. Der davon erhoffte Gästezustrom blieb aber aus, und so setzte die Badekommission ihm den Stuhl vor die Tür. Norddorf allerdings galt weiterhin als stark antisemitisch ausgerichtet. Das Seebad Lakolk auf der bis 1920 zu Deutschland gehörenden Insel Röm rühmte sich, es werde von Männern „rein deutscher Gesinnung" getragen.

Auf die Viehmärkte in Nordfriesland kamen auch jüdische Händler. Als ein angehender Pastor 1894 im *Husumer Wochenblatt* gegen die Juden zu Felde zog, wandten sich Husumer Bürger gegen den „halbreifen Jüngling", der sich nicht als Hetzpfarrer betätigen, sondern Nächstenliebe predigen solle. Jüdische Händler hätten den ganzen friesischen Marschen und damit Husum großen Nutzen gebracht. Wer Antisemitismus fördere, schädige seinen Heimatort.

Zu neuen Ufern

Tausende Nordfriesen verließen in der zweiten Hälfte des 19. Jahrhunderts ihre Heimat, weil sie sich hier kein befriedigendes Leben ermöglichen konnten. Viele von ihnen bauten sich in Übersee, größtenteils in den Vereinigten Staaten von Amerika, eine neue Existenz auf. Diese Auswanderung in die Neue Welt gehört zu den faszinierendsten Abschnitten der nordfriesischen Geschichte. Sie bedeutete einen Verlust vieler Menschen, begründete aber zugleich eine Verbindung des kleinen Nordfriesland mit der „großen Welt".

Nach Amerika

Bereits seit 1636 siedelten die ersten Nordfriesen im Gebiet des heutigen New York – mehr als vier Jahrzehnte vor der Ankunft William Penns im Delawaretal und der Gründung von Germantown 1683, der ersten deutschen Niederlassung in Amerika. Nordfriesen standen also an der Wiege der heutigen Metropole New York. Sie kamen überwiegend auf niederländischen Schiffen und stammten aus der Gegend von Bredstedt, Eiderstedt, Friedrichstadt, Husum und von der 1634 zerstörten Insel Nordstrand. Als 1664 Neu-Amsterdam in britische Hände kam und den Namen New York erhielt, dürften Nord-, Ost- und Westfriesen annähernd ein Viertel der Bevölkerung gebildet haben.

Im beginnenden 19. Jahrhundert setzte langsam eine Auswanderung nach Übersee in größerem Umfang ein. Als erste entschlossen sich vermutlich Bewohner der Halligen zu diesem Schritt, wohl als eine Folge der Sturmflut von 1825. Auch die Wirtschaftskrise in der Folge des dänischen Staatsbankrotts von 1813 wird mitgespielt haben. Seefahrer lernten auf ihren Fahrten die Neue Welt kennen und brachten die Kunde von deren Möglichkeiten in die Heimat. Manche blieben auf der anderen Seite des Atlantiks und wurden zu Pionieren für die vielen, die folgten. Vor allem waren es wirtschaftliche Gründe, die den Entschluss zur Aus-

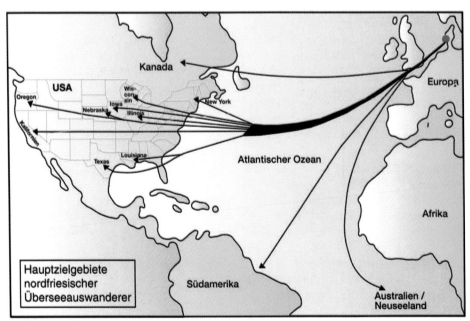

Hauptzielgebiete nordfriesischer Überseeauswanderer

Asmus Clausen (2. v. r.), Bäcker aus Husum, hinter der Theke seines „Blue Ribbon" in Billings, Montana, zu Beginn des 20. Jahrhunderts

C. B. Jensen

Auswandererschiff „Europa", Altona, Kapitän Georg Hinrich Simons, Amrum, um 1855

wanderung reifen ließen. Mancher junge Nordfriese begeisterte sich für die neuen Ideale, wie sie in der Unabhängigkeitserklärung der USA von 1776 zum Ausdruck kamen. „Nach den nordamerikanischen Staaten mögte ich hinziehen, denn hier allein auf dem ganzen Erdboden ist wahre Freyheit und Menschlichkeit", schrieb der junge Uwe Jens Lornsen.

Der Amrumer Friese Knut Jungbohn Clement, der dann selbst bei seinen Söhnen in Jersey City starb, verspürte schon 1845 jene tief greifende Aufbruchstimmung, die bald die erste Auswanderungswelle über den Atlantik rollen ließ. Er schrieb: „In unserem Jahrhunderte gehen sie nach allen Küsten der Erde ... und kehren nimmer wieder, als hätten sie nie eine Heimath, nie eine Mutter gehabt."

Die Kunde vom Goldrausch in Kalifornien 1848/49 lockte manche Nordfriesen an, doch machten nur wenige das schnelle Glück. Der Kapitän Cornelius Boy Jensen (1814-1886) aus Westerland auf Sylt, dessen Mannschaft in die Goldfelder

entwichen war, siedelte sich in Südkalifornien an und leistete Pionierarbeit für die landwirtschaftliche Erschließung dieses Gebiets; seine Farm wurde später als historisches Museum gestaltet. In den 1850er Jahren veranlasste die harte Politik der dänischen Regierung manchen zur Auswanderung. Allein drei der vier Advokaten des Fleckens Bredstedt gingen nach Amerika.

Die meisten Übersee-Auswanderer aus Nordfriesland, wohl etwa 90 Prozent,

suchten ihr Glück in den USA. Aber auch Kanada und Südamerika zogen Nordfriesen an, genauso wie Australien. Hier gruben in den 1850er und 1860er Jahren zum Beispiel mehrere Amrumer nach Gold, kehrten zumeist aber mit leeren Händen zurück. Schon 1838/39 hatte der Sylter Kapitän Dirk Meinerts Hahn (1804-1860) deutsche Auswanderer nach Australien geführt, die ihre Siedlung sodann „Hahndorf" nannten.

Seit der Mitte des 19. Jahrhunderts wurde die Überseewanderung zu einer sozialökonomisch bedingten Massenbewegung, wie es sie nie zuvor gegeben hat. Sie ist ein wesentliches Kennzeichen des umwälzenden gesellschaftlichen Wandels im 19. Jahrhundert. Aus Europa wanderten zwischen 1821 und 1930 etwa 32 Millionen Menschen aus, davon 6 Millionen allein aus Deutschland. Aus Schleswig-Holstein verließen zwischen 1871 und 1925 rund 160 000 Personen den alten Kontinent. Die Kreise Tondern und Husum wiesen besonders hohe Auswandereranteile auf.

Die Gründe für die Auswanderung werden in der Forschung in *push-* und *pull*-Faktoren eingeteilt, also solche, die aus der alten Heimat forttrieben, und solche, die in die Neue Welt lockten. Wichtigster *push*-Faktor in Nordfriesland wie überall in Europa war die verbreitete wirtschaftliche

Not. In der Landwirtschaft und im Handwerk als den wichtigsten Erwerbsquellen lösten sich überkommene Formen auf. Für die Inseln wirkte der Niedergang der Seefahrt nachteilig; der Fremdenverkehr befand sich noch in den Anfängen. Nicht mehr aufs Meer, sondern übers Meer – so hieß jetzt die Losung. Auch die Begleiterscheinungen der Einverleibung Schleswig-Holsteins in Preußen, insbesondere der dreijährige Militärdienst, machten manchen den Entschluss zur Auswanderung leichter.

Wichtigster *pull*-Faktor war die Hoffnung auf ein besseres Leben in der Neuen Welt. Sie wurde genährt durch Zeitungsartikel und Erzählungen über die Möglichkeiten auf der anderen Seite des Atlantiks. Ausgewanderte berichteten ihren Angehörigen häufig begeistert und manchmal übertrieben von ihren Erfahrungen, und solche Briefe wurden herumgereicht und boten viel Gesprächsstoff. Auswanderungsagenten schilderten die „unbegrenzten Möglichkeiten" in den aufblühenden Vereinigten Staaten von Amerika in leuchtenden Farben. Die bis etwa zur Jahrhundertwende bestehende Möglichkeit der freien Landnahme für wenig Geld in den Weiten des noch offenen Westens der USA lockte viele an. Die Großstädte vervielfachten in kurzer Zeit ihre Einwohnerzahlen. Chicago ent-

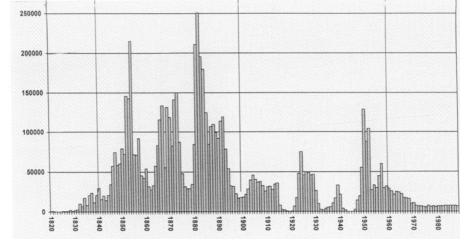

Deutsche Einwanderung in die USA seit 1820. Auch in Nordfriesland gab es drei große Wellen im 19. Jahrhundert und zwei kleinere jeweils nach den Weltkriegen.

wickelte sich aus einer Stadt von 20 000 Einwohnern 1850 zu einer riesigen Stadt mit zwei Millionen Menschen im Jahr 1914. In den dortigen berühmt-berüchtigten Schlachthöfen arbeiteten auch Schlachter von der Halbinsel Eiderstedt und aus dem Raum Husum.

Die Statistik erfasst nicht die individuellen Sorgen und Nöte der einzelnen Auswanderer, ebenso wenig die schlaflosen Nächte, die dem endgültigen Entschluss häufig vorausgingen. Vielfach waren es ganz junge Menschen von 16, 17 Jahren. Und natürlich wagten vor allem unternehmungslustige, entschlusskräftige Menschen den Schritt ins Ungewisse, die ihrer alten Heimat dann besonders fehlten.

Die meisten Auswanderer aus Nordfriesland traten ihre Reise in die ihnen unbekannte Neue Welt in Hamburg an. Segelschiffe benötigten für die 5750 Kilometer bis New York etwa sechs Wochen. Dampfschiffe waren zunächst bis zu drei Wochen, seit den 1880er Jahren etwa zehn Tage unterwegs. Der erste Hamburger Atlantikdampfer, die „Helene Sloman", wurde 1850 von dem Föhrer Kapitän Paul Nickels Paulsen (1812-1882) nach New York geführt. Das Schiff sank auf der Rückfahrt in einem Sturm bei Neufundland; fünf Passagiere kamen beim Kentern eines Rettungsboots ums

Leben. Am 19. Januar 1883 kollidierte das deutsche Auswandererschiff „Cimbria" bei Borkum in dichtem Nebel mit einem britischen Frachter. Etwa 450 Menschen ertranken, darunter drei Passagiere aus Hattstedt. Die Auswandererschiffe waren oft übervoll und hatten nichts von den späteren Luxuslinern. Kabinen konnten sich nur die wenigsten leisten, die meisten nächtigten im Zwischendeck.

Von der Auswanderung war ganz Nordfriesland betroffen, wenn auch in unterschiedlichem Ausmaß. Jedes Dorf in Nordfriesland hat „seine" Auswanderer. Auf Pellworm etwa sprach der Hardesvogt 1868 von einer „mehr und mehr um sich greifenden Auswanderungsmanie der jungen, kaum den Kinderschuhen entwachsenen Leute". Und in einem Zei-

Paul Nickels
Paulsen

Milchfahrer
in New York:
für viele
der Start in
Amerika

Föhrer „Deli"
in New York

punkte der Föhrer und Amrumer entstanden. Besonders viele Föhrer vom Westteil der Insel und auch Amrumer siedelten sich, vor allem seit 1880, in New York an – obwohl sich ein größerer Gegensatz als der zwischen dem ländlichen Inselidyll und der rasant wachsenden Weltstadt kaum denken lässt. Viele arbeiteten im Lebensmittelhandel und spezialisierten sich auf *Delikatessen-Stores* („*Delis*"). Im Jahre 1884 wurde der „Föhrer Krankenunterstützungsverein von Brooklyn und Umgebung" gegründet, der soziale Hilfe in Notfällen gewährleistete und zugleich für Geselligkeit und Zusammenhalt sorgte. Um die Amrumer erweitert, sind dem Verein in der Gegenwart rund 400 Mitglieder angeschlossen. Einzelne beherrschen noch die friesische Sprache.

tungsbericht über die Einwohnerstatistik des Jahres 1873 in Leck hieß es: „Werden wohl einige Personen für Amerika übrig sein, wenn Amerika nur recht was für sie übrig hat."

Besondere Schwerpunkte, *die* Auswanderungsgebiete Nordfrieslands wurden die Inseln Föhr und Amrum. In Amerika dürften mehr Föhrer und Amrumer bzw. deren Nachkommen leben als auf den beiden Inseln selbst. Noch heute hat so gut wie jede Familie dort Verwandte in Amerika. Hier wirkte sich die besondere Mobilitätsbereitschaft der Insulaner aus. Als Seefahrer waren sie es bereits seit Jahrhunderten gewöhnt, in der Ferne ihr Brot zu verdienen und häufig ein halbes Jahr oder länger abwesend zu sein. Auch der besondere Zusammenhalt der Menschen auf den überschaubaren, in sich abgeschlossenen Inseln dürfte sich ausgewirkt haben. In manchen Jahren wanderte aus den westlichen Dörfern Föhrs mehr als die Hälfte der konfirmierten Jungen aus. Der Anfang auf der anderen Seite des „großen Teiches" wurde ihnen durch Angehörige und Freunde erleichtert, die nicht selten sogar die Überfahrt durch *prepaid tickets* bezahlten. Die frühen Auswanderer wirkten also als Wegbereiter und Pfadfinder, und ihre Berichte zogen andere wie ein Magnet an.

Durch diese Art der „Kettenauswanderung" sind in Amerika Siedlungsschwer-

Vom Ostteil der Insel Föhr siedelten sich besonders viele Auswanderer in der Gegend der 1852 als Siedlung entstandenen Stadt Petaluma an, etwa 65 Kilometer nördlich von San Francisco im sonnenbegünstigten Kalifornien. Sie widmeten sich vor allem der Geflügelzucht, nicht selten mit mehr als 10 000 Hühnern je Betrieb, und hatten Anteil daran, dass diese Gegend lange Zeit als *„chicken and egg basket of the world"* bezeichnet wurde. Die Föhrer im ländlichen Bezirk Sonoma County um Petaluma bildeten im Unterschied zu den New Yorker Insulanern keine Vereinigung. Die Verbindung zur alten Heimat ist schwächer ausgeprägt.

Nordfriesen und deren Nachfahren finden sich heute in allen Teilen Nordamerikas. Neben New York und der Gegend um Petaluma sind etwa zu nennen Iowa, wo zum Beispiel in Davenport, Clinton oder Wyoming besonders viele Auswanderer aus dem alten Kreis Husum leben, Milwaukee in Wisconsin, das insbesondere Sylter anzog, und Florida, wo sich viele amerikanische Friesen in ihrem Ruhestand ansiedelten.

Die zahlenmäßigen Höhepunkte der Amerika-Auswanderung aus Nordfriesland lagen nach einer ersten Welle in den

1850ern um das Jahr 1870 und erneut in den 1880er Jahren. Gegen Ende des 19. Jahrhunderts ging die massenhafte Emigration zurück. Die Wirtschaft hatte sich gefestigt, und die inzwischen entstandenen industriellen Ballungszentren in Deutschland nahmen viele Arbeitskräfte auf. Für die Inseln entwickelte sich der Fremdenverkehr zu einer neuen, wichtigen Erwerbsquelle. Er sollte aus den einstigen Hauptauswanderungsgebieten Nordfrieslands binnen kurzem die Gegenden mit der größten Einwanderung machen. Insbesondere für Föhr und Amrum behielt die Verbindung mit den „Amerikanern" aber ihre Bedeutung.

Noch zweimal suchten in Zeiten wirtschaftlicher Not viele Insulaner eine neue Heimat in Amerika: während der Inflation und Wirtschaftskrise in den 1920er Jahren und erneut nach dem Zweiten Weltkrieg. Häufig wurde dabei von vornherein die Rückwanderung auf die Insel ins Auge gefasst. Ohnehin hat die Rückwanderung aus Amerika stets eine Rolle gespielt, seit die massenhafte Emigration im 19. Jahrhundert begann.

Vom Tellerwäscher zum Millionär: Ludwig Nissen

Die Hoffnungen, die an die Auswanderung nach Amerika geknüpft wurden, erfüllten sich keineswegs für alle. Immerhin konnten sich viele ihren Wunsch nach einer eigenen Existenz erfüllen. Vielen anderen aber blieben auch in der Neuen Welt Sorgen und unendliche Mühen nicht erspart. Doch von den Gescheiterten hörte man in der alten Heimat kaum etwas.

Zu den wenigen, für die sich der amerikanische Traum „vom Tellerwäscher zum Millionär" erfüllte, gehörte Ludwig Nissen (2.12.1855 – 26.10.1924) aus Husum. Mit 16 Jahren – also wie so viele noch bevor er militärdienstpflichtig wurde – wanderte der Sohn eines einfachen Reepschlägers von der Husumer Neustadt nach Amerika

aus. In New York putzte er zunächst Stiefel, wusch Geschirr, arbeitete als Kellner, Kassierer, Schlachter und Gastwirt. Mehrfach zerschlugen sich seine Pläne, und er musste von Neuem beginnen. Doch 1881 konnte er, zunächst gemeinsam mit einem Partner, eine Juwelenhandlung eröffnen. Die Geschäfte verliefen in jeder Weise glänzend, und bald schon war „Ludwig Nissen & Company" in der *Fifth Avenue* vertreten, der vornehmsten Straße New Yorks.

Ludwig Nissen als 17-Jähriger in Brooklyn

Zu den eigentlichen Plutokraten der Metropole gehörte Nissen zwar nicht, doch war er sehr wohlhabend und zählte zu den 60 einflussreichsten Bürgern des New Yorker Stadtteils Brooklyn. Dort ließ er sich gemeinsam mit seiner Frau Kathie eine prächtige Villa einrichten, die sie mit vielen kostbaren Kunstgegenständen und Gemälden ausstatteten. Mit 40 Jahren übernahm er das Präsidentenamt in der Vereinigung der New Yorker Juweliere – als erster Ausländer und jüngster Mann, der je diese Position bekleidete. Der hochgeschätzte Kenner von Perlen und Diamanten wurde Vorsitzender verschiedener Juwelenimport-Komitees der Vereinigten Staaten. Als Direktoriumsmitglied von Banken und Versicherungen übte er erheblichen Einfluss aus, hatte wichtige Ehrenämter inne und hielt zum Beispiel Verbindung zu US-Präsident Theodore Roosevelt. 1900 vertrat er den Staat New York auf der Weltausstellung in Paris.

Das Nissenhaus in Husum in den 1950er Jahren

Die Verbindung mit seiner Heimatstadt verlor Ludwig Nissen nicht aus dem Auge. Als er 1924 in Brooklyn starb, hatte er die Stadt Husum als Erbin seines Vermögens eingesetzt und bestimmt, dass diese ein kulturellen Zwecken dienendes Volkshaus und Museum errichten solle. Das Gebäude konnte schließlich in den Jahren 1934-37 aufgrund von Entwürfen des Eiderstedter Architekten Georg Rieve errichtet werden. Das Nissenhaus stellt seitdem als Nordfriesisches Museum die Natur und Kultur der Wattenmeer- und Küstenlandschaft dar. Darüber hinaus verfügt es noch heute über die wohl bedeutendste Sammlung amerikanischer Malerei des 19. Jahrhunderts, die es auf dem europäischen Kontinent gibt.

Pionier in Südwestafrika: Sönke Nissen

Seine Heimat zu eng wurde auch Sönke Nissen (27.12.1870 – 4.10.1923) aus Klockries/Lindholm. Nach einer Zimmermannslehre bei seinem Vater und dem Besuch einer Bauschule in Hamburg hatte er sich als Deichinspektor beim Kreis Tondern beworben, war jedoch nicht in die engere Wahl gelangt. Als Techniker trat er in die Dienste einer Berliner Firma, die hauptsächlich Kleinbahnen im Auftrag des Deutschen Reiches baute. Nissen leitete 1903-05 den Bau einer Teilstrecke der Usambara-Eisenbahn in Deutsch-Ostafrika (heute Tansania) und konnte ihn fünf Monate vor dem festgesetzten Termin beenden. Die dafür gezahlte Sondervergütung bildete den Grundstock seines Vermögens. Trotz großer technischer Schwierigkeiten meisterte er 1906-08, ebenfalls schneller als geplant, den Bau einer Bahnstrecke in Deutsch-Südwestafrika (heute Namibia), die von Lüderitzbucht 366 Kilometer weit ins Landesinnere nach Keetmanshoop führte.
Zum beruflichen Erfolg gesellte sich Glück: Ein eingeborener Arbeiter fand

Sönke Nissen

1908 einen Diamanten. Als Teilhaber der Diamanten-Schürfgesellschaft Kolmannskuppe wurde Nissen ein reicher Mann. Die Gewinne investierte er in Deutsch-Südwest, das sich zur ertragreichsten deutschen Kolonie entwickelte, und in Deutschland. So erwarb er 1912 das 500 Hektar umfassende Gut Glinde bei Hamburg, das er zu einem landwirtschaftlichen Musterbetrieb ausbaute. Vor allem nach dem Ersten Weltkrieg half Nissen, der trotz allen Reichtums einen eher bescheidenen Lebensstil pflegte, die wirtschaftliche Not lindern, auch in seinem Heimatdorf Klockries und Umgebung.
Als die Pläne zur Bedeichung des weiten Vorlandes vor Bredstedt zwischen Ockholm und dem Cecilienkoog 1921 wieder aufgegriffen wurden, fehlte dem Staat das Geld für diese Unternehmung. Jetzt trat Sönke Nissen als Hauptfinancier und Darlehensgeber für die bäuerlichen Interessenten auf. Er ermöglichte damit die letzte auf genossenschaftlicher Basis vorgenommene Eindeichung.
Nissen starb, noch bevor im April 1924 der erste Spatenstich getan werden konnte. Die zu seinem Nachlass gehörigen sieben Höfe im „Sönke-Nissen-Koog" wurden nach Bahnstationen in Deutsch-Südwest benannt und erinnern an den ungewöhnlichen Lebensweg des Nordfriesen aus Klockries.

Von Breklum in die Welt: das Werk Christian Jensens

In einigen Gegenden der Welt ist das kleine, mitten in Nordfriesland gelegene Dorf Breklum bekannter als manche Großstadt. „Breklum" ist für viele Menschen gleichbedeutend mit einem umfassenden und weitgreifenden christlichen Werk. Dass es gerade hier geschaffen wurde, geht auf die Tatkraft und den unerschütterlichen Glauben eines außergewöhnlichen Mannes zurück.

Christian Jensen (20.1.1839 – 23.3.1900) wuchs auf der Lütt-Jens-Warft in Fahretoft als Sohn eines kleinen Bauern und Deicharbeiters auf. Trotz mancher Widrigkeiten konnte er eine höhere Schule besuchen und Theologie in Kiel und Erlangen studieren. Mit 28 Jahren übernahm er seine erste Pastorenstelle in Uelvesbüll. Schon hier zeigte sich, dass er für seinen Glauben – „Jesus macht allein glücklich und ewig selig" – möglichst viele Menschen gewinnen wollte in einer Zeit, in der die Bindung an die Kirche schwächer wurde. Von Uelvesbüll aus gründete er 1870 das *Sonntagsblatt fürs Haus*, das mit manchen

Wandlungen über ein Jahrhundert lang für den christlichen Glauben eintrat. Als politisches Blatt gab er von 1874 an die *Neue Zeitung* heraus, weitergeführt als *Norddeutsche Reichspost*, die aber nach einigen Jahren eingestellt werden musste. In seiner Publizistik wandte sich Jensen, bisweilen mit unduldsamer Härte, gegen die Vertreter einer „modernen", liberalen Theologie, etwa den Oldensworter Pastor Carsten Kühl (1842-1908), der 1880 in Garding den *Evangelischen Gemeindeboten* gründete. Dabei vertrat Jensen einen deutsch-nationalen Kurs, wandte sich entschieden gegen die aufkommende „Socialdemokratie" und verfiel manches Mal in Warnungen vor einem „verderblichen Einfluß des modernen Judentums auf unser Volksleben".

Im Jahre 1873 war Christian Jensen, der sich als lutherischer Pietist sah, zum Hauptpastor in Breklum gewählt worden. Kurz danach gründete er eine Druckerei, 1875 eine christliche Buchhandlung und sodann, von besonderer Bedeutung, am 19. September 1876

die „Schleswig-Holsteinische evangelisch-lutherische Missionsgesellschaft zu Breklum". Ursprünglich hatte Jensen sich auf die „innere Mission", also die Rückgewinnung der Menschen für das Christentum, konzentrieren wollen. In der Gründungsversammlung wurde jedoch der „äußeren Mission unter Heiden, Juden und Mohammedanern" der Vorrang gegeben.

Breklum gehörte zu den kleinen und spät gegründeten Missionsanstalten in Deutschland, war aber *die* Missionsgesellschaft für Schleswig-Holstein. Sie fand besonders großen Anhang in Nordschleswig. 1881/82 brachen die ersten beiden hier ausgebildeten Missionare nach Indien auf, und zwar in das abgelegene Jeypur im Nordosten des Landes. 1886 tauften sie die ersten Inder. 1916 gehörten der Jeypur-Kirche 16 000 Menschen an, überwiegend Adivasi-Ureinwohner, die innerhalb der indischen Kastengesellschaft zu den verachteten Gruppen gehörten. Später wurden Breklumer Missionare auch nach Ostafrika (seit 1912), China (von 1921/23 bis zur kommunistischen Revolution 1949) und Papua-Neuguinea (etwa seit 1971) ausgesandt.

Auch weiterhin bemühte sich Christian Jensen um die Mission im Inneren. So wollte er in Breklum Gemeindehelfer und Laienprediger ausbilden. Die dafür 1879 gegründete „Brüderanstalt" war jedoch nicht ausgelastet. Von 1882 bis 1931

Martineum in Breklum

Christian Jensen. Gemälde von Hans Peter Feddersen

wurden hier Prediger für die ausgewanderten Deutschen in Amerika ausgebildet, insgesamt fast 200. Jensen reiste zweimal über den Atlantik, während er das Missionsgebiet in Indien nicht mit eigenen Augen sah.

Auch ein eigenes christliches Gymnasium, das erste in Schleswig-Holstein, gründete Christian Jensen in Breklum, das „Martineum". Es musste jedoch 1893 nach elfjährigem Bestehen aufgegeben werden, weil ihm eine vollgültige Anerkennung durch die Behörden versagt blieb. Selbst theologische Lehrstühle strebte er für Breklum an, also nichts anderes als eine christliche Hochschule. Aber damit fand er bei der Regierung noch weniger Gegenliebe. Seine letzte Gründung war 1899/1900 ein Sanatorium für innere Krankheiten und Nervenleiden. Er gewann dafür den christlichen Flensburger Arzt Dr. Andreas Mahler (1863-1945), dessen Sohn und Enkel ihm in der ärztlichen Leitung folgten.

„Bete und arbeite!" war ein Leitwort Christian Jensens. Trotz aller seiner Leistungen war er bis in seine letzten Tage

Ingwer Ludwig Nommensen

der Meinung, zu wenig gebetet und zu wenig gearbeitet zu haben.

Im Jahre 1971 gingen die Breklumer Einrichtungen in die Trägerschaft des Nordelbischen Missionszentrums mit Hauptsitz in Hamburg-Othmarschen über. Aber noch heute bestehen in dem Dorf, das in seiner Entwicklung entscheidend von der Mission geprägt wurde, christliche Seminar- und Fortbildungsstätten. Das 2001 gegründete Christian-Jensen-Kolleg trägt den Namen des Gründers.

Schon vor der Errichtung der Breklumer Mission war ein Nordfriese von der Insel Nordstrand als Missionar ausgezogen: Ingwer Ludwig Nommensen (1834-1918), der in den Diensten der Rheinischen Missionsgesellschaft in Wuppertal-Barmen stand, wurde zum Apostel der Batak in Indonesien und legte einen Grundstein für die Entwicklung der mit drei Millionen Mitgliedern größten evangelischen Volkskirche in Asien. Einer ihrer Bischöfe nannte Nommensen, der in Indonesien weit bekannter ist als in seiner nordfriesischen Heimat, „den geistigen Ahnherrn unseres Volkes". Eine der bedeutendsten Hochschulen Indonesiens erhielt den Namen „*Nommensen University*". Von 1862 bis 1918 lebte Nommensen in Nord-Sumatra. Er war ein Meister der Batak-Sprache, in die er unter anderem das Neue Testament und zahlreiche Kirchenlieder übersetzte.

Über seine Kindheit auf Nordstrand schrieb Ingwer Ludwig Nommensen: „Ich war ein Junge armer, kränklicher Eltern, der bei trockenem Brot und Salz, Pferdebohnen und Erbsensuppe, trockenen Kartoffeln und Roggenmehlbrei groß geworden, der als Leckerbissen des Sonntags Pferdefleisch zu den Kartoffeln oder grünen Winterkohlsuppen bekam, der oft des Abends um 7 1/2 Uhr beim Deichgrafen an der übrig gebliebenen Grütze, nachdem die Knechte gegessen hatten, seinen Hunger stillte, der 7 Jahre alt lieber Gänsehirte anderer Leute war als die Schule besuchte …"

Die friesische Bewegung in preußisch-deutscher Zeit

Der aufkommende Gegensatz zwischen Deutsch und Dänisch in den 1840er Jahren hatte der aufkeimenden friesischen Bewegung vorläufig ein Ende bereitet. Der Revolutionsversuch von 1848, die dänische Reaktion, der Krieg von 1864 und die erstmalige Eingliederung in ein deutsches Staatswesen nahmen alle Aufmerksamkeit in Anspruch und ließen kaum Raum für kraftvolle friesische Bestrebungen. Doch es gab bemerkenswerte Einzelleistungen.

Auf Sylt ließ Christian Peter Hansen neben seinen landeskundlichen Arbeiten 1858 und 1862 friesische Erzählungen und Sprichwörter erscheinen. Bende Bendsen aus Risum konnte 1860 nach jahrzehntelangem Warten erleben, dass seine umfangreiche Beschreibung des Mooringer „Frasch" in Leiden/Niederlande doch noch im Druck erschien. Damit wurde der Boden bereitet für den Ausbau des Bökingharder Friesisch zur Schriftsprache. Ähnliches erreichte Christian Johansen mit einer 1862 erschienenen umfassenden Arbeit für das Friesische von Föhr und Amrum. Die erste Übersetzung des Neuen Testaments und der Psalmen ins Friesische überhaupt, und zwar in seinen Sylter Dialekt, konnte 1870 der – wie Johansen in Schleswig tätige – Lehrer und Organist Peter Michael Clemens (1804-1870) aus Morsum/Sylt fertig stellen. Doch seine Arbeit, von der eine stärkere Verwendung des Friesischen im kirchlichen Bereich hätte ausgehen können, blieb ungedruckt und geriet in Vergessenheit. So war es häufig in der friesischen Bewegung.

Ein monumentales Werk nordfriesischer Sprachpflege und -beschreibung schuf in jahrzehntelanger Arbeit der Küster und Lehrer Moritz Momme Nissen (1822-1902) aus Enge. Sein erstes Buch „De freske sjemstin" (Der friesische Spiegel)

Moritz Momme Nissen

Aus der Bibelübersetzung von P. M. Clemens, mit deutscher Übersetzung

Dit helleg Evangilie van Markus.
Das heilige Evangelium von Markus

Dit 1 Capitel.
Das 1. Kapitel

1. Dit is di Begen van 1 Evangelium, van Jesus Christus Gottes Soon.
1. Dies ist der Anfang des Evangeliums von Jesus Christus, Gottes Sohn. ....

4. Johannes wiar ön di Wilanis, döpet, en prötjet van da Döp
4. Johannes war in der Wüste, taufte und predigte von der Taufe

en Bekiring tö Feriwing van Sönd.
und der Buße zur Vergebung der Sünden. ....

9. En hat geböd van de sallew Tid, dat Jesus van Nazareth ön
9. Und es begab sich zu derselbigen Zeit, daß Jesus von Nazareth aus

Galiläa kām, en let sik döpe van Johannes ön di Jordan.
Galiläa kam, und ließ sich taufen von Johannes im Jordan.

10. En mosons Kapth ut di Weter, sag, dat di Hemmel iponging,
10. Und alsbald stieg er aus dem Wasser, sah, daß sich der Himmel auftat,

en di Geist, allik is en Düf, diälkomen ip sin Haad.
und den Geist, gleich wie eine Taube, herabkommen auf ihn.

Dorfstraße in Niebüll, Ende des 19. Jahrhunderts

Friedrich August Feddersen

erschien 1868, und in den 1870er Jahren kam eine umfassende friesische Sprichwörtersammlung heraus. Das Kernstück seiner immensen sprachpflegerischen und dokumentarischen Leistung bildet ein sechsbändiges gesamtnordfriesisches Wörterbuch mit insgesamt 3218 Folioseiten. Auch dieses Werk erschien nie im Druck. Das Ziel seiner Arbeit, die allerdings in Nordfriesland wenig Resonanz fand, umriss Nissen einmal so: „... daß die Leute zu sich selbst kommen, daß sie zu wissen bekommen, was sie sind, daß sie eine eigne Sprache und eine eigne Geschichte haben; daß sie Frisen und keine Plattdeutschen, noch weniger Dänen sind."

Der erste friesische Verein (1879)

Der erste friesische Verein in Nordfriesland wurde am 2. März, offiziell dann am 6. April 1879 in Niebüll-Deezbüll gegründet. Zu diesem Zeitpunkt hatte man sich in Nordfriesland weitgehend auf die nach 1864 entstandenen neuen politischen Verhältnisse eingestellt. So hieß es denn im Aufruf zur Gründung des Nordfriesischen Vereins: „Wir wollen im

Nordfriesischer Verein
für
einheimische Sprache und Geschichte.

Alle Freunde der nordfriesischen Sprache und Geschichte werden hierdurch ersucht, zu einer Vorberathung behufs Gründung eines „Nordfriesischen Vereins" am
Sonntag, den 2. März d. J.
Nachmittags 3 Uhr
im Locale des Herrn Dircks in Niebüll sich
einfinden zu wollen. X.

friesischen Gewande tragen ein deutsch ehrlich fromm und freies Herz!" Während Christian Feddersen 1842 Nordfriesland noch als „freundlich leuchtenden Punct" neben Deutschland und Dänemark gesehen und es ausdrücklich als sein „Vaterland" bezeichnet hatte, bewegte sich dieser erste friesische Verein nun in nationaldeutschen Bahnen.

Vorsitzender war Pastor Friedrich August Feddersen (1838-1908), ein Neffe Christian Feddersens. Er betätigte sich auch als Schriftsteller, verherrlichte das deutsche „Kaisertum", wandte sich aber gleichzeitig gegen „Deutschtümelei". Schon früh machte er auf soziale Probleme aufmerksam, prangerte die „schreienden Gegensätze" zwischen Arm und Reich an, forderte einen Staatsaufbau „von unten herauf". Er warnte vor dem „Lockruf aus den Städten" und dem Eindringen einer „fremden Cultur und theilweise Uncultur". Die Nordfriesen sollten an ihren Überlieferungen und insbesondere an ihrer Sprache festhalten. Die Heimat Nordfriesland wurde also „entdeckt", als sie in Gefahr geriet, als sie aufhörte, selbstverständlich zu sein.

Die Arbeit dieses ersten Nordfriesischen Vereins begann verheißungsvoll. Man sammelte Bücher für eine „nordfriesische Volksbibliothek", nahm die Gründung eines „nationalen nordfriesischen Museums" in Aussicht. In der örtlichen *Niebüll--Deezbüller Zeitung* erschienen friesischsprachige Beiträge, und bald kam erstmals eine kleine nordfriesische Zeitschrift mit dem Titel *Der Nord-Friese* heraus, die jedoch nach kurzer Zeit eingestellt wurde.

Für die verschiedenen friesischen Dialekte wurden einheitliche Grundsätze der Rechtschreibung angestrebt; doch das gelang nicht, und die Orthographie des Friesischen geriet jahrzehntelang immer wieder zum Zankapfel.

Eigentlich wollte man in anderen Teilen Nordfrieslands weitere friesische „Specialvereine" gründen und diese dann zu einem „Generalverein" zusammenfügen. Insbesondere auf den Inseln stand man solchen Plänen aber gleichgültig gegenüber; eine Bedrohung des Friesischen wurde noch kaum empfunden. Als auf Föhr zu vier Gründungsversuchen nur ein bis fünf Teilnehmer erschienen, hielt man es für besser, „die Agitation auf eine gelegentliche zu beschränken". Nach gut einem Jahrzehnt erlahmte die Arbeit des Niebüll-Deezbüller Vereins.

Nis Albrecht Johannsen (1855-1935) aus Klockries verfasste zahlreiche friesische Erzählungen.

Aufführung der sylter-friesischen Komödie „Di Gidtshals", 1875

August
Schulz

Titelseite
des ersten
Jahrbuchs
des Nord-
friesischen
Vereins

Die Karte
von Hooge
mit dem
Nordfriesen-
Wappen
und einem
christlichen
Gedicht
in friesi-
scher und
deutscher
Sprache gab
Bandix Fried-
rich Bonken
(1839-1926),
genannt
„Böle" Bon-
ken, heraus.
Er stammte
von Gröde
und wurde
Lehrer und
Küster in
Nebel auf
Amrum. Trotz
elnes Augen-
leidens, das
schließlich
zur Erblin-
dung führte,
setzte er sich
für die Be-
wahrung der
friesischen
Sprache
und des
christlichen
Glaubens
ein.

Ein Heimatverein
für ganz Nordfriesland (1902)

Der erste Heimatverein für ganz Nordfriesland wurde am 13. August 1902
in Husum-Rödemis gegründet. Es war
zugleich der erste auf eine Region
Schleswig-Holsteins bezogene Heimatverein. Dieser Nordfriesische Verein für
Heimatkunde und Heimatliebe gehört
zu den neoromantischen Erneuerungs-
bewegungen der Jahrhundertwende. Als
Reaktion auf den sich vollziehenden
schnellen Wandel wandte man sich als
bedroht empfundenen überkommenen
Werten zu, die Geborgenheit vermitteln konnten. Gelehrtes Interesse an
nordfriesischer Geschichte, Natur- und
Volkskunde bildete den Beweggrund
für die Vereinsbildung. Hinzu trat eine
Unzufriedenheit mit bestimmten Erscheinungen des Kaiserreichs, hervorgerufen
durch die zunehmende Industrialisierung,
Technisierung, Zentralisierung, deren Begleiterscheinungen auch in Nordfriesland
spürbar waren.
Der Gründer und erste Vorsitzende des
Nordfriesischen Vereins August Schulz
(1847-1936) sah von Süden her einen

„Strom der Zeit" kommen, der alle
„Volkseigentümlichkeiten" nivelliere und
ebenso mächtig sei wie der Strom, der
„von Westen an den Küsten nagt". Schulz,
Pastor in Mildstedt, stammte aus Hohen-
westedt in Holstein, und auch mehrere
andere Gründer des Nordfriesischen
Vereins waren keine Nordfriesen. Den

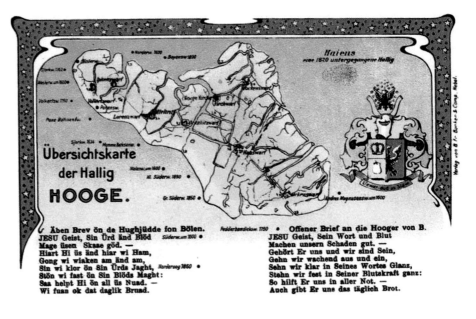

„Die Taufe". Gemälde von Carl Ludwig Jessen, 1903

modernen Bedrohungen des Maschinenzeitalters stellte man das Idealbild eines vermeintlich unverfälschten Volkslebens gegenüber, und dieses erschien in Nordfriesland „treuer gewahrt als anderswo". Ein friesisches Idyll fand zur selben Zeit seinen Ausdruck in den Bildern des Kunstmalers Carl Ludwig Jessen aus Deezbüll, der jetzt seine Glanzzeit erlebte. Friesische Trachten, friesische Stuben, friesische Szenen hielt er in seinen Gemälden fest – Zeugnisse einer Zeit, die damals fast schon entschwunden war. Natürlich gehörte er zu den Mitbegründern des Nordfriesischen Vereins und hatte bereits im ersten örtlichen friesischen Verein in seinem Heimatdorf mitgearbeitet. Ein Zuruf an den Künstler brachte ein wesentliches Anliegen der neuen Vereinigung auf einen Nenner: „Mensch, halte es doch fest, ehe es verloren geht!"

Auch Schriftsteller entdeckten die Friesen. Das Erscheinen des großen Alterswerks von Theodor Storm „Der Schimmelreiter" lag wenig mehr als ein Jahrzehnt zurück. Meisterhaft verwob er in seine

Erzählung vom Deichgrafen Hauke Haien das Grundmotiv nordfriesischer Geschichte: Landgewinn und Landverlust. Bekannt wurden die Friesen auch durch die Balladen von Detlev von Liliencron (1844-1909), der kurze Zeit Hardesvogt auf Pellworm gewesen war. Seine Gedichte wurden von ganzen Schülergenerationen auswendig gelernt und bestimmten wesentlich das Bild der Friesen im öffentlichen Bewusstsein. „Pidder Lüng", 1891 geschrieben, handelt von einem fiktiven friesischen Freiheitshelden auf der Insel Sylt, der selbst vor Tyrannenmord nicht zurückschreckt:

„Einen einzigen Sprung hat Pidder getan, / Er schleppt an den Napf den Amtmann heran / Und taucht ihm den Kopf ein und lässt ihn nicht frei, / Bis der Ritter erstickt ist im glühheißen Brei. / Die Fäuste dann lassend vom furchtbaren Gittern, / Brüllt er, die Türen und Wände zittern, / Das stolzeste Wort: / ‚Lewwer duad üs Slaav!'"

Auch den Wahlspruch „Trutz blanke Hans" machte von Liliencron bekannt, nämlich in seiner Ballade über das ver-

Detlev von Liliencron

Jürgen Schmidt-Petersen

Otto Bremer

Ernst Michelsen

sunkene Rungholt. Im Jahr vor der Gründung des Nordfriesischen Vereins dichtete Otto Ernst (1862-1926) die Verse von einem friesischen Rettungsmann namens Nis Randers, die ebenfalls für lange Zeit die Vorstellung vieler Menschen von den Friesen prägten: „Nun springt er ins Boot und mit ihm noch sechs: Hohes, hartes Friesengewächs." In vielen Heimatromanen, die um die Jahrhundertwende und später herauskamen, wurde ein mal heroisches, mal verklärend-idyllisches, zumeist klischeehaftes Bild von den Friesen entworfen.

Der Nordfriesische Verein wies eine konservative Grundhaltung auf, wobei mit Blick auf die „freien Friesen" auch liberale Einschläge festzustellen sind. Durch eine verstärkte Hinwendung zur eigenen Umgebung sollte zugleich dem deutschen Nationalgefühl ein festeres Fundament gegeben werden: „... von der Heimatliebe zur Vaterlandsliebe ist nur ein Schritt". Dem Ziel, die „Heimatkunde ins Volk" zu tragen, diente von 1904 an ein Jahrbuch, das Jahr für Jahr den Ertrag nordfriesischer Heimatforschung zusammenfasste und zur wichtigsten regelmäßigen Veröffentlichung über nordfriesische Geschichte, Landeskunde und Sprache wurde.

Ein Interesse für die friesische Sprache hatte für die Vereinsbildung keineswegs den Ausschlag gegeben. Im ersten Satzungsentwurf war sie nicht einmal erwähnt und wurde erst auf der Gründungsversammlung als Arbeitsgebiet hinzugefügt. Der Verein wollte sich vor allem wissenschaftlich um die Sprache bemühen, ihr für die Nachwelt ein „Denkmal" setzen. In diesem Sinne entwickelte er einen Plan für ein gesamtnordfriesisches Wörterbuch. Die Arbeit wurde Ende 1908 der Universität Kiel übertragen, doch die Sammeltätigkeit blieb bis zum Ersten Weltkrieg noch sehr bruchstückhaft.

An eine Zukunft für die friesische Sprache glaubte im Nordfriesischen Verein vorerst kaum einer. Eine lebhafte Debatte über

den Status des Friesischen veranlasste jedoch das Reichsvereinsgesetz von 1908. Mehrere Vereinsvertreter hoben die Eigenständigkeit der friesischen Sprache hervor, so Dr. Jürgen Schmidt-Petersen (1860-1950), der von Föhr stammte, als Arzt in Bredstedt tätig war und mehrere sprachliche und geschichtliche Arbeiten verfasste. Professor Otto Bremer (1862-1936) aus Halle, der sich vor allem der Förderung des Dialekts von Föhr und Amrum angenommen hatte, erklärte: „Das Nordfriesische ist eine selbständige germanische Sprache und steht, ungeachtet der geringen Zahl der Nordfriesen, der deutschen, englischen, dänischen und schwedischen Sprache als durchaus ebenbürtig zur Seite." Vorstandsmitglied Ernst Michelsen (1855-1928), Pastor in Klanxbüll, bezeichnete die Friesen sogar als „einen selbständigen Volksstamm", der sich deutlich von den Deutschen unterscheide. Trotzdem stand es für den Nordfriesischen Verein weiterhin außer Zweifel, dass die Nordfriesen Deutsche seien. Ein Unterschied zwischen Deutsch und Friesisch wurde überhaupt nicht empfunden. Doch seit der „Sprachverteidigung" von 1908 unterstrich man häufiger die Bedeutung des Friesischen.

Die Mitglieder des Nordfriesischen Vereins gehörten überwiegend dem gebildeten, besitzenden Mittelstand an. Mehr als ein Viertel verfügte über eine akademische Ausbildung. Vor allem Lehrer und Pastoren waren überdurchschnittlich vertreten. Der regionale Schwerpunkt lag zunächst im Kreis Husum. Im Laufe der Zeit fasste der Verein aber im friesischen Sprachgebiet stärker Fuß und konnte sich hier örtliche Vereinigungen angliedern, so in Langenhorn 1906, in der Wiedingharde 1908 und in Risum-Lindholm 1911. Auf eine gewisse Eigenständigkeit pochte der 1913 gegründete Eiderstedter Heimats- und Geschichtsverein, wie ohnehin die den einzelnen friesischen Gebieten „angeborne Neigung zum Fürsichsein" (August Schulz) häufig hervortrat.

Friesentag
auf Sylt,
1909

Die Inselfriesen

Auf der Insel Sylt bestand bereits seit 1900 die *Foriining fuar Söl'ring Spraak en Wiis*, die 1905 in der *Söl'ring Foriining* aufging. Die Initiative hatte der in Hamburg und Buenos Aires tätige Überseekaufmann Andreas Hübbe (1865-1941) ergriffen, der auf der Insel aufgewachsen war und zu einem Motor der Sprachförderung wurde. Nach seinen Vorstellungen sollte Friesisch in der Schule unterrichtet werden, die Zeitungen sollten friesische Artikel veröffentlichen, Ladenschilder, Plakate und vieles mehr müssten friesisch gehalten sein. Auf diese Weise solle das Friesische aus seiner „Aschenbrödelstellung" befreit werden. Auf Sylt sah man Sprache und Kultur durch den zunehmenden Fremdenverkehr besonders bedroht. Im „Weltbad" Westerland fühlte sich mancher „lebhaft an den Spektakel auf St. Pauli" erinnert, und viele Erscheinungen wurden als „geradezu demoralisierend" empfunden.

Um gegen die „Flut fremden Wesens" einen Damm zu setzen, sammelten sich viele hundert Inselfriesen zu drei großen „Friesenfesten": 1907 auf Amrum, 1909 auf Sylt und 1913 auf Föhr. Die Initiative hatte der Landwirt und frühere Seefahrer

Nann Mungard (1849-1935) aus Keitum ergriffen, ein friesischer „Eisenkopf", der sich gern mit Autoritäten anlegte. Im Gegensatz zu vielen anderen, die letztlich das Aussterben des Friesischen für unabwendbar hielten, war er überzeugt: „Es wird Sylter auf Sylt gesprochen, solange noch ein bewohnbarer Fetzen von Sylt von der Nordsee verschont bleibt." Mit glühendem Eifer sammelte er neben seiner Arbeit in der Landwirtschaft den syltringischen Wortschatz und konnte 1909 ein umfassendes Wörterbuch veröffentlichen.

Vor allem auf eine Zusammenarbeit mit den anderen Inselfriesen wurde viel Wert gelegt. Man wollte einheitliche Rechtschreibregeln für alle Dialekte entwickeln. Durch ein inselfriesisches Wörterbuch, erarbeitet von Nann Mungard, und eine gemeinsame Zeitschrift sollten die Inselfriesen in die Lage versetzt werden, andere Inseldialekte lesen und verstehen zu können. Wörter, die in einer Inselmundart fehlten, sollten aus einer anderen übernommen werden. Damit war der Schritt von einer bloßen Bewahrung zu einem bewussten Ausbau der friesischen Sprache getan.

In die Zukunft wies auch die erstmalige reguläre Berücksichtigung der Sprache

Andreas
Hübbe

Boy Peter
Möller

in den Sylter Schulen seit 1909. Eine Grundlage bildete das von dem in Hamburg tätigen, aus Keitum stammenden Lehrer und eifrigen Sprachpfleger Boy Peter Möller (1843-1922) erarbeitete „Söl'ring Leesbok". Doch bald zeigte sich, dass die Förderung des Friesischen als nichtdeutscher Sprache immer an nationalpolitische Fragen rührte: Der preußische Kultusminister verbot den Friesischunterricht an der Schule in Westerland, weil er nicht Forderungen der dänischen Bewegung in Nordschleswig und der polnischen Minderheit nach muttersprachlichem Unterricht Auftrieb geben wollte.

Mit dem Beginn des Ersten Weltkriegs brachen die verheißungsvollen Bestrebungen der Inselfriesen ab. Sie wurden in dieser Form und Intensität nicht wieder aufgenommen.

„Frisia Magna"

Verbindungen zwischen Vertretern der friesischen Bewegung in Nord- und Westfriesland bestehen seit der Mitte des 19. Jahrhunderts. In der Provinz Friesland der Niederlande bildete sich eine kraftvolle friesische Bewegung heraus. Ihre Bemühungen und ihre Erfolge wirkten auf manchen Nordfriesen als Vorbild und Ansporn. Dies ist geradezu als ein Leitmotiv der „interfriesischen" Beziehungen anzusehen, an denen sich später auch Ostfriesen beteiligten.

Die 1844 in Westfriesland gegründete *Selskip foar Fryske Tael en Skriftekennisse* (Gesellschaft für friesische Sprache und Literatur) ernannte zum Beispiel Christian Feddersen und Knut Jungbohn Clement zu Ehrenmitgliedern. Clement, der im Jahr darauf wohl als erster nach Westfriesland reiste, sah in den damals noch bestehenden friesischen Landen nur den Rest eines einst viel umfassenderen Gebiets, „dessen größre Hälfte schon längst die See verschlungen hat". Aus der Geschichte dieses Großfriesland,

die er verklärte und überhöhte, schöpfte er, wie auch die Westfriesen Tiede Dykstra (1820-1862) und Harmen Sytstra (1817-1862), einen Teil seines friesischen Selbstbewusstseins.

Frisia Magna war aber nicht staatspolitisch, sondern vorwiegend kulturell gemeint. Einen alle Friesen umfassenden Staat hatte es nie gegeben, und niemand strebte ernsthaft ein solches utopisches Ziel an. Als um 1850 die neuen Verbindungen zwischen den Frieslanden angeknüpft wurden, lebten die Friesen in nicht weniger als vier Staaten: die Westfriesen in den Niederlanden, die Ostfriesen im Königreich Hannover, die Helgoländer gehörten zu Großbritannien, die Nordfriesen zum Herzogtum Schleswig im dänischen Gesamtstaat, die Amrumer und Westerland-Föhrer sogar unmittelbar zum Königreich Dänemark.

Schriften wurden ausgetauscht, Gedichte und Prosastücke aus dem Nordfriesischen ins Westfriesische und umgekehrt übersetzt. Als Friedrich August Feddersen die westfriesische Übertragung eines seiner nordfriesischen Gedichte gelesen hatte, schrieb er: „Es ist, wenn man's vergleicht, wie wenn zwei jahrelang getrennte Brüder sich wieder sehen und erkennen."

Von 1906 an kam es zu persönlichen Begegnungen. Die westfriesische Schriftstellerin Jantsje Terpstra (1876-1941), genannt Madzy, traf mit Vertretern des Nordfriesischen Vereins zusammen, und sie erlebte ihren Besuch in Nordfriesland so, dass „ich dort nicht im fremden Land war, sondern zu Hause, zu Hause bei Abkömmlingen des eigenen Volkes, zu Hause im zweiten Friesland, hoch im Norden, aber doch in Friesland".

Manche Westfriesen fühlten sich für das Schicksal des Nordfriesischen geradezu mitverantwortlich. Ein herausragendes Beispiel bietet Pieter de Clercq (1849-1934), ein ehemaliger Bankdirektor. Sein 1908 veröffentlichter „Aufruf an die Nordfriesen" gipfelte in den Worten: „Wäre ich

Nordfriese, ich ginge mit einigen meiner Landsleute zum Kaiser Wilhelm II.
und sagte: ,Theurer Landesvater, die
friesische Sprache ist von den jetzigen
germanischen die einzige, welche ihren
eigenen Namen seit den Römern noch
behalten hat; verhilf uns, bitte, zu ihrem
weiteren Fortbestehen!'" De Clercq entwarf ein Konzept für die nordfriesische
Sprachpflege, gab unermüdlich neue
Anregungen, stellte Verbindungen her
und unterstützte die Arbeit ideell wie ma-
teriell. Seinen wichtigsten Mitstreiter in
Nordfriesland fand er in Nann Mungard.
Die westfriesische Sprachbewegung
war der nordfriesischen weit voraus;
die Ausgangslage war viel günstiger. Zu
nennen sind die um ein Vielfaches hö-

here Sprecherzahl, die relativ gleichartige
Sprache ohne die ausgeprägten dialek-
talen Unterschiede wie in Nordfriesland
und die viel reichere schriftliche Überlieferung.
Aber auch auf die Westfriesen wirkten
die Beziehungen zu den „nordfriesischen
Brüdern" als Ansporn. Die nordfriesischen Bestrebungen wurden als Finger-
zeig genommen, auf dem richtigen Weg
zu sein.
Das Bewusstsein, nicht ganz allein zu
stehen, sondern andernorts „Stam-
mesbrüder" zu haben, bedeutete für
manchen Friesen eine Ermutigung, war
vielleicht sogar ein winziger Ersatz für
das Fehlen eines eigenen friesischen
Nationalstaats.

Der west-
friesische-
Sprachwis-
senschaftler
Pieter Sipma
besucht 1908
Sylt; von
links: Nann
Mungard,
Sipma, oben
Jens Mungard
(1885-1940),
Erich
Johannsen
(1862-1938),
Verfasser
vieler Sylter
Lustspiele,
und Paul
Dirks (1835-
1914).

Nordfriesen in Kunst, Kultur und Wissenschaft

Mehrere Männer und Frauen aus Nordfriesland machten sich im 19. und beginnenden 20. Jahrhundert einen Namen in Kunst, Kultur und Wissenschaft. Sie wurden in ganz Deutschland bekannt, manche von ihnen sogar weltberühmt. Die meisten von ihnen verließen ihre Heimat und fanden ihre Wirkungsstätten in den Großstädten. Nicht nur im wirtschaftlichen, auch im kulturellen Bereich verlor Nordfriesland viele begabte Köpfe an die Metropolen. Für die meisten von ihnen kann jedoch eine Gemeinsamkeit festgestellt werden: Ihre Herkunft aus Nordfriesland behielt ihre Bedeutung und hat zum Teil ihr Werk mitbestimmt. Darüber hinaus aber wandten sie sich den Herausforderungen ihrer Zeit zu. So waren die „großen Friesen" immer beides: Friesen und Weltbürger.

Theodor
Storm
um 1865

Theodor Storm

Wohl niemand sonst hat das Bild Nordfrieslands in Deutschland und der Welt so geprägt wie Theodor Storm (14.9.1817 – 4.7.1888). Mit seinem Gedicht „Die Stadt" machte er seinen Geburts- und Heimatort Husum als „graue Stadt am Meer" weltbekannt. Mehrere seiner Novellen haben ihren Schauplatz in Nordfriesland. Storms Schilderungen der nordfriesischen Küstenlandschaft, aber auch von Heide und Moor beeindrucken Leser in Deutschland wie in Italien, Japan, China oder den USA. Sein Alterswerk „*Der Schimmelreiter*" wird von vielen geradezu als das „Nationalepos" der Nordfriesen angesehen, und dessen Hauptfigur, der Deichgraf Hauke Haien, wurde zum wohl berühmtesten Nordfriesen schlechthin, obwohl es ihn nie gegeben hat; der vom Dichter erschaffenen Phantasiegestalt dienten allerdings historische Personen als Vorbilder. Storm selbst hatte mütterlicherseits friesische Vorfahren; sein Vater, der angesehene Advokat Johann Casimir Storm, stammte aus Westermühlen bei Rendsburg.

Lange Zeit galt Storm als Idylliker und „Heimatdichter". Theodor Fontane warf ihm „Provinzialsimpelei" und „Husumerei" vor. Thomas Mann trat diesem Storm-Verständnis bereits 1930 entgegen: „Er ist ein Meister, er bleibt." Sein Künstlertum habe nichts zu tun mit „Simpelei und Winkeldumpfigkeit".

Theodor Storm verfasste insgesamt 56 Novellen, Erzählungen und Märchen, etwa 400 Gedichte, aber keinen Roman und kein Theaterstück. Weiche Stimmungsbilder einer entsagungsvollen Liebe wie in der frühen Novelle „*Immensee*" stehen neben bürgerlichen Tragödien wie „*Carsten Curator*", Kriminalgeschichten wie „*Draußen im Heidedorf*" neben Chroniknovellen wie „*Zur Chronik von Grieshuus*", Schilderungen von Farbigen- und

Einweihung des Storm-Denkmals im Husumer Schlossgarten am 14. September 1898; vierter von rechts der Bildhauer Adolf Brütt, fünfter von rechts der Festredner Ferdinand Tönnies

Zuchthäusler-Schicksalen wie in „Von Jenseits des Meeres" und „Ein Doppelgänger" neben Geschichten von Handwerkern, Malern und Künstlern wie in „Pole Poppenspäler". Seine Novellen mit ihrer wirklichkeitsnahen Erzählkunst sind durchzogen von einer Spannung zwischen Tragödie und Idylle, von dunkler Verfallsstimmung. „Die Idylle Storms liegt – wenn sie denn geschildert wird – am Abgrund; sie ist entweder vergangen oder gefährdet" (Karl Ernst Laage).

Auch Storms Lyrik umfasst eine große Bandbreite: vom Liebes- und Abschiedsgedicht („Heute, nur heute bin ich so schön ...") über Naturgedichte („Ans Haff nun fliegt die Möwe ...") bis hin zur politischen Lyrik. Zum deutsch-französischen Krieg schrieb er: „Hat erst der Sieg über fremde Gewalt / Die Gewalt im Innern besiegt, / Dann will ich rufen: Das Land ist frei! / Bis dahin spar ich den Jubelschrei." In die politischen Auseinandersetzungen seiner Zeit griff der Advokat und spätere Amtsrichter zwar zumeist nicht direkt ein, aber er war sehr wohl politisch engagiert. Storm setzte sich für die schleswig-holsteinische, deutsche Freiheitsbewegung

ein – und ging nach deren Scheitern aus eigenem Entschluss ins Exil, „weil ich mich nicht, wie es leider jetzt von Vielen geschieht, zu Schritten herlassen kann, die meiner Überzeugung und den Pflichten gegen meine deutsche Heimath widersprechen". Nach elf Jahren, zunächst in Potsdam und sodann in Heiligenstadt/Eichsfeld, kehrte er 1864 nach Husum zurück und befürwortete ein unabhängiges und demokratisches Schleswig-Holstein.

Am preußischen Obrigkeitsstaat und an den Adelsvorrechten übte er vielfach Kritik, zum Beispiel in den Novellen „Im Schloss" und „Aquis submersus". Den „Adel wie die Kirche" hielt er für „das Gift in den Adern der Nation". Aber auch Fehlentwicklungen der bürgerlichen Gesellschaft griff er in seinem Werk an, etwa in „Hans und Heinz Kirch". So sehr er sich „seiner" Stadt Husum verbunden fühlte und hier Geborgenheit fand, so litt er zugleich unter ihrer kleinbürgerlichen Enge und Erstarrung. Dass er 1880 noch nach Hademarschen in Holstein fortzog, war auch eine Distanzierung, ein Gang „in die ländliche Freiheit".

Theodor
Storm
um 1879

Theodor Storm zählt heute zu den meistgelesenen Dichtern des 19. Jahrhunderts. Einige seiner Novellen wurden verfilmt und erreichten damit zusätzlich ein Millionenpublikum. Die 1948 in Husum gegründete Storm-Gesellschaft, seit 1972 mit dem Storm-Museum in der Husumer Wasserreihe, gehört zu den größten Literaturgesellschaften in Deutschland. Sie hat beträchtlichen Anteil daran, dass Storms Werk heute nicht mehr als enge Heimatdichtung gesehen wird, sondern als Bestandteil der Weltliteratur.

Theodor Mommsen

Der Althistoriker Theodor Mommsen (30.11.1817 – 1.11.1903) ist als das „erstaunlichste Energiephänomen in der Wissenschaft seiner Zeit" bezeichnet worden. Er war nicht nur ein „Forscher höchsten Ranges, sondern auch ein glänzender Geschichtsschreiber und wissenschaftlicher Großorganisator" (Dieter Timpe). Damit setzte er Standards im Weltmaßstab. Schon zu seinen Lebzeiten umstrahlte ihn ein geradezu märchenhafter Ruhm, gekrönt 1902 durch die Verlei-

Mommsens
Geburtshaus
in Garding

hung des im Jahr zuvor erstmals vergebenen Nobelpreises für Literatur.

Im selben Jahr wie Theodor Storm wurde er in Garding geboren. Schon drei Jahre später zog sein Vater, der von Nordhülltoft (Seebüll) in der Wiedingharde stammte, als Prediger nach Oldesloe. Garding, wohin er nie wieder zurückkehrte, ernannte ihn 1895 zum Ehrenbürger, errichtete später im Geburtshaus eine Gedenkstätte und nannte sich 2002 sogar „Mommsen-Stadt". Ein Denkmal erinnert an den Wissenschaftler auch vor seiner langjährigen Wirkungsstätte, der Berliner Universität unter den Linden, geschaffen von dem Husumer Bildhauer Adolf Brütt. In vielen Städten wurden Straßen nach ihm benannt. Mehrere seiner Nachkommen machten sich als Wissenschaftler, insbesondere Historiker, einen Namen. Mit seiner Frau Marie Reimer aus Leipzig hatte Theodor Mommsen 16 Kinder, von denen 12 die Eltern überlebten. Politisch ein Demokrat, herrschte er in der Familie wie ein Patriarch.

Während des Studiums in Kiel veröffentlichte Theodor gemeinsam mit Theodor Storm und seinem jüngeren Bruder Tycho, der sich wie sein anderer Bruder August als klassischer Philologe einen Namen machte, das „Liederbuch dreier Freunde" (1843). Auch sammelten sie schleswig-holsteinische Sagen. Ein Reisestipendium des dänischen Königs

ermöglichte Mommsen Studienfahrten nach Frankreich und vor allem nach Italien. Hier fand er sein wissenschaftliches Arbeitsfeld.

Schon mit 30 Jahren erhielt er eine außerordentliche Professur für Römisches Recht in Leipzig, die er jedoch wegen seines demokratischen Engagements wieder verlor. In Leipzig, Zürich und Breslau entstanden in den 1850er Jahren die ersten drei Bände der großen „Römischen Geschichte", die seinen weltweiten Ruhm begründete und ihm noch Jahrzehnte nach dem Erscheinen den Nobelpreis eintrug. Wichtige Anstöße für die Forschung gaben seine Werke über das römische Staats- und Strafrecht, die einzigartig geblieben sind.

Den größten Teil seiner schier unglaublichen Energie widmete Theodor Mommsen dem Sammeln und Ordnen der römischen Inschriften. In Berlin gab er für die Preußische Akademie der Wissenschaften das „Corpus Inscriptionum Latinarum" (CIL) heraus, ein monumentales, für die Altertumsforschung noch heute unentbehrliches Quellenwerk. Bei der Organisation dieses wissenschaftlichen Großunternehmens setzte Mommsen neue Formen rationeller Arbeitsteilung ein. Er steht als Wissenschaftler in einer Reihe mit den großen Pionieren seiner Zeit in Wirtschaft und Technik. Wie nur wenige verkörperte er mit seinem immensen Fleiß, seiner lebenslang geübten Selbstdisziplin und seinem hohen Leistungsanspruch, der ihn manchmal in Unzufriedenheit, Niedergeschlagenheit und Missmut führte, die Tugenden des bürgerlichen Zeitalters.

Theodor Mommsen war kein Wissenschaftler im Elfenbeinturm. Die Beschäftigung mit der Geschichte sollte auch die Urteilsbildung in der Politik schulen. Schon als Student hatte er sich für eine Demokratisierung des Staates und ein einiges Deutschland eingesetzt. Für die liberalen Parteien war er Abgeordneter des preußischen Landtags und des Deut-

schen Reichstags. Mommsen trat sehr wohl für deutsche Machtpolitik ein, ließ sich aber vom äußeren Glanz des Kaiserreichs nicht blenden. „Herrn Bismarck und den Seinigen gegenüber die Verfassung zu verteidigen" war ein politisches Hauptziel. Der Reichskanzler verklagte Mommsen sogar wegen Beleidigung. Der mächtige Bismarck habe „der Nation das Rückgrat gebrochen", meinte Mommsen, der unter dem Niedergang der liberalen und demokratischen Bewegung litt.

Im „Berliner Antisemitismusstreit" 1879-81 trat er als erster engagiert der aufkommenden Judenfeindschaft entgegen, verlangte aber doch, dass die Juden ihre „Sonderart" ablegen sollten. Im Revolutionsjahr 1848 unterstützte er als Redakteur in Rendsburg die deutschen Schleswig-Holsteiner. Bald aber befürwortete er den Anschluss an Preußen und bemängelte in seiner Berliner Rektoratsrede von 1874 die „träge Verdrießlichkeit" seiner Landsleute.

Als Wissenschaftler wie als Bürger war Mommsen ein unabhängiger Geist. Gegen Vorurteile zog er zu Felde und fühlte sich einer Forschung verpflichtet, „die nicht das findet, was sie nach Zweckerwägungen und Rücksichtnahmen finden soll und finden möchte, was anderen außerhalb der Wissenschaft liegenden praktischen Zielen dient, sondern was logisch und historisch dem gewissenhaften Forscher als das Richtige erscheint, in ein Wort zusammengefaßt: die Wahrhaftigkeit". Seinen Söhnen sagte er: „Tu, was du willst; doch tu's mit Leidenschaft!"

Friedrich Paulsen

Friedrich Paulsen (16.7.1846 – 14.8.1908) hat auf das Schulwesen und die Pädagogik wesentliche Einflüsse ausgeübt. Es ging ihm vor allem um eine neue Einstellung zur Bildung, deren Ziel eine umfassende Humanität sein sollte. Die vorherrschende einseitige Ausrichtung auf die Geisteswissenschaften lehnte er ab. Berufliche und allgemeine Bildung dürften kein Gegensatz sein, und sie müsse allen Schichten des Volkes offen stehen. Als „unser Unglück" bezeichnete er jede „Bildung", „welche damit anfängt, daß man sich schämt, mit den Händen zu arbeiten".

Friedrich Paulsens pädagogische Vorstellungen sind untrennbar mit seiner Herkunft aus Nordfriesland verbunden. „Die Wurzeln meines eigenen Daseins sind in diesen Boden eingesenkt", schrieb er. In Ost-Langenhorn wurde er geboren und wuchs auf einem Bauernhof auf. In seinen Erinnerungen „*Aus meinem Leben*" hat er ein anschauliches Bild der Verhältnisse im Nordfriesland des 19. Jahrhunderts gezeichnet. Er hebt darin mehrfach den „demokratischen Charakter" der Dorfgemeinschaft hervor und findet diesen auch in seiner friesischen Muttersprache ausgeprägt, die „alle zu Gleichen" mache: „Nur der Altersunterschied, ein allgemein menschlicher, nicht der gesellschaftliche Unterschied gab eine Vorzugsstellung." In anderer Hinsicht hielt Paulsen das Friesische allerdings für eine „arme Sprache", da man „für die geistige Welt" immerfort Anleihen beim Deutschen machen müsse.

Noch als Philosophie- und Pädagogikprofessor hat Paulsen vor allen anderen den „Dorfschulmeister" und Küster Sönke Brodersen (1828-1898) als den für seine geistige Entwicklung wichtigsten Lehrer bezeichnet. Denn dieser verstand es, seinen Schülern in dem kleinen Langenhorn eine ganze Welt zu erschließen. Von dieser Erfahrung ausgehend, setzte

sich Paulsen für eine – umfassend ge-
meinte – „Heimatkunde" in den ersten
Schuljahren ein: vom Nahen zum Fernen,
vom Kleinen zum Großen.

Als einziger Sohn war Friedrich Paulsen
zum Hoferben bestimmt. Doch dieser
überraschte seine Eltern mit der Fest-
stellung: „Ich will auch gar nicht Bauer
werden ..., ich will studieren." Als erster
in einer langen Reihe von Bauern und
Schiffern – sein Vater stammte von der
Hallig Oland – schlug er eine völlig andere Laufbahn ein.

Mit 29 Jahren hielt er seine erste Vorle-
sung an der Berliner Universität, mit 32
wurde er außerordentlicher Professor
für Philosophie und Pädagogik, aber erst
mit 47 erhielt der unbequeme Wissenschaftler eine ordentliche Professur. Da
war Paulsen bereits durch grundlegende
Werke hervorgetreten, so durch Arbeiten
über den Philosophen Immanuel Kant
und durch das „System der Ethik mit einem
Umriß der Staats- und Gesellschaftslehre"
(1889). Seine „Einleitung in die Philosophie"
kam erstmals 1892 heraus. Sie wurde,
insgesamt in 42 Auflagen gedruckt, zu
einem Hausbuch im gebildeten Bürgertum.

Die 1300 Druckseiten umfassende
„Geschichte des gelehrten Unterrichts auf
den deutschen Schulen und Universitäten",
1885 erstmals erschienen, beeinflusste
die Entwicklung des Schulwesens in
Deutschland. Paulsen strebte Reformen
an. Er wandte sich gegen den unbeding-
ten Vorrang der altsprachlichen Gymna-
und verlangte mehr Geltung für die neuen
Sprachen und die Naturwissenschaften.
Als einer der ersten forderte er die Einführung des Faches Biologie, setzte sich
für eine freiere Gestaltung des Unterrichts
in den oberen Klassen und eine Förderung
des Volkshochschulwesens ein. Seine Arbeiten wurden in viele Sprachen übersetzt.
Selbst der chinesische Revolutionsführer
Mao Tse-tung schrieb, er sei von Gedanken Friedrich Paulsens beeinflusst
worden.

Paulsens Ge-
burtshaus in
Langenhorn

Zu zahlreichen Zeitfragen nahm Paulsen
Stellung. In seinen Aufsätzen bekämpfte er vielfach extreme Schlagworte und
unduldsame Einseitigkeit. Nur einige
antisemitische Vorurteile wollen zu seiner ruhigen Besonnenheit und seinem
Bemühen um Gerechtigkeit und Wahrhaftigkeit nicht passen. Dabei stand der
Friese Friedrich Paulsen, auch wenn er
manches Mal von einer Überlegenheit
deutscher Kultur sprach, übersteigertem
Nationalismus im Grunde ablehnend gegenüber und mahnte weitblickend: „Haß
und Verachtung sind keine schönen und
keine gedeihlichen Gefühle, auch nicht
unter den Nationen. Wenn auf ihrer Sünden Blüthe die bittere und giftige Frucht
gefolgt sein wird, vielleicht daß dann von
dem Humanitätsgefühl, womit das ...
18. Jahrhundert die Vielheit der Nationen
als Bereicherung der Menschheit empfand, etwas zurückkehrt."

Ferdinand Tönnies

Friedrich Paulsen stand in enger, freund-
schaftlicher Verbindung mit einem einige Jahre jüngeren Nordfriesen, der in
Deutschland zum Begründer einer neuen
Wissenschaft, der Soziologie, wurde: Ferdinand Tönnies (26.7.1855 – 9.4.1936).
Auch für Tönnies war seine Herkunft aus
Nordfriesland von Bedeutung. In dem
über drei Jahrzehnte geführten Briefwechsel zwischen ihm und Paulsen klingt
immer wieder an, dass sie sich, trotz
unterschiedlicher sozialer Herkunft, als

Erben der „alten Bauernfreiheit" sahen. Daraus leiteten sie eine geistige Unabhängigkeit ab, die sie souverän über den Zwängen engen Karrieredenkens stehen ließ, aber auch einen klaren Sinn für das Wirkliche, eine Hochschätzung von praktischer Arbeit und Erfahrung. Auf dieser Grundhaltung beruhte ihre „friesische Philosophie", ihre *philosophia Frisionum*, wie Paulsen sie in einem Anflug von Selbstironie einmal nannte.

Seine Herkunft aus Eiderstedt und die Kenntnis der dortigen Landschaftsverfassung dürften für Tönnies' berühmte Gegenüberstellung von Gemeinschaft („lebendiger Organismus") und Gesellschaft („mechanisches Aggregat") nicht ohne Einfluss geblieben sein. Die erste Auflage dieses Hauptwerks von 1887 hat er seinem „Freunde Friedrich Paulsen als Denkmal früherer Gespräche" zugeeignet. Die Probleme des Wandels von der Gemeinschaft zur Gesellschaft machten sich auch in ihrer beider Heimat bemerkbar.

Ferdinand Tönnies stammte von dem großen Marschhof „Op de Riep" bei Oldenswort auf der Halbinsel Eiderstedt. Die Familie erwarb bald das Kavaliershaus am Schloss vor Husum. Den Besuch des dortigen Gymnasiums schloss er bereits als 16-Jähriger mit der Matura ab. In dieser Zeit half er Theodor Storm bei Korrekturarbeiten, der 1881 über ihn schrieb: „... nächst seinerzeit Theodor Mommsen ist er der bedeutendste junge Mann, den ich in meinem Leben gefunden habe". Tönnies hielt 1898 die Festrede zur Einweihung des von Adolf Brütt geschaffenen Storm-Denkmals im Husumer Schlossgarten. Ganz in der Nähe, gegenüber seiner einstigen Wohn- und Wirkungsstätte, wurde 2005 ein Denkmal für Tönnies errichtet, im Geburtsort Oldenswort bereits 1990.

Er studierte klassische Philologie und promovierte 1877 in Tübingen, trieb auch philosophische Studien und habilitierte sich 1881 in Kiel, wo er als Privatdozent lehrte. Aber lange sollte es dauern, bis sein akademischer Status angehoben wurde. Erst 1908 erhielt er die Ernennung zum außerordentlichen Professor (für Staatswissenschaften), 1913 dann – erst mit 58 Jahren – ein Ordinariat in Kiel, von dem er sich aber schon bald entpflichten ließ. Längst war er ein international anerkannter Wissenschaftler. Er stand zum Beispiel der 1909 von ihm mitbegründeten Deutschen Gesellschaft für Soziologie als Präsident vor.

Neben seinem Hauptwerk „*Gemeinschaft und Gesellschaft*" ragt etwa seine große Untersuchung „*Kritik der öffentlichen Meinung*" (1922) hervor. Wichtige Arbeiten verfasste er über den englischen Philosophen des 17. Jahrhunderts Thomas Hobbes, kritisch setzte er sich mit dem Nietzsche-Kultus auseinander. Als einer der ersten betrieb er „Feldforschung": Mit empirischen Studien, etwa über den Selbstmord in Schleswig-Holstein oder zur schleswig-holsteinischen Agrarsta-

Kavaliershaus
in Husum,
Wohnhaus
der Familie
Tönnies

tistik, beeinflusste er die Entwicklung der jungen Soziologie.

Wie Theodor Mommsen und Friedrich Paulsen war Ferdinand Tönnies alles andere als ein weltabgewandter Wissenschaftler. Sein Werk ist vielmehr durchdrungen von einem tiefgreifenden sozialen Engagement. Dies zeigte sich, als er 1896/97 den großen Hamburger Werftarbeiterstreik untersuchte und sich kritisch zur sozialen Lage der Arbeiterschaft äußerte. Bei der Regierung war er spätestens jetzt sozialdemokratischer Bestrebungen verdächtig. Noch als 75-Jähriger trat er 1930 in die SPD ein, um der aufkommenden NSDAP entgegenzutreten. Von dieser Partei, die er insgesamt allerdings unterschätzte, befürchtete er „eine heillose Zerrüttung aller Verhältnisse". Als die Nationalsozialisten die Macht übernommen hatten, wiesen sie den Altmeister der Soziologie, der seit 1921 wieder an der Kieler Universität lehrte, ohne Pensionsbezüge aus dem Dienst. Später erhielt er nur eine Minimalzahlung, die nicht zur Führung eines Hausstands reichte. Bedrängt, aber nicht gebrochen starb Tönnies in seinem Haus im Niemannsweg 61 in Kiel.

Emil Nolde

Emil Nolde (7.8.1867 – 15.4.1956) wurde als expressionistischer Maler weltberühmt. Er gilt als der bekannteste deutsche Kunstmaler der Moderne. Viele Jahre verbrachte er in der Schweiz, in Kopenhagen und vor allem in Berlin, in München und anderen Städten; er reiste oft, so ein Jahr lang in die Südsee. Doch sein Werk ist ohne die Herkunft aus dem schleswigschen und friesischen Gebiet nicht denkbar. In seinen Lebenserinnerungen weist er häufig darauf hin: „Wenn auch mein Wissen und Verlangen nach künstlerischer Weitung und Darstellungsmöglichkeiten bis in die entferntesten Urgebiete reichen, sei es in Wirklichkeit, sei es in Vorstellung oder Traum – die Heimat bleibt der Urboden." An anderer Stelle heißt es: „Gleich einem Märchen war die Heimat mir, das Elternheim im flachen Land, mein Land, ... mein Wunderland von Meer zu Meer".

In zahlreichen Aquarellen und Gemälden hat er sein Erlebnis der weiten Landschaft am Meer unter hohem Himmel und mächtigen Wolken festgehalten mit Farben, wie sie so kraftvoll keiner

vor ihm gefunden hatte. Neben seinen Bildern von Blumen sowie grotesken, phantastischen und religiösen Gestalten prägen sie sein Werk. Aber von den meisten seiner eher nüchtern-sachlich eingestellten Landsleute wurden seine Werke kaum verstanden, und manchmal litt er darunter: „Ich würde so gern haben, daß die Menschen der Heimatprovinz an meiner Kunst teilnehmen, aber sie tun es nicht, es ist keine Freude, die Bilder zu zeigen." Sein Vater wollte seinen Sohn als Landwirt oder Handwerker sehen. Aber Emil löste sich – wie viele andere in dieser Zeit des Umbruchs und neuer Möglichkeiten – aus den Bindungen der familiären Tradition. „Als erster der Familie, der Generationen, kam ich vom Dorf weg zur Stadt und in die Welt hinaus."

Geboren wurde er als Emil Hansen in dem kleinen nordschleswigschen Dorf Nolde, einige Kilometer östlich von Tondern gelegen. Väterlicherseits hatte er friesische Vorfahren aus der Aventofter Gegend, und sein Vater sprach wohl Friesisch. Vor allem mit der süderjütischen Sprache seiner Mutter wuchs er auf. „Aus dieser nahen Mischung: Schleswigerin und Friesenblut, bin ich hervorgegangen." Sein Bildungsweg war deutsch geprägt. Er fühlte sich als Deutscher und zugleich mit allen drei Kulturen des schleswigschen Raums verwachsen. Das Gegeneinander der Abstimmungszeit 1919/20 war ihm zuwider, und er ergriff nicht Partei. Schon seit längerem bewohnte er ein Bauernhaus an der Wiedau, „Utenwarf" (Keelspoll) in der Gemeinde Mögeltondern.

Als die dänische Regierung nach der Volksabstimmung umfassende Kultivierungsmaßnahmen einleitete und Nolde die Ursprünglichkeit der Landschaft beeinträchtigt sah, zog der dänische Staatsbürger mit seiner dänischen Frau Ada einige Kilometer südwärts auf die andere Seite der Wiedau, nach Deutschland, wo allerdings bald ebenfalls die Entwässerung des amphibischen Gebiets einsetzte. Auf „Seebüll" (Nordhülltoft), einer hohen Warft bei Neukirchen – von hier stammte auch der Vater Theodor Mommsens –, ließ er sich nach eigenen, eigenwilligen Entwürfen 1927-37 ein Wohn- und Atelierhaus bauen, das sich in der flachen Marsch wie eine Burg erhebt. Auf Utenwarf und hier in Seebüll sind die meisten seiner weltberühmten Bilder entstanden. Der andere Pol seines Lebens war die Großstadt Berlin, wohin er sich aus der Abgeschiedenheit der Marsch zumeist im Winter begab.

Seebüll wurde Noldes Zufluchtsort in seiner schwersten Zeit, als die Nationalsozialisten ihn als „entarteten Künstler" brandmarkten und ihn von 1941 an mit Malverbot belegten. Rund 1000 seiner Arbeiten wurden beschlagnahmt, einige ins Ausland verkauft, andere vernichtet. Seine Bilder, namentlich das neunteilige Werk „Das Leben Christi", hingen 1937 im Mittelpunkt der NS-Ausstellung „Entartete Kunst". Dabei war Nolde dem Nationalsozialismus zeitweise durchaus zugetan gewesen und hatte sich 1934 in die NS-Organisation der deutschen Minderheit in Nordschleswig aufnehmen lassen. Dem Malverbot zum Trotz schuf Nolde mehr als 1300 kleinformatige Aquarelle, die er seine „ungemalten Bilder" nannte und die als Krönung seines Werkes bezeichnet wurden. Der Schriftsteller Siegfried Lenz hat sich in seinem 1968 erschienenen Roman „*Deutschstunde*" von Noldes Brandmarkung als „entarteter Künstler" und der Zeit seines Malverbots literarisch anregen lassen.

Noldes Bilder hängen heute in vielen bedeutenden Kunstmuseen der Welt, sei es die Nationalgalerie in Berlin, das *Centre Pompidou* in Paris oder das *Museum of Modern Art* in New York. Von der nach Noldes letztem Willen 1957 gegründeten „Stiftung Seebüll Ada und Emil Nolde" wurden und werden Ausstellungen in aller Welt betreut. Das Museum in dem einst so stillen Seebüll selbst zieht in jedem Jahr über 80 000 Menschen an.

Weitere Künstler

Nordfriesland hat mehrere bedeutende Kunstmaler hervorgebracht. Aus früherer Zeit sind etwa Jürgen Ovens (1623?-1678) aus Tönning und Oluf Braren (1787-1839) von Föhr zu nennen. Zur vollen Blüte gelangte Nordfrieslands Malerei im 19. und beginnenden 20. Jahrhundert.

Christian Carl Magnussen (1821-1896) aus Bredstedt wurde vor allem als Maler des Volkslebens bekannt, mit vielen Motiven aus Nordfriesland, insbesondere Ostenfeld und Föhr, aber auch aus Italien. Von Rom aus reiste er 1848 nach Wien und stellte ein Freikorps auf, um die Sache der deutschen Schleswig-Holsteiner zu unterstützen. Gute Verbindungen unterhielt Magnussen später zum preußischen Königshaus und porträtierte mehrfach gekrönte Häupter, unter anderem Victoria von England.

Ebenfalls aus Bredstedt stammte Christian Albrecht Jensen (1792-1870), der in seiner Heimat aber fast ganz vergessen wurde. In Dänemark stieg er zum füh-

Carl Ludwig Jessen: Küche, 1913; Nissenhaus, Husum

C. C. Magnussen. Porträtbüste, gefertigt von seinem Sohn Harro Magnussen

Jacob Alberts

Adolf Brütt

renden Porträtisten im „Goldalter" der dänischen Malerei auf und malte viele prominente Zeitgenossen.

Als der „Friesenmaler" schlechthin wird Carl Ludwig Jessen (1833-1917) aus Deezbüll bezeichnet. Er „schrieb mit seinem Pinsel zugleich die Geschichte des friesischen Volkstums" (Albrecht Johannsen), und noch heute werden seine Bilder als Inbegriff des „typisch Friesischen" gesehen. Seine fast fotografisch genauen Bilder sprachen seine Landsleute stark an und sind weiterhin äußerst populär in Nordfriesland. Denn auf ihnen konnte man Menschen und Gegenstände genau wiedererkennen – ganz anders als bei Emil Nolde, dessen Bilder eher befremdeten. Auch Momme Nissen (1870-1943) aus Deezbüll, ein Neffe Carl Ludwig Jessens, frönte der Heimatkunst, steigerte sie aber zum Exzess. Den Expressionismus, den auch Nolde vertrat, bezeichnete er als „Irrenhauskunst". Er verschrieb sich einem deutsch-völkischen Nationalismus. In diesem Sinne schloss er sich dem „Rembrandtdeutschen" Julius Langbehn (1851-1907) an, einem deutschtümelnden Schriftsteller aus Hadersleben. Wie dieser trat Nissen zum Katholizismus

über, wurde Dominikanermönch und Priester.

Ein großer nordfriesische Maler – und einer der bedeutendsten Norddeutschlands – war Hans Peter Feddersen (1848-1941) aus Wester-Schnatebüll, Sohn des Landwirts und Zeichners von nicht weniger als 5800 Porträts H. P. Feddersen d. Ä. (1788-1860). Nach Studienreisen nahm er 1885 im Kleiseerkoog seinen endgültigen Wohnsitz, blieb aber auch in der Abgeschiedenheit der nordfriesischen Marsch ein Suchender, verfiel bei allem Erfolg nicht in Routinemalerei und fand noch hoch betagt zu neuen Ausdrucksformen. Er sah sich „als Friese durch und durch", wollte jedoch anders als C. L. Jessen nicht als „Friesenmaler" festgelegt werden. Mit seinen Bildern öffnete er den Blick für die künstlerischen Werte einer bis dahin wenig beachteten Gegend.

Während „HPF" in Nordfriesland und weit darüber hinaus bekannt war und ist, wurde Richard von Hagn (1850-1933) aus Husum schon zu seinen Lebzeiten fast vergessen und lange übersehen; Hauptthemen des viele Jahre in Dresden tätigen Malers waren die Architektur vor allem

C. L. Jessen

Rechts: Hans Peter Feddersen

Venedigs, Interieurs aus Ostenfeld, wo sich alte Wohnkultur länger als in vielen anderen Dörfern erhalten hatte, und die Landschaft Nordfrieslands. Jacob Alberts (1860-1941) aus Westerhever machte sich besonders als Maler der Halligen einen Namen. Viele andere kamen von auswärts und fanden hier ihre Motive, zu nennen sind etwa Otto H. Engel (1866-1949), Alex Eckener (1870-1944), Walter Leistikow (1865-1908) oder Hinrich Wrage (1843-1912).

Die Kunstmaler prägten das Bild Nordfrieslands und leisteten wichtige Beiträge zur „Entdeckung" der Nordseeküste durch ein breites, auch großstädtisches Publikum. In späteren Jahren traten unter anderem Ingwer Paulsen (1883-1943), Halebüll, und Albert Johannsen (1890-1975), Husum, als Maler Nordfrieslands hervor.

Mit Schleswig-Holstein zeitlebens verbunden blieb der Bildhauer Adolf Brütt (1855-1939), der vor allem in Berlin und Weimar wirkte. Für seine Geburtsstadt Husum schuf er das Theodor-Storm-Denkmal im Husumer Schlosspark und den Asmussen-Woldsen-Brunnen, die „Tine", auf dem Husumer Marktplatz, die – 1902 enthüllt – zu einem Wahrzeichen der Stadt und der Region wurde. Brütt gehörte zu den bedeutendsten Bildhauern seiner Zeit. So gestaltete er in kaiserlichem Auftrag Standbilder für die Siegesallee im Berliner Tiergarten und arbeitete an großen Berliner Bauten wie Reichstag, Dom und Kaiser-Wilhelm-Gedächtniskirche mit.

Schriftstellerinnen in und aus Nordfriesland

Im 19. und beginnenden 20. Jahrhundert waren Frauen fast alle Aufstiegschancen verschlossen. Einige begabte Frauen in und aus Nordfriesland fanden als Schriftstellerinnen ein Betätigungsfeld und setzten sich dabei häufig mit ihren eigenen Problemen und den grundlegenden Veränderungen ihrer Zeit auseinander. Sie wurden „Heimatdichterinnen", die aber mit ihrer Heimat nicht selten haderten. Die bei weitem erfolgreichste Schriftstel-

Hinrich Wrage, „Strand auf Sylt", Gemälde von 1873. Der aus Holstein stammende Maler wurde von Hans Peter Feddersen auf Motive der nordfriesischen Landschaft hingewiesen. Als einer der ersten führte er mit großen Gemälden die Landschaft Nordfrieslands und insbesondere Sylts in die Welt der Kunst ein.

Margarete
Böhme

lerin aus Nordfriesland wurde Margarete Böhme geb. Feddersen (1867-1939) aus Husum. Sie veröffentlichte über 40 Romane, die zum Teil in 40 und mehr Auflagen gedruckt wurden. Damit war sie erfolgreicher als Theodor Storm zu seinen Lebzeiten. Eine der höchsten Auflagen in Deutschland überhaupt – 1,2 Millionen Exemplare! – erzielte ihr 1905 erschienenes „Tagebuch einer Verlorenen", in dem sie ein Tabu brach. Der Roman über das Schicksal einer Prostituierten wurde in 14 Sprachen übersetzt und zweimal verfilmt. In anderen Büchern behandelte sie das Arbeitsleid der Telefonistinnen oder die Sorge der Handwerker und kleinen Kaufleute, zwischen Großkapital und Proletariat zerrieben zu werden.

Auch Franziska (eigentlich Fanny) Gräfin zu Reventlow (1871-1918), die Tochter des im Schloss residierenden Landrats, wuchs in Husum auf, und die Stadt erschien ihr im Rückblick manchmal als Jugendparadies und Sinnbild der Geborgenheit. Ihre Selbstverwirklichung suchte sie als Malerin und später vor allem als Schriftstellerin in München, wurde zum strahlenden Mittelpunkt der Schwabinger Bohème, in der sie, die gegen die adlige

Lebenswelt ihrer Familie rebelliert hatte, selbst in Zeiten materieller Not eine aristokratische Erscheinung blieb. Bereits als Neunzehnjährige schrieb sie: „Ich will und muß einmal frei werden; es liegt nun einmal tief in meiner Natur, dieses maßlose Streben, Sehnen nach Freiheit. Die kleinste Fessel, die andere gar nicht als solche ansehen, drückt mich unerträglich, unaushaltbar, und ich muß gegen alle Fesseln, alle Schranken ankämpfen, anrennen." Entschieden trat sie für die Emanzipation der Frau ein, wehrte sich aber zugleich gegen jede Vermännlichung der Frau und bekannte sich zur freien Liebe. Die „tolle Gräfin" oder, wie sie auch genannt wurde, „Madonna mit dem Kinde" gilt als eine der schillerndsten Schriftstellerinnen ihrer Zeit. Ganz andere Wege als die avantgardistische Franziska gingen ihre Brüder Ludwig (1864-1906) als Politiker der antisemitisch eingestellten Deutsch-sozialen Reformpartei und Ernst (1869-1943) als zunächst „alldeutscher", dann nationalsozialistischer Publizist und Reichstagsabgeordneter.

Thusnelda Kühl (1872-1935) wurde in Kollmar/Unterelbe geboren; ihr Vater war der liberale Pastor Carsten Kühl, der

bald nach Oldenswort ging. Sie wurde wie manche ihrer schreibenden Kolleginnen Lehrerin. Soziale Probleme auf dem Lande und die Beziehungen der Geschlechter sind die Hauptthemen ihrer 14 Bücher. „Dichterin der Marschen" wurde sie genannt. Wie Franziska zu Reventlow und Margarete Böhme stellte sie die kirchliche Religiosität in Frage.

Ingeborg Andresen (1878-1955), verh. Bödewadt, stammte aus Witzwort, lernte als Vollwaise die harten Lebensbedingungen im dortigen Armen- und Arbeitshaus kennen, konnte aber durch Förderung ihres Klassenlehrers dennoch Lehrerin werden. Die besonders vielseitige Schriftstellerin veröffentlichte zahlreiche Erzählungen, Novellen, Gedichte und Theaterstücke, auch in ihrer niederdeutschen Muttersprache. Während die meisten anderen als Erzählerinnen hervortraten, wurde Stine Andresen geb. Jürgens (1849-1927) aus Boldixum, Ehefrau eines scheiternden Kaufmanns und Müllers, zu einer Lyrikerin ihrer Heimatinsel Föhr, überwiegend in hochdeutscher, selten in friesischer Sprache. Stark vom

christlichen Glauben geprägt war auch die Lehrertochter Marie Burmester geb. Hansen (1870-1954) aus Bargum, die vor allem nordfriesische Familiengeschichten veröffentlichte.

Als „Halligdichterin" machte sich Elfriede Rotermund (1884-1966) einen Namen; die Lehrerin stammte aus dem Teutoburger Wald und lebte als Frau eines Pastors 18 Jahre auf Hallig Oland. Beeindruckt von der Inselwelt war auch Margarete Boie (1880-1946) aus Berlin, die 1919 nach Sylt kam und in ihren Romanen Geschichte und Natur ihrer Wahlheimat anschaulich und eindrucksvoll einfing. Namine Witt geb. Paulsen (1843-1930) aus Oevenum auf Föhr schrieb neben ihrer harten Arbeit als Gastwirtsfrau viele Gedichte, großenteils in Föhrer Friesisch, für dessen Bewahrung sie sich einsetzte. Der bekannteste Roman der aus Düsseldorf stammenden Meta Schoepp (1868-1939) spielt auf Helgoland zur Zeit der britischen Inselherrschaft: *Schiff auf Strand*", erschienen 1912. Sie schrieb ihn in der Stadt Tönning, die mit ihrer Umgebung die Kulisse für den Roman „*Millionensegen*" (1920) bildet. Die „Halbjüdin", über die nur wenig bekannt ist, nahm sich in der NS-Zeit das Leben.

Das alltägliche Leben auf dem Lande, die Veränderungen um die Jahrhundertwende, die Standesunterschiede zwischen Großbauern und „kleinen Leuten" waren auch die Themen der Katharine Saling geb. Fedders (1867 – wahrscheinlich 1933), Tochter des Kirchspielwirts in Koldenbüttel. Ihr unter dem Pseudonym K. v. d. Eider 1906 erschienener Roman „*Kihrwedder*" löste im Dorf einen Skandal aus. Viele fühlten sich bloßgestellt. Die Titelheldin bricht aus der ländlichen Enge aus und geht in die Großstadt – wie es viele begabte Männer und Frauen aus Nordfriesland um diese Zeit und auch später taten.

Franziska zu Reventlow

Thusnelda Kühl

Ingeborg Andresen

Margarete Boie

Helgoland

Die nordfriesische Insel Helgoland liegt weit draußen in der Deutschen Bucht, fast 50 Kilometer von der nächsten Küste entfernt. Von der Insel aus ist nach keiner Seite hin festes Land in Sicht. Diese isolierte Lage des einzigartigen roten Felsens und der weißen Düne hat zu einem besonders ausgeprägten Eigenständigkeitsgefühl bei den Helgoländern geführt. Sie kennen in ihrer friesischen Sprache für „Helgoland", „Land" und „Heimat" nur ein und dasselbe Wort: *Lun*.

Die britische Zeit

Helgoland gehörte zum Herzogtum Schleswig und damit zum dänischen Gesamtstaat. Die Insel bildete eine Landschaft für sich mit einem eigenen Landvogt und war unmittelbar den Zentralstellen in Gottorf, später in Kopenhagen unterstellt. Im Zuge der napoleonischen Kriege besetzten am 5. September 1807 britische Truppen die Insel; Kopenhagen hatte sich nach der Beschießung durch englische Schiffe auf die Seite Napoleons geschlagen. Im Kieler Frieden von 1814 musste Dänemark Helgoland an das britische Königreich abtreten. Manche Wege auf der Insel benannten die Engländer nach den Stätten ihrer Siege gegen Bonaparte und nach siegreichen Feldherren, zum Beispiel Trafalgar, Waterloo, Wellington.

Die britische Herrschaft unter einem Gouverneur währte fast das ganze 19. Jahrhundert hindurch. Die hier stationierten Soldaten wurden bald durch Kriegsveteranen ersetzt. London verzichtete auf eine militärische Befestigung der Insel. Zumeist war der Gouverneur fast der einzige Repräsentant der britischen Krone.

Die kleine Inselgemeinschaft blieb ein weitgehend auf sich allein gestellter und

Helgoland mit Unterland, großer Treppe und Falm (rechts) um die Mitte des 19. Jahrhunderts. Lithographie von Wilhelm Heuer

in sich abgeschlossener Organismus. Allerdings schafften die Briten 1864 die althergebrachte Selbstverwaltung ab. Sie gewährten aber zumeist Zollfreiheit und verlangten keine Abgaben.

Die Kontinentalsperre von 1807 bis 1813 bescherte der Insel eine kurze wirtschaftliche Blüte. Helgoland wurde zu einem der wichtigsten englischen Stapel- und Umschlagplätze für eine Vielzahl von Waren, die von hier durch die französischen Sperren zum Festland geschmuggelt wurden: Kaffee, Zucker, Gewürze, Baumwolle usw. Auf dem insularen „Schlaraffenland" herrschte damals nach Berichten von Reisenden „ein Leben und Treiben, wie man solches sonst nur in den reichsten und üppigsten europäischen Haupt- und Handelsstädten finden konnte".

Doch der kurze Wohlstand wich einer um so größeren Not, als die Helgoländer nach dem Ende der Kontinentalsperre in ihre alten, mühsameren Erwerbszweige zurückfinden mussten. Ihre Existenzgrundlage hatte von jeher das Meer mit Fisch- und Hummerfang, Bergung von

Strandgut und Lotsenfahrt gebildet. Gerade der Bedarf an Lotsendiensten ging aber aufgrund besserer Seekarten und Instrumente sowie der Hamburger Konkurrenz stark zurück. Wurden um 1790 rund 400 Schiffe jährlich gelotst, so waren es ein halbes Jahrhundert später nur 20.

In dieser Lage regte der Schiffszimmermann Jacob Andresen Siemens (1794-1849), der auf der Insel als Einzelgänger galt und immer wieder in Streitigkeiten verwickelt war, die Gründung einer Badeanstalt an. Trotz großer Bedenken vieler Insulaner wurde sie 1826 in Form einer Aktiengesellschaft mit 20 Anteilen zu 100 Mark Wirklichkeit. Im ersten Sommer nahmen nur etwa 100 Wagemutige in kleinen, offenen Segelschiffen die Fahrt auf sich, die zwölf und mehr Stunden dauerte. Von 1834 an verkehrte von Hamburg aus der erste Raddampfer, und die Zahl der Badegäste stieg an. Sie kamen schon in britischer Zeit weit überwiegend aus Deutschland auf die Insel mit internationalem Flair. Manche Gäste machten von der bis 1900 bestehenden Möglichkeit

Helgoland von der Düne gesehen, Lithographie von Carl Beer nach einem Bild von Hermann Mevius. Auf der Hauptinsel sind der Leuchtturm und die Kirche zu erkennen.

Englische Briefmarke für „Heligoland" mit dem Porträt von Queen Victoria

Gebrauch, sich ohne Aufgebot trauen zu lassen, darunter der schwedische Dichter und Dramatiker August Strindberg.

Neben dem Baden auf der Düne, zunächst von Badekarren aus und bis 1900 streng nach Geschlechtern getrennt, zählten eine Umschiffung der Insel und eine Fahrt auf Hummer- oder Haifischfang zu den Ferienfreuden. Dienstleistungen für die Badegäste wurden zum Haupterwerb der Insulaner. „Was ist ein Helgoländer, wenn er kein Seemann mehr ist?" fragte der Schriftsteller Ludolf Wienbarg.

Dichter machten den roten Felsen mit der benachbarten Düne in ganz Deutschland bekannt. 1829/30 war Heinrich Heine Gast auf der Insel und britischen Kronkolonie. Die Helgoländer bezeichnete er als „kecke Nomaden der Nordsee". Heinrich Hoffmann von Fallersleben, der für ein einiges und freies Deutschland eintrat, dichtete hier 1841 das „Lied der Deutschen", das in der Weimarer Republik und erneut in der Bundesrepublik Deutschland zur Nationalhymne wurde. Über dessen Entstehung schrieb er: „Wenn ich so wandelte, einsam auf der Klippe, nichts als Meer und Himmel um mich sah, da ward mir so eigen zumute, ich mußte dichten". Hoffmann traf sich auf der Insel auch mit gleichgesinnten Geistern. Eine kleine Studie fertigte er über die Helgoländer Mundart an – eine von zahlreichen Schriften, die damals über die Insel im Druck erschienen.

Der britische Gouverneur Sir Henry Fitzgerald Maxse, im Amt seit 1863, förderte das Seebad unter anderem durch die Gründung eines Theaters. Er führte auch die Schulpflicht ein und sorgte für etwas Englischunterricht.

In britischer Zeit wurden amtliche Verfügungen in englischer Sprache erlassen. Die Umgangssprache der Insulaner blieb Friesisch. Manche Familien gaben ihren Kindern englische Vornamen, und diese Tradition überdauerte die wechselhaften Zeiten. Auch in englischer Zeit war aber Deutsch die Kirchen- und Schulsprache.

Die damit bestehende Verbindung mit Deutschland wurde durch den zunehmenden Bäderverkehr von deutschen Häfen aus verstärkt.

Im Kaiserreich

Am 10. August 1890 nahm der junge Kaiser Wilhelm II. die Insel Helgoland in deutschen Besitz. In der Vereinbarung mit der missverständlichen Bezeichnung „Helgoland-Sansibar-Vertrag" wurden koloniale deutsch-britische Streitigkeiten in Ostafrika beigelegt. Unter anderem trat das Deutsche Reich die Witu-Kolonie im heutigen Nordkenia ab und verzichtete auf eine weitere Einflussnahme auf die Insel Sansibar, die fortan unter britischer „Schutzherrschaft" stand. Dies rief den Zorn der nationalistischen „Alldeutschen" hervor. Der Kolonialpolitiker Carl Peters meinte, Deutschland habe eine Badewanne gegen drei Königreiche eingetauscht – auch unter machtpolitischen Gesichtspunkten eine äußerst fragwürdige Einschätzung, denn einige Jahrzehnte

Der „erste Rekrut Helgolands" wurde am 13. August 1890, drei Tage nach der Übergabe der Insel an Deutschland, geboren. Kaiser Wilhelm II. übernahm die Patenschaft.

später sollte der Zerfall der Kolonialreiche beginnen. Aber auch Otto von Bismarck, der wenige Monate zuvor entlassene Reichskanzler, sah in der Neuerwerbung „eher eine Last und Schwächung als eine Stütze und Stärkung für Deutschland".

Die Helgoländer selbst wurden nicht gefragt. Dass ihre Insel unter deutsche Hoheit gelangte, dürfte den Wünschen der meisten entsprochen haben. Begeisterung stellte sich kaum ein. Der Sprachwissenschaftler Otto Bremer schrieb anlässlich der Insel-Übergabe, die Helgoländer mit ihrer eigenständigen friesischen Sprache fühlten sich „als Deutsche nicht viel mehr wie als Engländer", würden sich aber sicherlich bald zur deutschen Nation rechnen. Wilhelm II., der fortan fast jährlich auf die Insel kam, wollte mit Hilfe Helgolands die „deutsche Seegeltung" heben. Er sah damit „die erste Bedingung für den Ausbau der Flotte erfüllt", wie er in seinen Lebenserinnerungen schrieb.

Den Helgoländern gestand das Deutsche Reich einige „Privilegien" zu: Die vor der Übergabe Geborenen wurden vom Militärdienst ausgenommen, die Zollbestimmungen beibehalten. Elf Personen machten von dem Recht Gebrauch, die britische Staatsbürgerschaft zu wählen. Die Insel erhielt den Status einer Landgemeinde und wurde dem Kreis Süderdithmarschen zugeschlagen.

Helgoland war schon im 19. Jahrhundert ein Dorado für Naturliebhaber und Biologen, die hier Meerespflanzen und -tiere erforschten. Insbesondere Heinrich Gätke (1814-1897) aus Pritzwalk in der Mark Brandenburg machte sich einen Namen als „Vogelwärter von Helgoland". Im Jahre 1892 nahm auf der Insel die Biologische Anstalt ihre Arbeit auf, die wesentliche Grundlagenforschungen zur Meeresbiologie betrieb. Sie eröffnete bald ein Museum mit einer Vogelsammlung und ein Aquarium. 1910 entstand die Vogelwarte Helgoland, die jährlich Tausende Vögel beringte, auf diese Weise die Zugwege er-

Inbesitznahme Helgolands durch Kaiser Wilhelm II.

Eine Umrundung der Insel in Booten gehörte schon im 19. Jahrhundert zu den vergnüglichsten Unternehmungen. Auf der Lithographie von Carl Beer nach einem Bild von Hermann Mevius ist ein „Gatt" zu erkennen, ein vom Wasser ausgewaschener Torbogen im Felsen.

forschte und sich, später mit Hauptsitz in Wilhelmshaven, zu einem weltbekannten Institut entwickelte.

Nach dem Übergang zum Deutschen Reich vollzogen sich auf Helgoland Entwicklungen, die im übrigen Nordfriesland teilweise schon früher eingesetzt hatten. Das deutsche Vereinswesen drang auf die entlegene Insel vor. In schneller Folge entstanden bald nach 1890 Männergesangverein, Turnverein, Freiwillige Feuerwehr, Vaterländischer Frauenverein und Kriegerverein. Eine umfassende Bautätigkeit begann: Warmhallenbad 1892, neues Kurhaus 1893, Kaiserliches Postamt 1895, neue Schule 1902, Krankenhaus 1912 und manche Einrichtungen mehr.

In den letzten Sommern vor dem Ersten Weltkrieg wurden 30 000 Gäste jährlich gezählt. Aus der Idee des von seinen Landsleuten einst verspotteten J. A. Siemens hatte sich die wichtigste Einnahmequelle der Helgoländer entwickelt. Die schnellere Schiffsverbindung

ließ Tagesausflüge auf die Hochseeinsel immer beliebter werden, zumal man auf der Insel seit 1892 alkoholische Getränke, Tabakwaren und andere Luxusgüter billig einkaufen konnte. Vor Helgoland mussten alle Gäste in die kleinen „Börte"-Boote umsteigen.

Besonders folgenreich für die etwa 2400 Helgoländer wurde der Ausbau ihrer Insel als Kriegshafen mit schweren Geschützen, U-Boot-Versorgungsbasis und einer weit verzweigten unterirdischen Festung. Schon 1890 hatte Wilhelm II. es als Bestimmung der Insel bezeichnet, ein „Bollwerk zur See" und ein „Stützpunkt für meine Kriegsschiffe" zu werden. Aus Helgoland wurde das „deutsche Gibraltar".

Großbritannien, zu dem die Insel noch vor kurzem gehört hatte, galt jetzt als „Erzfeind". Gleich zu Beginn des Ersten Weltkriegs bekamen die Helgoländer die Folgen dieser Aufrüstung ihrer Insel zu spüren.

Nordfriesland im Ersten Weltkrieg

„Überall machte sich helle Kriegsbegeisterung bemerkbar", berichtete die *Föhrer Zeitung* über die ersten Augusttage des Jahres 1914. In den *Husumer Nachrichten* hieß es am 3. August 1914: „Im Vertrauen auf unsere gute Sache und gestützt auf unser starkes Schwert, ziehen wir hinaus, um den Sieg an unsere Fahnen zu heften.

> Heil den tapferen Streitern
> zu Lande und zu Wasser!
> Heil dem Kaiser!
> Heil dem Reich!"

Die „herrlichen Worte unseres Kaisers" hätten „in allen Herzen begeisterten Widerhall gefunden", hielt der Niebüller Pastor in der Kirchenchronik fest. Auch Geistliche in Nordfriesland heiligten den Krieg und verrieten damit den Kern der christlichen Lehre an die „nationalen" Bedürfnisse.

Der „nationale Aufbruch", der später oft beschworene „Geist von 1914" erfasste also allem Anschein nach viele Menschen in Nordfriesland. Doch daneben gab es von Anfang an Sorge und Nachdenklichkeit. Keineswegs herrschte ein einziger Freudentaumel. Im Sturmwind der Gefühle mischten sich Euphorie und Angst, Erleichterung und Ernst, Begeisterung und Beklommenheit, Stolz und Sorge.

Besorgnis, Begeisterung, Kriegsnot

In Goldebek waren die meisten mit Erntearbeiten auf dem Feld beschäftigt, als das Feuerhorn die Mobilmachung verkündete. „Ein lautes Weinen und Wehklagen der Frauen und Kinder brach aus, die an den Vater, Sohn oder Bruder dachten, der in den Krieg mußte. Bei den Männern ernste Gesichter", heißt es in der Dorfchronik, weiter jedoch: „So sind in den ersten Tagen der Mobilmachung an die 20 Männer und Jünglinge aus dem

Mobilmachung, August 1914. Der Dampfer „Föhr-Amrum" übernimmt in Wyk einige hundert angehende Soldaten, die von ihren Angehörigen verabschiedet werden.

Mobilmachung.

Sr. Majestät der Kaiser haben die Mobilmachung des Heeres und der Marine befohlen.

Als erster Mobilmachungstag gilt der 2. August 1914.

An alle Behörden und Eingesessenen des Kreises ergeht hierdurch die dringende Aufforderung, an ihrem Teil zu einer schnellen Durchführung der Mobilmachung mitzuwirken.

Tondern, den 1. August 1914.

Der Königliche Landrat des Kreises Tondern.

Dorfe voller Begeisterung hinausgezogen, zu kämpfen für Kaiser und Reich."

In Ockholm wirkte die Nachricht vom Kriegsbeginn „lähmend auf die erregten Gemüter", hielt der Lehrer der dortigen Nordschule in seiner Chronik fest. „Man sah wenige weinen und klagen, aber auch die Äußerungen großer Freude fehlten." Als die Glocken zur Mobilmachung läuteten, „da waren alle Einwohner bestürzt, ernst und traurig", heißt es in der Kirchenchronik des Marschdorfes. „Der Gottesdienst am 2. August war sehr zahlreich besucht, und die ganze Gemeinde war aufs tiefste bewegt und ergriffen." An jedem Mittwoch wurde in Ockholm fortan eine „Kriegsbetstunde" gehalten, um „Erbauung und Stärke durch Gottes Wort" zu vermitteln.

Von „patriotischer Erhebung, wie sie aus den Städten gemeldet wurde", sei wenig zu spüren, heißt es in der Kirchenchronik von Enge. Eine freiwillige Meldung zum Kriegsdienst werde „fast allseitig als Unbesonnenheit und jugendlicher Übereifer" beurteilt.

In der Chronik der Bredstedter Bürgerschule wird von Betrübnis und Opfermut berichtet: „Zu Anfang des Krieges war die Stimmung in Bredstedt gedrückt. Die Friesen nehmen alles etwas schwer,

Soldaten aus Leck in Flandern, 1917

ihnen fehlt der Schwung der Begeisterung. Die großen Opfer bringen sie aber
geduldig, wenn auch reichlich oft davon
geredet wird." Und weiter heißt es: „Mancher Jüngling hat sich freiwillig gestellt,
doch kommt es vor, daß jemand um
seine Unabkömmlichkeit sich bemüht,
die nicht notwendig ist." Am 4. August
wurden die jungen Männer in Bredstedt
von ihren Angehörigen verabschiedet:
„Bahnhof und Bahnhofsvorplatz waren
schwarz von Menschen. ... Selten sind
hier so viele Tränen vergossen worden
wie an diesem Abend."
In den Bädern auf Helgoland, Sylt und
Amrum endeten die Ferienfreuden jäh.
Umgehend mussten die Badegäste abrei-
sen, weil das Militär den Mobilmachungs-
plänen gemäß die Quartiere und Trans-
portmittel benötigte. Die Nordseebäder
wurden geschlossen. Innerhalb weniger
Tage brach die Fremdenverkehrswirt-
schaft vollständig zusammen. Nie wurde
ihre Krisenanfälligkeit so deutlich wie in
den beiden Weltkriegen. Viele noble Ho-

tels und Logierhäuser standen bei Kriegs-
ende vor dem Ruin. Nur in Wyk und Sankt
Peter-Ording ging der Badebetrieb während des Weltkriegs weiter, doch kamen
viel weniger Gäste als in Friedenszeiten.
Auf Helgoland und Sylt, in geringerem
Umfang auf Amrum und Röm nahmen anstelle von Urlaubern jetzt Soldaten Quartier. Neben regulären Einheiten gab es auf
den Inseln, Helgoland ausgenommen, so
genannte Inselwachen, die überwiegend
aus Einheimischen bestanden. Sie pa-
trouillierten am Strand in Erwartung einer
britischen Invasion, die aber nicht statt-
fand, obwohl der Marineminister Winston
Churchill im Herbst 1914 tatsächlich auf
eine Besetzung Sylts drängte. So blieb
genügend Zeit für Möweneiersammeln,
Kaninchenjagd und Strandgang. Schon
vier Wochen nach Kriegsbeginn fand man
tote Marinesoldaten, die bei einem Seegefecht bei Helgoland ihr Leben verloren
hatten.
Der Ausbau des Ferienparadieses Sylt zur
Festung war kurz vor Kriegsbeginn ange-

Rekruten-
abteilung in
Westerland/
Sylt, kurz
nach Kriegs-
beginn. Die
Quartiers-
sätze für die
Haus- und
Hotelbesitzer
waren nied-
rig: 14 Pfen-
nig für einen
einfachen
Soldaten,
2,25 Mark
für einen
General.

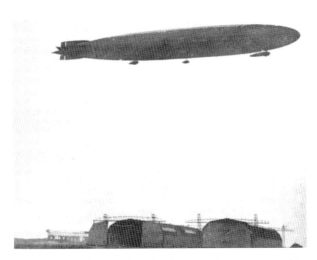

Das Marine-Luftschiff L 45 über der Station von Tondern. Der Zeppelin war 198 Meter lang.

laufen. Im Norden der Insel entstand in List ein Marineflughafen. Gemeinsam mit anderen Stationen und Stützpunkten, so auf Helgoland und in Tönning, diente er der Überwachung des Nordseeraums. Gegen Ende des Krieges waren hier 40 Seeflugzeuge stationiert.

Eine enge Verbindung bestand mit dem 1915 im Norden von Tondern errichteten Luftschiffhafen, dem nördlichsten des Deutschen Reichs. Die hier in drei gewaltigen Hallen stationierten Zeppeline, für die eigens ein Gaswerk erbaut wurde, flogen nicht weniger als 350 Bombenangriffe, vor allem gegen Großbritannien, wobei zahlreiche Menschen starben, und stiegen etwa 1200-mal zu Fernauf-

klärungsflügen auf. Zehn der insgesamt vierzehn Luftschiffe gingen verloren, gerieten in Tondern selbst in Brand oder wurden von britischen Flugzeugen abgeschossen, wobei ganze Besatzungen umkamen. Besonderes Aufsehen erregte es, als der Kapitän eines britischen Fischdampfers sich weigerte, die auf einem abgestürzten Zeppelin treibende Besatzung an Bord zu nehmen, und sie damit in den Tod schickte. Am 19. Juli 1918 gingen zwei Zeppeline bei einem britischen Flugzeugangriff auf die Luftschiffstation in Flammen auf; es war der erste in der Kriegsgeschichte, der von einem Mutterschiff aus erfolgte. Seitdem konnte die Luftschiffstation Tondern nur noch als Nothafen verwendet werden.

In mehreren größeren Orten Nordfrieslands wurden kurz nach Kriegsbeginn bewaffnete „Bürgerwehren" eingesetzt. Sie sollten die Polizei unterstützen und „kriegswichtige" Einrichtungen bewachen. In den ersten Wochen des Krieges standen die zumeist älteren Männer oft Tag und Nacht mit umgehängtem Karabiner auf Posten. Jugendliche zwischen 15 und 18 Jahren wurden in einer Jugendwehr auf den Kriegsdienst vorbereitet. Wer nicht mehr wehrpflichtig oder kriegsuntauglich war, wurde von 1917 an möglichst zum „Vaterländischen

Küstenwache im Dezember 1914 vor einer Kate in Stufhusen, Westerhever

Hilfsdienst" eingezogen. Die Soldaten an der Front unterstützte man zum Beispiel durch Pakete. Zur Finanzierung des Krieges zeichneten Kommunen, Vereine und viele Bürger „Kriegsanleihen".

Eine besondere Form der Geldbeschaffung, insbesondere für verwundete Soldaten oder Hinterbliebene, bestand auch in Nordfriesland in „Nagelungen": Von Gemeinden und karitativen Organisationen wurden aus Holz gefertigte Figuren oder Symbole, zum Beispiel Eiserne Kreuze, aufgestellt. Gegen Entrichtung einer Mindestspende durften die Bürger einen Nagel in dieses Objekt schlagen. Die Nägel wurden in Eisen und Silber, manchmal

„Bei Sonnenaufgang am 2. August 1914". Gemälde von Otto H. Engel, 1915. Der Auszug der Soldaten von der Insel Föhr wird zu einem erhabenen Naturereignis verklärt.

Zunächst läuteten die Kirchenglocken bei deutschen Siegen, später wurden viele der Rüstungsindustrie zugeführt.

Nagelung

eines

Eisernen ✠ Kreuzes

in der Kirche zu Enge
am Pfingstmontag, den 28. Mai 1917,

nachmittags 3 Uhr (neue Zeit).

1. Gemeinsamer Gesang: Nr. 128 Str. 1—4.
2. Ansprache.
3. Gemeinsamer Gesang: Anhang Nr. 58 Str. 1.
4. Rede zur Nagelung.
5. Gemeinsamer Gesang:

O Deutschland, hoch in Ehren.

O Deutschland hoch in Ehren, du heil'ges Land der
Treu': hoch leuchte deines Ruhmes Glanz in Ost und West
auf's neu'! Du stehst wie deine Berge fest gen Feindes
Macht und Trug, und wie des Adlers Flug vom Nest
geht deines Geistes Flug. Haltet aus, haltet aus, lasset
hoch das Banner wehn! Zeiget ihm, zeigt der Welt, wie
wir treu zusammenstehn! Daß sich unsre alte Kraft erprobt, wenn der Schlachtruf uns entgegentobt! Haltet
aus im Sturmgebraus, haltet aus im Sturmgebraus!

Gedenket eurer Väter, gedenkt der großen Zeit, wo
Deutschlands gutes Ritterschwert siegt in jedem · Streit!
Das sind die alten Schwerter noch, das ist das deutsche
Herz; die schlagt ihr nimmermehr ins Joch, sie dauern
aus wie Erz. Haltet aus, haltet aus, lasset hoch das
Banner weh'n! Zeiget ihm, zeigt der Welt, wie wir treu
zusammenstehn! Daß sich unsre alte Kraft erprobt, wenn
der Schlachtruf uns entgegentobt! Haltet · aus im Sturmgebraus, haltet aus im Sturmgebraus!

Zum Herrn erhebt die Herzen, zum Herrn erhebt die
Hand: Gott schütze unser teures, geliebtes Vaterland!
Dem teuren Land zu Schirm und Schutz sei deutscher Ar-
bereit! Wir bieten jedem Feinde Trutz und scheuen keinen
Streit. Haltet aus, haltet aus, lasset hoch das Banner
wehn! Zeiget ihm, zeigt der Welt, wie wir treu zusammenstehn! Daß sich unsre alte Kraft erprobt, wenn der
Schlachtruf uns entgegentobt! Haltet · aus im Sturmgebraus, haltet aus im Sturmgebraus!

6. Ansprache.
7. Gemeinsamer Gesang:

Deutschland, Deutschland über alles, über alles in der
Welt, wenn es stets zu Schutz und Trutze brüderlich zu-
sammenhält von der Maas bis an die Memel, von der
Etsch bis an den Belt: Deutschland, Deutschland über
alles, über alles in der Welt!

Einigkeit und · Recht und Freiheit für das deutsche
Vaterland! Danach laßt uns alle streben brüderlich mit
Herz und Hand! Einigkeit und Recht und Freiheit sind
des Glückes Unterpfand. — Blüh' im Glanze dieses
Glückes, blühe, deutsches Vaterland!

8. ═══ **Nagelung.** ═══

Eiserner Nagel 1 ℳ, silberner Nagel 5 ℳ, goldener
Nagel 10 ℳ.

Der Ertrag der Nagelung ist bestimmt für bedürftige
Kämpfer oder deren Hinterbliebene in der Kirchenge-
meinde Enge.

Der Kirchenvorstand der Gemeinde Enge.

Druck von J. C. Herrmann, Leck.

Aufruf zur Nagelung eines Eisernen Kreuzes in Enge

auch Gold angeboten, um die Einnahmen in die Höhe zu treiben. Zum Beweis für die patriotische Tat erhielten die Spender Anstecknadeln oder Urkunden.

Solche Aktionen sollten auch den Durchhaltewillen stärken. Wer sich nicht beteiligte, riskierte, von seinen Mitbürgern als unpatriotisch oder gar als Vaterlandsverräter eingestuft zu werden.

Zahlreiche Kriegsgefangene waren vor allem in der Landwirtschaft eingesetzt. Daneben arbeiteten Belgier, Franzosen, Polen, Russen zum Beispiel im Dörpumer Mergelschacht. Um ihre Unterkünfte wurde ein Stacheldrahtzaun gezogen. Die Arbeiten in Dörpum mussten eingestellt werden, als die Heeresleitung Ende 1916 die Feldbahnen und Maschinen beschlagnahmte und nach Russland transportieren ließ. Auch bei der Kultivierung von Heide- und Moorflächen, so im Wilden Moor bei Schwabstedt, wurden vielfach Kriegsgefangene beschäftigt.

Mit der Fortdauer des Krieges nahm die ursprüngliche Begeisterung ab. Nahrungsmittel- und Brennstoffmangel waren vor allem auf den Inseln und in den Städten zu spüren. Auf dem Land ging es den Menschen besser, weil, so heißt es in der Ockholmer Kirchenchronik, „fast alle Familien Kühe, Schafe, Ziegen oder Schweine hielten und deshalb bezüglich Milch, Butter und Fleisch Selbstversorger waren". Außerdem „wurden sowohl in den Binnengewässern wie auch im Meere viele Fische und Krabben gefangen, die manche billige, wohlschmeckende und nahrhafte Mahlzeit lieferten".

In mehreren größeren Orten richtete man „Volksküchen" für die ärmere Bevölkerung ein. Zum Kauf der knapp bemessenen Waren berechtigten Lebensmittelkarten. Statt Kaffeebohnen gab es geröstete Eicheln, statt Zucker Süßstoffe. Unter Parolen wie „Die Zeit ist hart, aber der Sieg ist sicher" wurden die Menschen zum Sammeln von Eicheln, Bucheckern, Hagebutten und

anderen Früchten angehalten. Anstelle von Kartoffeln und anderen Lebensmitteln mussten mehr und mehr Rüben verwandt werden; als „Steckrübenwinter" blieb der harte Winter 1916/17 vielen im Gedächtnis. Bei den Bauern wuchs die Unzufriedenheit mit den immer tieferen Eingriffen der Zwangswirtschaft in ihre Betriebsführung.

Um Feuerungsmaterial zu sparen, wurden zahlreiche öffentliche Gebäude geschlossen. Der Schulunterricht fand nur noch sehr eingeschränkt statt. Außerdem waren viele Schulkinder freigestellt, weil sie bei häuslichen Tätigkeiten oder in der Landwirtschaft helfen mussten, wenn ihre Mutter den Platz ihres an der Front befindlichen oder gefallenen Ehemanns eingenommen hatte. Ohnehin wurden jetzt Frauen viel stärker als bisher zu öffentlichen Arbeiten herangezogen, sei es in der Volksküche oder in der Lebensmittelverwaltung.

Wohl 1917 empörte sich die Gastwirtin Namine Witt von der Insel Föhr in einem Gedicht über die deutsche Politik, wandte sich gegen Hassgesänge, Hetzen und Prahlen: „Wenn Hassgesänge schallen / und rings ist Blut und Tod – / wenn Handgranaten knallen / und Menschen sterbend fallen, / gibt das den Armen Brot?"

Kriegsgefangene aus dem Zarenreich helfen beim Einsatz einer Dreschmaschine auf einem Hof in Reimersbude, Witzwort; in der Mitte (mit Bart) Hofbesitzer Johann Holm, neben ihm ein Wachmann.

Kriegsgefangene Franzosen in Oster-Ohrstedt

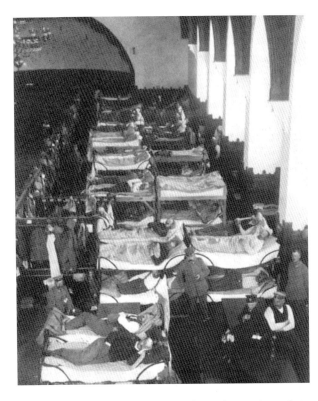

„Dolchstoß", was sich zum Beispiel in der Schulchronik von Goldebek in folgender Formulierung widerspiegelt: „Im November 1918 brach in Deutschland die Revolution aus, und danach waren alle Hoffnungen auf ein glückliches Ende des Krieges dahin; alle Opfer waren umsonst dahingegeben." Tatsächlich hatten die kaiserlichen Kriegsherren den Krieg bereits verloren, als kriegsmüde Matrosen in Kiel meuterten und kurz danach auch in Tondern, Tönning, Husum, List, Hörnum rote Fahnen wehten.

Das „Fronterlebnis" habe alle gleich gemacht, hieß es im und nach dem Krieg. Doch das stimmte nur sehr bedingt. Die sozialen Unterschiede zwischen den aus den höheren Schichten stammenden Offizieren und den einfachen Soldaten blieben bestehen, wie sich auch in Briefen nordfriesischer Soldaten zeigt. Aber der Krieg riss die jungen Männer aller Stände und Orte aus ihrer gewohnten Umgebung und Lebensbahn heraus. Anstelle des erwarteten „ritterlichen" Kampfes Mann gegen Mann herrschte an den Fronten ein Massenschlachten. Es veränderte alle, die es erlebten und überlebten.

Der Westerländer Kursaal als Lazarett

Von Ende 1917 an bemühte sich auch in Nordfriesland die „Vaterlandspartei", den Siegeswillen der Bevölkerung zu stärken. Diese nationalistischen Kräfte spiegelten den Menschen die Möglichkeit eines deutschen Sieges sogar dann noch vor, als der Krieg bereits verloren war. Sie machten später die Träger der Weimarer Republik für die Niederlage verantwortlich. Viele glaubten an die Legende vom

Helgoland mit Kriegshafen

Helgoland

Die Helgoländer mussten ihre Heimatinsel gleich zu Beginn des Krieges, am 1./2. August 1914, verlassen. Unter Trommelwirbel wurde der kaiserliche Befehl bekannt gemacht. Die Menschen packten in ihren Häusern das Notwendigste zusammen und begaben sich nur zwei Stunden später an die Landungsbrücke. „Es war ein tief ergreifendes Bild", erinnerte sich der Helgoländer Fotograf Franz Schensky (1871-1957), „wie sich der lange Zug der ausziehenden Helgoländer, Arme und Kranke, Kinder und Greise vom Oberlande ins Unterland bis zum Strand bewegte. Hilfsbedürftige und Schwache wurden von Nachbarn und Anverwandten unterstützt." Doch kein Dampfer ließ

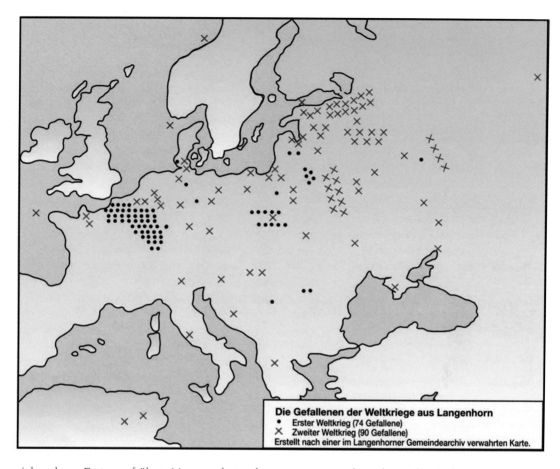

Die Gefallenen der Weltkriege aus Langenhorn
- Erster Weltkrieg (74 Gefallene)
✕ Zweiter Weltkrieg (90 Gefallene)
Erstellt nach einer im Langenhorner Gemeindearchiv verwahrten Karte.

sich sehen. Erst am frühen Morgen des nächsten Tages wurden die Helgoländer eingeschifft.

Mancher konnte die Ausweisung kaum fassen und musste mit Zwang auf das Schiff zum Festland gebracht werden. Das Eigentum blieb in den Häusern, die nicht verschlossen werden durften. Die meisten fanden in Hamburg, Altona und Umgebung Unterschlupf. Auf der Insel selbst war während des Krieges eine zwischen 3000 und 4000 Mann starke Besatzung stationiert. Doch für das Kriegsgeschehen hatte die Seefestung, die mit so großem Aufwand errichtet worden war, kaum Bedeutung.

Als die Helgoländer nach über vier Jahren im Dezember 1918 zurückkehren durften, fanden sie ihre Häuser und Wohnungen verwahrlost und zum Teil ausgeraubt vor. Gemäß Artikel 115 des Versailler Friedensvertrags wurden die militärischen Anlagen, aber zum Teil auch Molen, Ufermauern und Hafengebäude zerstört. Helgolands Festungszeit, die den Insulanern eine Leidenszeit brachte, war damit aber nur ein vorläufiges Ende gesetzt.

3600 Gefallene

Von eigentlichen Kriegshandlungen und Zerstörungen blieb Nordfriesland im Ersten Weltkrieg verschont. Aber in jeder Stadt, in jedem Dorf waren Gefallene zu beklagen. Insgesamt ließen etwa 3600 Männer aus Nordfriesland ihr Leben auf den Schlachtfeldern; das entspricht ungefähr vier Prozent der Gesamtbevölkerung. Schätzungsweise fast ein Drittel der mobilisierten Soldaten wurde verwundet.

Die Amrumer „Inselwache" hatte Zeit für den Sandburgenbau. Mit Muschelschalen steht geschrieben: „Für Kaiser und Vaterland – Hurra! Immer feste druff!"

Einer der vielen Gefallenen war Karl Mommens aus dem kleinen Dorf Ipernstedt, wenige Kilometer östlich von Husum. Gleich bei Kriegsbeginn wird der 26-jährige Bauer einberufen. „Es ist mir nicht leicht geworden, dem Ruf des Vaterlandes zu folgen, Frau, Eltern und Scholle zu verlassen. Doch ein Soldat muß zu jeder Zeit bereit sein, der Fahne, der er zugeschworen hat, zu folgen." Aus einem Brief der Mutter erfährt er von der Geburt seiner Tochter. „Ich möchte sie gern mal in meine Arme nehmen."

Die anfängliche Kriegsbegeisterung lässt schon bald erheblich nach. Als ihm ein Bild seines gefallenen Bruders Fritz geschickt wird, schreibt er am 15. Februar 1915: „Wie viele Menschen müssen ihr junges Leben auf fremder Erde lassen!" Zu Pfingsten 1915 und Ostern 1916 ist er auf Urlaub zu Haus. Er glaubt nicht mehr an einen baldigen Frieden. An der Front wird er als Krankenträger eingesetzt. „Ich bin manchmal von oben bis unten mit dem Blut meiner Kameraden bedeckt. Ich bin immer in täglicher Vorbereitung auf das, was wir nicht hoffen wollen, liebe Eltern, liebe Emma, macht Euch nicht so viele Sorgen, denn was unser Herrgott wohl für uns bestimmt hat, das kommt doch."

Dann bleibt seine Familie lange ohne Nachricht, schließlich erfährt sie, Karl liege im Lazarett in guter Pflege. Am 22. Mai 1916 hat ihn ein Granatsplitter an der Schläfe getroffen und dadurch „verlähmt". Er wird nach Zwickau verlegt. Dort besucht ihn zweimal seine Frau, das letzte Mal an seinem Todestag, dem 9. Juli 1916.

Aus einer Bredstedter Familie fielen vier Söhne. Ihr Bruder Carl Möller schrieb über sie: „Ludwig hinterließ Frau und Kind. Bahne hatte noch nicht einmal seine kleine Tochter gesehen, die als sein zweites Kind im Jahre 1917 ankam, und was sollte seine arme Witwe jetzt tun? Johannes hatte ein Mädchen, das um ihn weinte, und seine Eltern, denen er eine Stütze sein sollte in ihrem Alter. Der kleine Martin war ja noch ein halbes Kind, als ihn die Kugel traf, und seine Mutter hörte ihn oft weinen in ihren Träumen."

Zwei große Wandsprüche in der Aula des Husumer Gymnasiums umgaben den Kriegstod mit höheren Weihen. Der lateinische Spruch „*Dulce et decorum est pro patria mori*" lautet in deutscher Übersetzung: Süß und ehrenvoll ist es, fürs Vaterland zu sterben. Und ein griechischer Vers besagte: Wen die Götter lieben, der stirbt als Jüngling. Beide Sprüche wurden erst nach 1945 abgenommen. Schuldirektor Alfred Puls hatte Schüler und Lehrer bereits drei Monate vor Kriegsbeginn auf den Waffengang eingestimmt. Als das Gymnasium in einem Festakt am 11. Mai 1914 nach dem Husumer Reformator Hermann Tast benannt wurde, sprach er sich für eine Verschmelzung von antiker Kultur mit deutscher Eigenart aus. Wer so gebildet sei, werde auch sein Blut opfern, „wenn sein Kaiser ruft".

Im Jahre 1913 hatte man in Schwabstedt einen Gedenkstein für Kaiser Wilhelm II. gesetzt, der 25 Jahre im Frieden regiert habe. Der Stein wurde 1919 entfernt.

Quellen- und Literaturverzeichnis

Abkürzungen

JbNfI   Jahrbuch des Nordfriesischen Instituts
JbNfV   Jahrbuch des Nordfriesischen Vereins
           für Heimatkunde und Heimatliebe
NfJb   Nordfriesisches Jahrbuch, Neue Folge
QuFGSH   Quellen und Forschungen zur Ge-
           schichte Schleswig-Holsteins
SHBL   Schleswig-Holsteinisches Biographi-
           sches Lexikon bzw. Biographisches
           Lexikon für Schleswig-Holstein und
           Lübeck
SWSG   Studien zur Wirtschafts- und Sozialge-
           schichte Schleswig-Holsteins
ZEW   Zwischen Eider und Wiedau, Heimat
           kalender für Nordfriesland
ZSHG   Zeitschrift der Gesellschaft für Schles-
           wig-Holsteinische Geschichte

Allgemein

Beiträge zur historischen Statistik Schleswig-
    Holsteins. Hrsg. vom Statistischen Landes-
    amt, Kiel 1967.
Otto Brandt und Wilhelm Klüver: Geschichte
    Schleswig-Holsteins. Ein Grundriß, 8. Aufl.,
    Kiel 1981.
Christian Degn: Schleswig-Holstein, eine Landes-
    geschichte, Neumünster 1994.
Gerhard Paul, Uwe Danker und Peter Wulf (Hrsg.):
    Geschichtsumschlungen. Sozial- und kultur-
    geschichtliches Lesebuch 1848-1948, Bonn
    1996.
Historischer Atlas Schleswig-Holstein. Vom
    Mittelalter bis 1867, Neumünster 2004; 1867
    bis 1945, Neumünster 2001; Seit 1945, Neu-
    münster 1999.
Christian Jensen: Die Nordfriesischen Inseln Sylt,
    Föhr, Amrum, Helgoland und die Halligen,
    2. Aufl., Lübeck 1927.
Henry Koehn: Die Nordfriesischen Inseln, Ham-
    burg 1939.
Harry Kunz und Thomas Steensen: Sylt Lexikon,
    Neumünster 2002.
Ulrich Lange (Hrsg.): Geschichte Schleswig-Hol-
    steins. Von den Anfängen bis zur Gegenwart,
    2. Aufl., Neumünster 2003.
Klaus-Joachim Lorenzen-Schmidt und Ortwin Pelc
    (Hrsg.): Schleswig-Holstein Lexikon, Neu-
    münster 2000.
Nordfriesland. Porträt einer Landschaft. Hrsg.
    von der Stiftung Nordfriesland, Husum 1985.
Lorenz Conrad Peters (Hrsg.): Nordfriesland.
    Heimatbuch für die Kreise Husum und Süd-
    tondern, Husum 1929.
Lorenz Rerup: Slesvig og Holsten efter 1830
    (Danmarks Historie), København 1982.
Alexander Scharff und Manfred Jessen-Klingen-
    berg: Geschichte Schleswig-Holsteins. Ein
    Überblick, Freiburg 1991.
Thomas Steensen (Hrsg.): Das große Nordfries-
    land-Buch, Hamburg 2000.
Thomas Steensen: Geschichte Nordfrieslands in

der Neuzeit. In: Horst Haider Munske u. a.
    (Hrsg.): Handbuch des Friesischen. Hand-
    book of Frisian Studies, Tübingen 2001,
    S. 686-697.
Hans-Ulrich Wehler: Deutsche Gesellschaftsge-
    schichte, Bd. 1-4, München 1995-2003.
Jann Markus Witt und Heiko Vosgerau (Hrsg.):
    Schleswig-Holstein von den Ursprüngen bis
    zur Gegenwart, Hamburg 2002.

Bis zum Ende des dänischen Gesamtstaats (1800-1864)

Signale einer neuen Zeit

Hans Christian Andersen: Märchen meines Le-
    bens, Frankfurt/M. und Leipzig 2004.
Hans Christian Andersen: Die beiden Baroninnen,
    Cadolzburg 2005.
Hans Christian Andersen: Aus Andersens Tagebü-
    chern, 2 Bde., Frankfurt/M. 1980.
Walter Asmus / Andreas Kunz / Ingwer E. Momsen:
    Atlas zur Verkehrsgeschichte Schleswig-Hol-
    steins im 19. Jahrhundert, Neumünster 1995
    (SWSG, 25).
Adelbert Baudissin: Schleswig-Holstein. Meer-
    umschlungen. Kriegs- und Friedensbilder aus
    dem Jahre 1864. Neudruck, Kiel 1978.
Harald Behrend: Die Aufhebung der Feldgemein-
    schaften. Die große Agrarreform im Herzog-
    tum Schleswig 1768-1823, Neumünster 1964
    (QuFGSH, 46).
Johann Christoph Biernatzki: Die Halligen oder
    die Schiffbrüchigen auf dem Eiland, 2. Aufl.,
    Altona 1840.
Blick über Eiderstedt. Bd. 3, Beiträge zur Ge-
    schichte, Kultur und Natur einer Landschaft.
    Hrsg. vom Heimatbund Landschaft Eider-
    stedt, Husum 1991.
Robert Bohn und Sebastian Lehmann (Hrsg.):
    Strandungen – Havarien – Kaperungen.
    Beiträge zur Seefahrtsgeschichte Nordfries-
    lands, Amsterdam 2004.
Jens Booysen: Beschreibung der Insel Silt in ge-
    ographischer, statistischer und historischer
    Rücksicht, Schleswig 1828; Nachdruck:
    Schleswig 1976.
Jürgen Brockstedt (Hrsg.): Gewerbliche Ent-
    wicklung in Schleswig-Holstein, anderen
    norddeutschen Ländern und Dänemark
    von der Mitte des 18. Jahrhunderts bis zum
    Übergang ins Kaiserreich, Neumünster 1989
    (SWSG, 17).
Jürgen Brockstedt (Hrsg.): Wirtschaftliche Wech-
    sellagen in Schleswig-Holstein vom Mittel-
    alter bis zur Gegenwart, Neumünster 1991
    (SWSG, 20).
Jürgen Brockstedt: Husumer Eisenwerk. Mittel-
    ständisches Unternehmertum in einer Agrar-
    region 1852-1954, Husum 1987.
Carsten Erich Carstens: Die Stadt Tondern, Ton-
    dern 1861.
Hans F. K. von Colditz: Das Seebad auf Föhr in

der Westsee, Husum 1819.

P. W. Cornils: Die Communal-Verfassung in der Landschaft Eiderstedt, Heide 1841.

Denkmahl der Wasserfluth, welche im Februar 1825 die Westküste Jütlands und der Herzogthümer Schleswig und Holstein betroffen hat, Tondern 1825.

Gottlieb D. F. Eckhoff: Die Insel Föhr und ihr Seebad, Hamburg 1833.

Ernst Erichsen: Das Bettel- und Armenwesen in Schleswig-Holstein während der ersten Hälfte des 19. Jahrhunderts. In: ZSHG 79 (1955), S. 217-256 und 80 (1956), S. 93-148.

Nikolaus Falck: Handbuch des schleswig-holsteinischen Privatrechts, Bd. 1 und 2, Altona 1825 und 1831.

Fritz Joachim Falk: Föhrer Handelsfahrt um 1800, Bredstedt/Bräist 1987.

Fritz Joachim Falk: Mit der Fregatte „Grönland" ins Eismeer, Wyk/Föhr 1989.

Berend Harke Feddersen: Der Miniatur-Porträtist Hans Peter Feddersen der Ältere (1788-1860). Ein Wanderkünstler des Biedermeier in Schleswig-Holstein, Hamburg 1988.

Christian Feddersen: Bilder aus dem Jugendleben eines Nord-Friesischen Knaben. Nach der Ausgabe von 1853 transkribiert von Berend Harke Feddersen, Kleiseerkoog o. J. (1976).

Friedrich Feddersen: Beschreibung der Landschaft Eiderstedt, Altona 1853.

Hans Peter Feddersen: Hans Peter Feddersen der Ältere und sein Kriegs-Tagebuch 1813/14 („Das merkwürdigste Jahr meines Lebens"), Berlin 1913.

Ludwig Fischer: Das arme Haus. Notizen zu einem einzigartigen Baudenkmal. In: Der Maueranker 4/1987, S. 14-16.

Nicolai Haase: Das Aufkommen des gewerblichen Großbetriebes in Schleswig-Holstein (bis zum Jahre 1845), Kiel 1925 (QuFGSH, 11).

Fritz Hähnsen: Die Entwicklung des ländlichen Handwerks in Schleswig-Holstein, Leipzig 1923 (QuFGSH, 9).

Christian Peter Hansen: Das Schleswig'sche Wattenmeer und die friesischen Inseln, Glogau 1865.

Christian Peter Hansen: Die Friesen. Scenen aus dem Leben, den Kämpfen und Leiden der Friesen, besonders der Nordfriesen, 2. Aufl., Garding 1876.

Christian Peter Hansen: Chronik der Friesischen Uthlande, 2. Aufl., Garding 1877.

Georg Hanssen: Statistische Mittheilungen über nordfriesische Districte, Schleswig 1835.

Otto Hintze: Katharinenheerd im Kosakenwinter 1813/14, Garding 1931.

H. N. A. Jensen: Versuch einer kirchlichen Statistik des Herzogthums Schleswig, Flensburg 1840.

Johannes Jensen: Nordfriesland in den geistigen und politischen Strömungen des 19. Jahrhunderts (1797-1864), Neumünster 1961 (QuFGSH, 44); Nachdruck: Bräist/Bredstedt 1993.

Manfred Jessen-Klingenberg: Eiderstedt 1713-1864. Landschaft und Landesherrschaft in königlich-absolutistischer Zeit, Neumünster 1967 (QuFGSH, 53).

Werner Kambeck: Verkehr für Nordfriesland. I-VIII, Serie in 12 Teilen. In: Nordfriesland Nr. 12-18, 21-26, 28, 30, 35/36 (1969-1976).

Dieter Kienitz: Der Kosakenwinter in Schleswig-Holstein 1813/14, Heide 2000.

Olaf Klose und Christian Degn: Die Herzogtümer im Gesamtstaat 1721-1830, Neumünster 1960 (Geschichte Schleswig-Holsteins, VI).

J. G. Kohl: Die Marschen und Inseln der Herzogthümer Schleswig und Holstein, Bd. 1-3, Dresden und Leipzig 1846.

Gerd Kühnast: Der Chausseebau Husum-Tondern 1857-62. In: Der Maueranker 1/2004, S. 4-22.

(Christian Levsen:) Nachrichten über das Amt Bredstedt, Altona 1821; Nachdruck: Bräist/Bredstedt 1992.

Marlis Lippik: Die Entstehung des Sparkassenwesens in Schleswig-Holstein 1790-1864, Neumünster 1987 (SWSH 10).

Werner Mohrhenn: Helgoland zur Zeit der Kontinentalsperre, Berlin 1928.

Ingwer Ernst Momsen: Die Bevölkerung der Stadt Husum von 1769 bis 1860. Versuch einer historischen Sozialgeographie, Kiel 1969.

Theodor Mügge: Streifzüge in Schleswig-Holstein und im Norden der Elbe, Frankfurt/M. 1846.

Friedrich Müller und Otto Fischer: Das Wasserwesen an der schleswig-holsteinischen Nordseeküste. I. Die Halligen, II. Die Inseln, III. Das Festland, Berlin 1917, 1936 ff. und 1955.

O. C. Nerong: Die Insel Föhr, (Dollerup) 1903; Nachdruck: Leer 1980.

Friedrich Paulsen: Aus meinem Leben. Jugenderinnerungen, Jena 1909.

Egon Petersen und Hugo Hinrichsen: 300 Jahre Wyker Geschichte 1638-1938, Wyk 1938.

J. A. Petersen: Wanderungen durch die Herzogthümer Schleswig, Holstein und Lauenburg. Dritte Section: Nordfriesland, 2. Aufl., Altona 1844.

Marcus Petersen und Hans Rohde: Sturmflut. Die großen Fluten an den Küsten Schleswig-Holsteins und in der Elbe, 3. Aufl., Neumünster 1991.

Georg Quedens: Inseln der Seefahrer, Hamburg 1982.

Georg Quedens u. a.: Amrum. Landschaft – Geschichte – Natur, Amrum 1991.

Georg Quedens: Skap üüb strun – Schiff auf Strand! In: Thomas Steensen (Hrsg.): Das große Nordfriesland-Buch, Hamburg 2000, S. 190-195.

Ernst Reventlow-Farve und H. A. v. Warnstedt: Beiträge zur land- und forstwirthschaftlichen Statistik der Herzogthümer Schleswig und Holstein. Festgabe für die Mitglieder der XI. Versammlung deutscher Land- und Forstwirthe, Altona 1847.

Brar C. Roeloffs: Von der Seefahrt zur Landwirtschaft. Ein Beitrag zur Geschichte der Insel Föhr, Neumünster 1984.

Klaus Rybiczka: Tönning während der Blockade Anfang des vorigen Jahrhunderts. In: Mitteilungsblatt der Gesellschaft für Tönninger Stadtgeschichte, Nr. 13, 1994, S. 25-43.

Wilhelm Sager: Postgeschichte Schleswig-Holsteins, Heide 2002.

Saison am Strand. Badeleben an Nord- und Ostsee 200 Jahre, Herford 1986.

Heinz SANDELMANN: Recht und Gericht im Volksleben der Bökingharde vom 15. Jahrhundert bis zur Mitte des 19. Jahrhunderts, Bräist/Bredstedt 1994.

Johannes v. SCHRÖDER: Topographie des Herzogthums Schleswig, 2 Bde., Schleswig 1837; 2. Aufl., Oldenburg/Holstein 1854.

August SCHULZ: Unser Land am Anfang des 19. Jahrhunderts. In: Mitteilungen des Nordfriesischen Vereins für Heimatkunde und Heimatliebe 5 (1908/09), S. 69-76.

Kai Detlev SIEVERS: Leben in Armut. Zeugnisse der Armutskultur aus Lübeck und Schleswig-Holstein vom Mittelalter bis ins 20. Jahrhundert, Heide 1991.

Kai Detlev SIEVERS und Harm-Peer ZIMMERMANN: Das disziplinierte Elend. Zur Geschichte der sozialen Fürsorge in schleswig-holsteinischen Städten 1542-1914, Neumünster 1994.

Thomas STEENSEN (Hrsg.): Bredstedt. Stadt in der Mitte Nordfrieslands, Bräist/Bredstedt 2000.

Thomas STEENSEN (Hrsg.): Bredstedter Erinnerungen, Bräist/Bredstedt 2004 (darin die Erinnerungen von Johannes Claussen).

Kai H. THIELE: Empfindsame Reise. Die Fahrt des Dichters Hans Christian Andersen zur königlichen Sommerresidenz in Wyk auf Föhr im Sommer 1844, Flensburg 1975.

Jakob THOLUND: Wyk. Die Stadt auf der grünen Insel Föhr, St. Peter-Ording 1985.

J. P. TRAP: Statistisk-topographisk Beskrivelse af Hertugdømmet Slesvig, 3 Bde., Kjöbenhavn 1864; Nachdruck: København 1975.

(Friedrich Carl VOLCKMAR:) Versuch einer Beschreibung von Eiderstädt. In Briefen an einen Freund im Hollsteinischen, Garding/Hamburg 1795; Nachdruck: Husum 1976.

Harald VOIGT: Nordfriesische Seeleute in der Altonaer Grönlandfahrt von 1788 bis 1838. In: NfJb 22 (1986), S. 87-157.

Harald VOIGT: Die Nordfriesen auf den Hamburger Wal- und Robbenfängern 1669-1839, Neumünster 1987 (SWSG, 11).

Friedrich von WARNSTEDT: Die Insel Föhr und das Wilhelminen See-Bad 1824, Schleswig 1824; Nachdruck: Leer 1979.

Christiane WITTE: Tönning – erstes Seebad an der schleswig-holsteinischen Westküste? In: Mitteilungsblatt der Ges. für Tönninger Stadtgeschichte 14 (1995), S. 45-64.

Aufklärung und Liberalismus, Romantik und Nationalgefühl

Grundlegend: Johannes JENSEN: Nordfriesland in den geistigen und politischen Strömungen des 19. Jahrhunderts (1797-1864), Neumünster 1961 (QuFGSH, 44), Nachdruck: Bräist/Bredstedt 1993.

Hans BEYER: Nordfriesland und Eiderstedt im Kampf gegen die „Aufklärung". In: JbNfV 31 (1956), S. 93-118.

Jens BOOYSEN: Beschreibung der Insel Silt in geographischer, statistischer und historischer Rücksicht, Schleswig 1828; Nachdruck: Schleswig 1976.

Broder CHRISTENSEN: Hundert Jahre Bauerngeschichte des Kreises Husum, o.O. o.J.

Chronik Ockholm. Geschichte eines Nordfriesischen Dorfes, Ockholm 1997.

Niels Nicolaus FALCK 25.11.1784 - 11.5.1850. Ansprachen bei der Feier aus Anlaß seines 200. Geburtstages, Kiel 1985.

Berend Harke FEDDERSEN (Hrsg.): Materialien zur Geschichte der Familie Feddersen. Diverse Ausgaben.

Christian Peter HANSEN: Chronik der friesischen Uthlande, 2. Aufl., Garding 1877.

Nis Albrecht JOHANNSEN: Erinnerungen aus meinem Leben, Hüsem 1967.

Olaf KLOSE und Christian DEGN: Die Herzogtümer im Gesamtstaat 1721-1830, Neumünster 1960 (Geschichte Schleswig-Holsteins, 6).

J. G. KOHL: Die Marschen und Inseln der Herzogthümer Schleswig und Holstein, Bd. 1-3, Dresden und Leipzig 1846.

Franklin KOPITZSCH (Hrsg.): Erziehungs- und Bildungsgeschichte Schleswig-Holsteins von der Aufklärung bis zum Kaiserreich, Neumünster 1981 (SWSG, 2).

Franklin KOPITZSCH: Lesegesellschaften und Aufklärung in Schleswig-Holstein. In: ZSHG 108 (1983), S. 141-170.

Hartmut LEHMANN und Dieter LOHMEIER (Hrsg.): Aufklärung und Pietismus im dänischen Gesamtstaat 1770-1820, Neumünster 1983.

(Christian LEVSEN:) Nachrichten über das Amt Bredstedt, Altona 1821; Nachdruck: Bräist/Bredstedt 1992.

Marienkirche Husum 1833-1983, Husum 1983.

A. L. J. MICHELSEN: Nordfriesland im Mittelalter. Eine historische Skizze, Schleswig 1828.

Andreas Ludwig Jacob Michelsen (31. Mai 1801-11. Februar 1881). In: NfJb 38 (2002), S. 13-76.

Hans Momsen – der Landmann, Mechaniker und Mathematiker aus Fahretoft in Nordfriesland (1735-1811), Husum 1982.

Ingwer E. MOMSEN: Nikolaus Falck. In: ZEW 1984, S. 177-179; vgl. zu Falck auch ZSHG 111 (1986), S. 143-166.

Theodor MÜGGE: Streifzüge in Schleswig-Holstein und im Norden der Elbe, Frankfurt/M. 1846.

Fiete PINGEL und Thomas STEENSEN: „Auf freiem Grund mit freiem Volke stehn". Die nordfriesische Geschichte als Gegenstand von Mythen. In: Bea Lundt (Hrsg.): Nordlichter, Köln/Weimar/Wien 2004, S. 299-319.

Brar C. ROELOFFS: Von der Seefahrt zur Landwirtschaft. Ein Beitrag zur Geschichte der Insel Föhr, Neumünster 1984.

Alexander SCHARFF: Schleswig-Holstein und die Auflösung des dänischen Gesamtstaats, Neumünster 1975 und 1980 (Geschichte Schleswig-Holsteins, 7).

Schleswig-Holsteinische Kirchengeschichte, Bd. 5: Kirche im Umbruch, Neumünster 1989.

Christian M. SÖRENSEN: Abkehr vom Gesamtstaat – Erhebung gegen Dänemark (1813-1864). In: Geschichte Husums, Husum 2003, S. 127-153.

Thomas STEENSEN: Geschichte und Gegenwart der Husumer Nachrichten. Ein Blick auf die

Entwicklung der Presse in Nordfriesland. In:
Nordfriesland Nr. 79/80 (Dez. 1987) S. 73-80.
Thomas STEENSEN: Bredstedt und die Liedertafel
vor 150 Jahren. In: ZEW 1993, S. 34-49.
Jette D. SØLLINGE/Niels THOMSEN: De danske aviser
1634-1989, 3 Bde, Odense 1988-91.
Thyge THYSSEN: Bauer und Standesvertretung.
Werden und Wirken des Bauerntums in
Schleswig-Holstein seit der Agrarreform,
Neumünster 1958.
Henning UNVERHAU: Gesang, Feste und Politik.
Deutsche Liedertafeln, Sängerfeste, Volks-
feste und Festmähler und ihre Bedeutung
für das Entstehen eines nationalen und po-
litischen Bewußtseins in Schleswig-Holstein,
Frankfurt am Main 2000.
(Friedrich Carl VOLCKMAR:) Versuch einer Beschrei-
bung von Eiderstädt, Garding/Hamburg 1795;
Nachdruck: Husum 1976.
Peter VOLLRATH: Landwirtschaftliches Beratungs-
und Bildungswesen in Schleswig-Holstein
in der Zeit von 1750 bis 1850, Neumünster
1957 (QuFGSH, 35).
Friedrich von WARNSTEDT: Die Insel Föhr und das
Wilhelminen-Seebad, Schleswig 1824; Nachdruck: Leer 1979.
Georg Nikolaus WÜLFKE: Über die Sylter Land-
schaftsverfassung und ihre zeitgemäße
Verbesserung. Hrsg. von A. L. J. Michelsen,
Kiel 1831.
Zum 150. Jahrestag der schleswigschen Stän-
deversammlung. 11. April 1836 - Schleswig
- 11. April 1986, Husum 1986.

Uwe Jens Lornsen

Zusätzlich:
Karl Jansen: Uwe Jens LORNSEN, Kiel 1872.
Johannes JENSEN: Zwei „Sylter Riesen" im 19. Jahr-
hundert. Uwe Jens Lornsen und Schwen Hans
Jensen, Bräist/Bredstedt 1998 (Nordfriesische
Lebensläufe, 6).
Wilhelm JENSEN und Gottfried Ernst HOFFMANN
(Hrsg.): Uwe Jens Lornsens Briefe an seinen
Vater, Breslau 1930.
Uwe Jens Lornsen 1793-1838. Gedenkaus-
stellung zum 150. Todestag. Hrsg. von der
Söl'ring Foriining, Keitum 1988.
Uwe Jens LORNSEN: Ueber das Verfassungswerk
in Schleswigholstein, Kiel 1830; Nachdruck:
Schleswig 1980.
Uwe Jens LORNSEN: Die Unions-Verfassung Dä-
nemarks und Schleswigholsteins. Hrsg. von
Georg Beseler, Jena 1841.
Volquart PAULS (Hrsg.): Uwe Jens Lornsens Briefe
an Franz Hermann Hegewisch, Schleswig
1925.
Klauspeter REUMANN (Red.): Erinnerung und
Auseinandersetzung. Zum 150. Todestag
Uwe Jens Lornsens und zur 140. Wiederkehr
der schleswig-holsteinischen Erhebung im
Februar/März 1988, Eckernförde 1988.
Alexander SCHARFF (Hrsg.): Uwe Jens Lornsen –
Politische Briefe, Heide 1931.
Alexander SCHARFF in SHBL 1, S. 188-191.
Alexander SCHARFF: Uwe Jens Lornsen – der
Mensch und der Politiker. In: ZSHG 107
(1982), S. 113-138.

**Erster Ansatz zu einer
friesischen Bewegung**

Grundlegend: Johannes JENSEN: Nordfriesland in
den geistigen und politischen Strömungen
des 19. Jahrhunderts (1797-1864), Neumünster 1961 (QuFGSH, 44), Nachdruck: Bräist/
Bredstedt 1993.
Nils ÅRHAMMAR: Friesische Dialektologie. In: Germanische Dialektologie (Festschrift W. Mitz-
ka), I., Wiesbaden 1968, S. 264-317.
Nils ÅRHAMMAR: Historisch-soziolinguistische Aspekte der nordfriesischen Mehrsprachigkeit.
In: NfJb 12 (1976), S. 55-76.
Bende BENDSEN: Die nordfriesische Sprache nach
der Moringer Mundart, Leiden 1860.
Rudolf BÜLCK: „Lever duad üs Slav". Geschichte
eines politischen Schlagwortes. In: ZEW
1979, S. 163-193 (zuvor in: Jb. des Vereins für
niederdeutsche Sprachforschung 1951).
Knut Jungbohn CLEMENT: Die nordgermanische
Welt oder unsere geschichtlichen Anfänge.
Eine Einleitung zur Universalgeschichte, Ko-
penhagen 1840.
Knut Jungbohn CLEMENT: Lebens- und Leidensge-
schichte der Frisen, insbesondere der Frisen
nördlich von der Elbe, Kiel 1845; Nachdruck:
Leer 1980.
Christian FEDDERSEN: Fünf Worte an die Nordfrie-
sen, Husum 1845.
Christian FEDDERSEN: Bilder aus dem Jugendleben
eines Nord-Friesischen Knaben. Nach der
Ausgabe von 1853 transkribiert von Berend
Harke Feddersen, Kleiseerkoog o. J. (1976).
Tony FEITSMA und Ommo WILTS (Hrsg.): Bende
Bendsen (1787-1875). Grammatiker und Ma-
gnetiseur, Kiel/Amsterdam 1990.
Horst Joachim FRANK: Literatur in Schleswig-Hol-
stein. Bd. 2: 18. Jahrh., Neumünster 1998.
H(ans) HANSEN: Deutsche Volks- und Sängerfeste
in Schleswig-Holstein, Altona 1846.
Jap Peter HANSEN: Der Geitzhals auf der Insel Sylt,
Flensburg 1809.
Dietrich HOFMANN: „Der Sylter Petritag". Eine frie-
sische Komödie aus dem Ende des 18. Jahr-
hunderts. In: NfJb 1 (1965), S. 94-108.
Reimer Kay HOLANDER: Bredstedt im Jahrzehnt
1840-1850. Zur Geschichte und Funktion ei-
nes zentralen Ortes. In: Nordfriesland, Nr. 34
(Aug. 1975), S. 95-106.
Johannes JENSEN: „Was ist des Friesen Vaterland?"
Das erste „Volksfest der Nordfriesen" am
10. Juni 1844, Flensburg/Bredstedt 1994 (Bei-
trag aus Grenzfriedenshefte 3/1994).
J. G. KOHL: Die Marschen und Inseln der Her-
zogthümer Schleswig und Holstein, Bd. 1-3,
Dresden und Leipzig 1846.
P(aul) LORENTZEN: Geschichte des am
10. Juny 1844 in Bredstedt gefeierten Volks-
festes der Nord-Friesen, Husum 1844.
Horst Haider MUNSKE u. a. (Hrsg.): Handbuch des
Friesischen. Handbook of Frisian Studies,
Tübingen 2001.
Hans Christian NICKELSEN: Das Sprachbewußtsein
der Nordfriesen in der Zeit vom 16. bis ins
19. Jahrhundert, Bräist/Bredstedt 1982.
N(ikolaus) OUTZEN: Glossarium der friesischen
Sprache, besonders in nordfriesischer Mund-

art, Kopenhagen 1837.

Albert PANTEN: Wie der Grütztopf ins friesische Wappen kam. Zur Geschichte eines Symbols. In: Nordfriesland, Nr. 133 (April 2001), S. 10-17, und Nr. 134 (September 2001), S. 22-28.

Claas RIECKEN: Nordfriesische Sprachforschung im 19. Jahrhundert (1817-1890). Ein Beitrag zur Geschichte der Friesischen Philologie und der deutsch-dänisch-friesischen Nationalitätenfrage in Schleswig-Holstein, Bräist/Bredstedt 2000.

Jürgen ROHWEDER: Sprache und Nationalität. Nordschleswig und die Anfänge der dänischen Sprachpolitik in der ersten Hälfte des 19. Jahrhunderts, Glückstadt 1976.

Hermann SCHMIDT und Andreas REINHARDT (Hrsg.): C. P. Hansen. Der Chronist der Insel Sylt, Husum 1979.

Thomas STEENSEN: Änkelte „rüüdje trädje" önj e histoori foon e nordfrasch bewääging. In: NfJb 31 (1995), S. 53-64.

Thomas STEENSEN: Friesische Sprache und friesische Bewegung. Streifzüge durch die Geschichte Nordfrieslands, 3. Aufl., Husum 1996.

Thomas STEENSEN: Zwei Jahrhunderte nordfriesischer Literatur – ein kurzer Rück- und Ausblick. In: Zeitschrift für Kultur- und Bildungswissenschaften (Flensburger Universitätszeitschrift) 8 (1999), S. 121-127.

Manfred WEDEMEYER: C. P. Hansen – Der Lehrer von Sylt, Schleswig 1982.

Ommo WILTS: Die nordfriesische Literatur. In: Thomas Steensen (Hrsg.): Das große Nordfriesland-Buch, Hamburg 2000, S. 242-247.

Revolution, Reaktion, Kriege

Grundlegend: Johannes JENSEN: Nordfriesland in den geistigen und politischen Strömungen des 19. Jahrhunderts (1797-1864), Neumünster 1961 (QuFGSH, 44); Nachdruck: Bräist/Bredstedt 1993.

Jochen BRACKER: Die dänische Sprachpolitik 1850-1864 und die Bevölkerung Mittelschleswigs. In: ZSHG 97 (1972), S. 127-225, und 98 (1973), S. 87-213.

C(hristian) FEDDERSEN: Ein mahnendes, bittendes und ermunterndes Wort im Namen der Humanität und des Christenthums an alle Kämpfer für Schleswig-Holstein, 2. Aufl., Flensburg 1849.

Otto C. HAMMER: Vesterhavsøernes Forsvar i Aaret 1864, Kjøbenhavn 1865.

Christian Peter HANSEN: Chronik der Friesischen Uthlande, 2. Aufl., Garding 1877.

Joachim HINRICHSEN: Ein Föhrer blickt zurück. Lebenserinnerungen. Aufgezeichnet von Iver Nordentoft. Aus dem Dänischen übersetzt, neu herausgegeben und kommentiert von Volkert F. Faltings, Bräist/Bredstedt und Insel Amrum 1988 (Nordfriesische Lebensläufe, 1).

Holger HJELHOLT: Den danske Sprogordning og det danske Sprogstyre mellem Krigene (1850-1864), København 1923.

Holger HJELHOLT: A. Regenburg (1815-1895). En dansk embedsmand, Åbenrå 1978.

Johannes JENSEN: Pastor Hans Hansen in Viöl und

die politischen Ereignisse der Jahre 1845-1851. In: Jahrbuch für die Schleswigsche Geest 1955, S. 134-144.

Manfred JESSEN-KLINGENBERG: Eiderstedt 1713-1864, Neumünster 1967 (QuFGSH, 53).

(Christian JOHANSEN:) Die deutsche Kirchen- und Schulsprache. Ein theures Kleinod der Nordfriesen im Herzogthum Schleswig, Weimar 1862.

Georg KÖSTER: Chronik des Marktortes Leck, Leck 1990.

Karl MICHELSON: Friedrichstädter Einwohner im Jahre 1850, ihre Leiden, ihre Kriegsschäden und die Wiedergutmachung. In: 25. Mitteilungsblatt der Gesellschaft für Friedrichstädter Stadtgeschichte, 1984, S. 3-256.

Karl MICHELSON: Friedrichstadt zwischen dänischer und preußischer Herrschaft 1863-1867. In: 44. Mitteilungsblatt der Ges. für Friedrichstädter Stadtgeschichte, 1993, S. 8-135.

Ernst MÖLLER: Geschichte des Hermann-Tast-Gymnasiums in Husum, Husum 1927.

Johs. NIELSEN: 1864. Da Europa gik af lave, Odense 1987.

Asger NYHOLM: Nationale og religiøse brydninger i Tønder på sprogreskripternes tid, Åbenrå 1958.

Friedrich PAULSEN: Aus meinem Leben, Jena 1909.

L. S. RAVN: Lærerne under sprogreskripterne 1851-1864, Flensborg 1971.

Alexander SCHARFF: Wesen und Bedeutung der schleswig-holsteinischen Erhebung, Neumünster 1978.

Alexander SCHARFF: Die dänische Sprachpolitik in Mittelschleswig 1851-1864. In: ZSHG 91 (1966), S. 193-218.

Hans Schultz HANSEN: Danskheden i Sydslesvig 1840-1918 som folkelig og national bevægelse, Flensborg 1990.

Eberhardt SCHWALM: Volksbewaffnung 1848-1850 in Schleswig-Holstein, Neumünster 1961 (QuFGSH, 43).

Gertrud SCHWEIKHARDT: Wilhelm Beseler als Politiker, Kiel 1927 (QuFGSH, 12).

Christian M. SÖRENSEN: Abkehr vom Gesamtstaat – Erhebung gegen Dänemark (1813-1864). In: Geschichte Husums, Husum 2003, S. 127-152.

Thomas STEENSEN: Bredstedt im dänischen Gesamtstaat. In: Bredstedt. Stadt in der Mitte Nordfrieslands, Bredstedt 2000, S. 48-66.

Gerd STOLZ: Die „Eroberung" der nordfriesischen Inseln im Jahre 1864, Husum 1988.

Vor hundert Jahren: Dänemark und Deutschland 1864-1900. Gegner und Nachbarn, Kopenhagen/Aarhus/Kiel/Berlin 1981/82.

Harro Harring

Zusätzlich:

Christian DEGN: Harro Harring. Profil eines Januskopfes. In: Beiträge zur deutschen und nordischen Geschichte. Festschrift für Otto Scheel, Schleswig 1952, S. 121-165.

Walter GRAB: Harro Harring – Revolutionsdichter und Odysseus der Freiheit. In: Gert Mattenklott u. Klaus R. Scherpe (Hrsg.): Demokratisch-revolutionäre Literatur in Deutschland: Vormärz, Kronsberg/Ts. 1975, S. 9-84.

Walter GRAB in SHBL 5, S. 111-115.

Walter GRAB: Odysseus der Freiheit. Harro Harring – ein nordfriesischer Revolutionsdichter. In: Nordfriesland, Nr. 58-60 (Dez. 1981), S. 60-75.

Hans-Ulrich HAMER: Die schleswig-holsteinische Erhebung im Leben von Harro Harring, Heide 1998.

Harro HARRINGS erste Rede an die Nordfriesen. Über den Geist der Bewegung unserer Zeitepoche, Rendsburg 1848.

Johannes JENSEN: Harro Harring und Nordfriesland. In: Nordfriesland, Nr. 123 (Sept. 1998), S. 17-27.

Mitteilungen der Harro-Harring-Gesellschaft, Nr. 1 ff. (1982 ff.).

Ulrich SCHULTE-WÜLWER: „Für Freiheit, Gleichheit und Humanität". Harro Harring – ein Revolutionär als Maler. In: Nordelbingen 48 (1979), S. 81-111.

In Preußen und im deutschen Kaiserreich (1864-1918)

Nordfriesland wird preußisch

Ludwig ANDRESEN: Von der schleswigschen Amtsverwaltung zur preußischen Kreisverwaltung in Tondern. Festgabe Schifferer, Breslau 1931.

Carl BOYSEN: Ludwig Graf zu Reventlow. Ein Beitrag zur Geschichte der Jahre 1863-1866. In: ZSHG 61 (1933), S. 451-488.

Werner FRANZ: Einführung und erste Jahre der preußischen Verwaltung in Schleswig-Holstein. In: ZSHG 82 (1958), S. 163-215, und 83 (1959), S. 117-242.

Grundriß zur deutschen Verwaltungsgeschichte 1815-1945. Reihe A, Band 9: Schleswig-Holstein. Bearb. von Klaus Friedland und Kurt Jürgensen, Marburg 1977.

Oswald HAUSER: Provinz im Königreich Preußen, Neumünster 1966 (Geschichte Schleswig-Holsteins, VIII, 1).

Oswald HAUSER: Preußische Staatsräson und nationaler Gedanke, Neumünster 1960 (QuFGSH, 42).

Ein Föhrer blickt zurück. Joachim HINRICHSENS Lebenserinnerungen, Insel Amrum und Bredstedt 1988 (Nordfriesische Lebensläufe, 1).

Huldigungs-Adressen an Se. Hoheit Herzog Friedrich VIII. von Schleswig-Holstein aus dem Herzogthum Schleswig, Kiel 1864.

Aksel LASSEN: Valg mellem tysk og dansk. Hundrede års folkevilje i Sønderjylland, Åbenrå 1976.

Frithjof LÖDING: Theodor Storm und Klaus Groth in ihrem Verhältnis zur schleswig-holsteinischen Frage, Neumünster 1985 (QuFGSH, 84).

Karl MICHELSON: Friedrichstadt zwischen dänischer und preußischer Herrschaft 1863-1867. In: 44. Mitteilungsbl. d. Ges. für Friedrichstädter Stadtgeschichte, 1993, S. 8-135.

Jens Owe PETERSEN: Schleswig-Holstein 1864-1867. Preußen als Hoffnungsträger und „Totengräber" des Traums von einem selbständigen Schleswig-Holstein, Phil. Diss., Kiel 2000.

Provinzialhandbuch für Schleswig-Holstein und das Herzogthum Lauenburg, Kiel 1869, 1871, 1875.

Georg QUEDENS: Inseln der Seefahrer, Hamburg 1982.

Georg REINHARDT: Preußen im Spiegel der öffentlichen Meinung Schleswig-Holsteins 1866-1870, Neumünster 1954 (QuFGSH, 29).

Hans Schultz HANSEN: Danskheden i Sydslesvig 1840-1918 som folkelig og national bevægelse, Flensborg 1990.

Sieben Jahre auf Sylt. Tagebücher des Inselfriesen Christian Peter Hansen 1865-1871. Berichte im Altonaer Mercur 1865-1868. Herausgegeben und erläutert von Reinhard JANUS, Neumünster 1998 (QuFGSH, 109).

Thomas STEENSEN: Kleinstadt in Preußen – Husum 1864-1914. In: Geschichte Husums, Husum 2003, S. 153-186.

Thomas STEENSEN (Hrsg.): Bredstedter Erinnerungen. Streifzüge durch die Bredstedter Geschichte, 2, Bräist/Bredstedt 2004.

P. J. Meertens-Institut, Amsterdam (Brief C. P. Hansens an Johan Winkler); Hinweis von Prof. Nils Århammar).

Drei Kreise: Tondern, Husum und Eiderstedt Kreis- und Kommunalpolitik

Stephan GRIMM: Ludwig Freiherr von Richthofen. In: Heimatjahrbuch Kreis Gütersloh 2003, S. 99-103.

Otto HINTZE: Die Landräte des preußischen Kreises Eiderstedt, Garding 1932.

100 Jahre Kreise in Schleswig-Holstein. Hrsg. vom Schleswig-Holsteinischen Landkreistag, Neumünster 1967.

125 Jahre Kreise in Schleswig-Holstein, Neumünster 1992.

Manfred JESSEN-KLINGENBERG: Eiderstedt 1713-1864. Landschaft und Landesherrschaft in königlich-absolutistischer Zeit, Neumünster 1967 (QuFGSH, 53).

Moritz v. LAVERGNE-PEGUILHEN: Sozialpolitische Studien in Schleswig-Holstein. II. Die Landschaft Eiderstedt. In: Glasers Jahrbücher für Gesellschafts- und Staatswissenschaften, 1865.

Dieter LOHMEIER: Reventlow, Ludwig. In: SHBL 7, S. 238-240.

Henning OLDEKOP: Topographie des Herzogtums Schleswig, Kiel 1906; Neudruck: Kiel 1975.

Otto OTTSEN: Der Kreis Tondern, Tondern 1906.

Volquart PAULS: Die preußische Regierung und die Eiderstedter Privilegien (1867). In: Schleswig-Holsteinische Anzeigen 197 (1950), S. 125-133.

Provinzial-Handbuch für Schleswig-Holstein und das Herzogthum Lauenburg, Kiel 1868.

Provinzial-Handbuch für Schleswig-Holstein, 5. Jahrgang, Kiel 1891.

K. SÖNNICHSEN: Der Kreis Husum, Husum 1908.

Politik, Wahlen, Vereine

Arbeiter und Arbeiterbewegung in Schleswig-Holstein im 19. und 20. Jahrhundert. Hrsg. von Rainer PAETAU und Holger RÜDEL, Neumünster 1987 (SWSG, 13).

Michael AUGUSTIN und Friedrich JOHANNSEN: Vom Boßeln, Klootschießen und vom Bowlplaying, Sankt Peter-Ording 1978.

Chronik von Bordelum. Die Gemeinde Bordelum von 1867 bis 1945, Bordelum 1992.

Demokratische Geschichte. Jahrbuch zur Arbeiterbewegung und Demokratie in Schleswig-Holstein III (1988). Themenband: 125 Jahre sozialdemokratische Arbeiterbewegung in Schleswig-Holstein.

Dieter DOWE, Jürgen KOCKA und Heinrich August WINKLER (Hrsg.): Parteien im Wandel vom Kaiserreich zur Weimarer Republik, München 1999.

Gesellschaft für Tönninger Stadtgeschichte, mehrere Mitteilungsblätter, u. a. 3 (1983) und 5 (1985).

Erich HOFFMANN: Das Nationalitätenproblem in Schleswig 1867-1914, Neumünster 1995/96 (Geschichte Schleswig-Holsteins, 8.2.2).

125 Jahre Sozialdemokratie in Tönning. Hrsg. vom SPD-Ortsverein, Tönning 1996.

Georg KÖSTER: Chronik des Marktortes Leck, Leck 1990.

Wilhelm KOOPS: Südtondern in der Zeit der Weimarer Republik (1918-1933), Neumünster 1993 (QuFGSH, 101).

Reinhold LÜTGEMEIER-DAVIN: Lothar Schücking (1873-1943). Eine Biographie, Bremen 1998.

44. Mitteilungsblatt der Gesellschaft für Friedrichstädter Stadtgeschichte (1993).

Thomas NIPPERDEY: Deutsche Geschichte 1866-1918, 2 Bde., 2. Aufl., München 1991/93.

Franz OSTERROTH: 100 Jahre Sozialdemokratie in Schleswig-Holstein. Ein geschichtlicher Überblick, Kiel 1963.

Rainer PAETAU: Konfrontation oder Kooperation. Arbeiterbewegung und bürgerliche Gesellschaft im ländlichen Schleswig-Holstein und in der Industriestadt Kiel zwischen 1900 und 1925, Neumünster 1988 (SWSG, 14).

Provinzial-Handbuch für Schleswig-Holstein, 5. Jahrgang, Kiel 1891.

Heinz Volkmar REGLING: Die Anfänge des Sozialismus in Schleswig-Holstein, Neumünster 1965 (QuFGSH, 48).

Brar Volkert RIEWERTS: Mit Herz und frischer Brise. Hermann Neuton Paulsen und die Hallig Süderoog, Bräist/Bredstedt 1990.

Gerhard A. RITTER (und Merith NIEHUSS): Wahlgeschichtliches Arbeitsbuch. Materialien zur Statistik des Kaiserreichs 1871-1918, München 1980.

(Lothar SCHÜCKING:) Die Reaktion in der inneren Verwaltung Preußens. Von Bürgermeister X. Y. in Z., Berlin 1908.

Hans SCHULTZ HANSEN: Danskheden i Sydslesvig 1840-1918 som folkelig og national bevægelse, Flensborg 1990.

Kai Detlev SIEVERS: Sozialgeschichte Schleswig-Holsteins in der Kaiserzeit 1867-1914, Neumünster 1991 (Geschichte Schleswig-Holsteins, 8.2).

Christian M. SÖRENSEN: Politische Entwicklung und NSDAP-Aufstieg in den Kreisen Husum und Eiderstedt 1918-1933, Neumünster 1995 (QuFGSH, 104).

Statistik des Provinzial-Verbandes der freiwilligen Feuerwehren in der Provinz Schleswig-Holstein für die Jahre 1892 bis 1894, Neumünster 1895.

Thomas STEENSEN: Bredstedt in Preußen und im deutschen Kaiserreich. In: Bredstedt. Stadt in der Mitte Nordfrieslands, Bräist/Bredstedt 2000, S. 67-92.

Thomas STEENSEN: Kleinstadt in Preußen – Husum 1864-1914. In: Geschichte Husums, Husum 2003, S. 153-186.

Hans-Peter ULLMANN: Politik im Deutschen Kaiserreich 1871-1918, München 1999.

Die Vertretung der einzelnen Parteien in Schleswig-Holstein bei den Reichstagswahlen seit 1867. Zusammengestellt im Auftrage des Nationalliberalen Vereins in Kiel, Kiel 1912.

Hans-Ulrich WEHLER: Deutsche Gesellschaftsgeschichte. 3. Bd.: 1849-1914, München 1995.

Harm-Peer ZIMMERMANN: „Der feste Wall gegen die rote Flut". Kriegervereine in Schleswig-Holstein 1864-1914, Neumünster 1989.

Diverse Vereinsfestschriften und Zeitungsartikel.

Nordfrieslands Eintritt in die neue Zeit

Allgemein/Bevölkerungsentwicklung

Die Bevölkerung der Gemeinden in Schleswig-Holstein 1867-1970 (Historisches Gemeindeverzeichnis). Hrsg. vom Statistischen Landesamt Schleswig-Holstein, Kiel 1972.

Carl BOLTEN: Wirtschaftliche Entwicklung Nordfrieslands im 19. Jahrhundert. In: Schl.-Holst. Jahrbuch 1922, S. 59-68.

Ingwer E. MOMSEN (Hrsg.): Schleswig-Holsteins Weg in die Moderne. Zehn Jahre Arbeitskreis für Wirtschafts- und Sozialgeschichte Schleswig-Holsteins, Neumünster 1988.

Nis R. NISSEN: Kleine Geschichte Dithmarschens, 2. Aufl., Heide 1984.

Henning OLDEKOP: Topographie des Herzogtums Schleswig, Kiel 1906.

Provinzial-Handbuch für Schleswig-Holstein, Kiel 1891.

Willi SCHIDLOWSKI: Wirtschaft in Nordfriesland. Streifzüge durch die Geschichte Nordfrieslands, Husum 1990.

Ernst SCHLEE: Schleswig-Holsteins Eintritt in die neue Zeit. Bilderchronik 1864-1914, Neumünster 1964.

Schleswig-Holstein meerumschlungen in Wort und Bild, Kiel o. J. (1896).

Kai Detlev SIEVERS: Sozialgeschichte Schleswig-Holsteins in der Kaiserzeit 1867-1914, Neumünster 1991. (Geschichte Schleswig-Holsteins, 8.2)

Thomas STEENSEN: Bredstedt in Preußen und im deutschen Kaiserreich. In: Bredstedt. Stadt in der Mitte Nordfrieslands, Bräist/Bredstedt 2000, S. 67-92.

Thomas STEENSEN: Kleinstadt in Preußen – Husum

1864-1914. In: Geschichte Husums, Husum 2003, S. 153-186.

Hans-Ulrich WEHLER: Deutsche Gesellschaftsgeschichte. 3. Bd.: 1849-1914, München 1995.

Otto VON WOBESER: Statistik der Provinz Schleswig-Holstein im Rahmen des Deutschen Reiches und Preußens, Altona 1887.

Landwirtschaft:
Maschinen und Kunstdünger

Bohmstedter Chronik, Heft 2, Bräist/Bredstedt 1989.

Otto Friedrich DECKMANN: Die Mergelgenossenschaften in Schleswig-Holstein und Jütland, Diss., Kiel 1921.

Th. H. ENGELBRECHT: Bodenbau und Viehstand in Schleswig-Holstein nach den Ergebnissen der amtlichen Statistik, 2 Bände und Atlas, Kiel 1905-07.

Peter FEDDERSEN und Godber ANDRESEN: Aus dem Leben des Landarbeiters im vorigen Jahrhundert. In: JbNfV 33 (1960), S. 120-126.

Festschriften von Sparkassen und Banken, z. B. Raiffeisenbanken Süderlügum und Breklum.

Ludwig FISCHER u. a.: Westerhever – Ein Dorf an der Nordsee. Vergangenheit – Gegenwart – Zukunft, Westerhever 1994.

August GEERKENS: Die Schleswig-Holsteinische Bank und ihr Arbeitsfeld im Lichte geschichtlicher Entwicklung, Husum 1926.

Dietrich HILL: Der Zukunft verpflichtet. 100 Jahre Raiffeisenverband Schleswig-Holstein und Hamburg e.V. 1884-1984, Kiel 1983.

C. I. JESSEN: Die Urbarmachung der Tinningstedter Heide, o. O. 1912.

Friedrich MAGER: Entwicklungsgeschichte der Kulturlandschaft des Herzogtums Schleswig in historischer Zeit, 2. Band, Kiel 1937.

Heinrich MEHL, Meike ROOS, Guntram TURKOWSKI: Land- und Hauswirtschaft im alten Schleswig-Holstein. Arbeit der Bauern 1850-1950, Heide 2004.

Karl-Heinz MEYER: Der Husumer Viehmarkt. Eine Fotodokumentation der Erinnerung, Husum 1994.

Nis R. NISSEN: Landwirtschaft im Wandel. Natur und Technik einst und jetzt, Heide 1989.

Johannes SCHÄTZEL: Die Landwirtschaft. In: L. C. Peters (Hrsg.): Nordfriesland, Husum 1929, S. 603-644.

Hans SCHULTZ HANSEN: Det sønderjyske landbrugs historie 1830-1993, Aabenraa 1994.

Johann Wilhelm THOMSEN: Vom Hakenpflug zum Mähdrescher. Eine Fotochronik technischer Entwicklung in der Landwirtschaft, 2. Aufl., Heide 1984.

Thyge THYSSEN: Bauer und Standesvertretung. Werden und Wirken des Bauerntums in Schleswig-Holstein seit der Agrarreform, Neumünster 1958.

Rolf WIESE (Hrsg.): Im Märzen der Bauer. Landwirtschaft im Wandel, Hamburg 1993.

Altes und neues Handwerk,
Industrie, Handel

Gert Uwe DETLEFSEN: Krabben. Garnelen – Granate, Husum 1984.

Urs J. DIEDERICHS: Schleswig-Holsteins Weg ins Industriezeitalter, Hamburg 1986.

Ilse DREWS: Terrazzo in Schleswig-Holstein. In: Die Heimat 96 (1989), S. 134-142.

Berend Harke FEDDERSEN: Schleswig-Holsteinische Porträt-Miniaturen, Bredstedt 1986.

Festschriften der Volksbanken Bredstedt, Garding, Husum und Niebüll.

August GEERKENS: 50 Jahre Schleswig-Holsteinische Bank, Husum 1926.

Ernst GEORGE: Handel und Verkehr. In: L. C. Peters (Hrsg.): Nordfriesland, Husum 1929, S. 286-299.

Nicolai HAASE: Das Handwerk. In: L. C. Peters (Hrsg.): Nordfriesland, Husum 1929, S. 300-312.

Fritz HÄHNSEN: Die Entwicklung des ländlichen Handwerks in Schleswig-Holstein, Leipzig 1923 (QuFGSH, 9).

Dietrich HILL: Milch- und Meiereiwirtschaft in Schleswig-Holstein im Wandel der Zeit. In: ZSHG 108 (1983), S. 207-223.

100 Jahre Föhrer Bank 1892-1992, Heide 1992.

Wolfgang JONAS: Schiffbau in Nordfriesland. Holzschiffbau in Tönning. Stahlschiffbau in Husum, Husum 1990.

Otto KETTEMANN: Handwerk in Schleswig-Holstein. Geschichte und Dokumentation im Schleswig-Holsteinischen Landesmuseum, Neumünster 1987.

Gerd KÜHNAST: Terrazzo in Nordfriesland. In: Der Maueranker 4/1999, S. 21-24.

Leif HANSEN NIELSEN: Die Industrialisierung in der Provinz Schleswig-Holstein 1864-1914. In: Grenzfriedenshefte 3/2005, S. 185-194.

Hans PETERSEN: Geschichte der Mühlen zwischen Eider und Königsau, Neumünster 1988.

Georg PREISLER: 250 Jahre Tabakverarbeitung in Bredstedt. Die Geschichte der Firma B. Preisler. In: ZEW 1982, S.110-121.

Provinzial-Handbuch für Schleswig-Holstein, Kiel 1891.

Wolfgang SCHEFFLER: Mühlenkultur in Schleswig-Holstein. Die Mühlen des Kreises Eckernförde und Nordfrieslands, Neumünster 1982.

Anschluss an die „große Welt"

Walter ASMUS / Andreas KUNZ / Ingwer E. MOMSEN: Atlas zur Verkehrsgeschichte Schleswig-Holsteins im 19. Jahrhundert. Neumünster 1995 (SWSG, 25).

Hans BOCK: Die Marschbahn von Altona nach Westerland. Eine Fotochronik der Baugeschichte, Heide 1989.

Jürgen BROCKSTEDT (Hrsg.): Seefahrt an deutschen Küsten im Wandel 1815-1914, Neumünster 1993 (SWSG, 22).

Chronik Ockholm. Geschichte eines Nordfriesischen Dorfes, Ockholm 1997.

Chronikblätter aus Langenhorn, Heft 23, Langenhorn o. J. (ca. 1960).

Gert Uwe Detlefsen: 1885-1985. 100 Jahre Wyker Dampfschiffs-Reederei Föhr-Amrum GmbH, Wyk 1985.

Gert Uwe Detlefsen: Häfen – Werften – Schiffe. Chronik der Schiffahrt an der Westküste Schleswig-Holsteins, St. Peter-Ording 1987.

Gert Uwe Detlefsen: Unter Dampf und mit Motor nach Pellworm. Die Chronik der Neuen Pellwormer Dampfschiffahrts GmbH, Bad Segeberg 1991.

Geschichte der Gemeinde Löwenstedt, Manuskript von 1943, vervielfältigt 1962 und 1987.

Häfen der Provinz Schleswig-Holstein. In: Zeitschrift für Bauwesen 1893, S. 62-78.

Otto Hedrich: Die Entwicklung des schleswig-holsteinischen Eisenbahnwesens, Kiel/Altona 1915.

Uwe Iben: Der Husumer Hafen, Husum 2004.

Peter Jaeger: Postgeschichte Schleswig-Holsteins, Rendsburg 1970.

Werner Kambeck: Verkehr für Nordfriesland. I-VIII, Serie in 12 Teilen. In: Nordfriesland, Nr. 12-18, 21-26, 28, 30, 35/36 (1969-1976).

Karl-Heinz Meyer: Der Husumer Viehmarkt. Eine Fotodokumentation der Erinnerung, Husum 1994.

Frank Norbert Nagel: Die Entwicklung des Eisenbahnnetzes in Schleswig-Holstein und Hamburg unter besonderer Berücksichtigung der stillgelegten Strecken, Hamburg/Wiesbaden 1981.

Friedrich Paulsen: Aus meinem Leben. Jugenderinnerungen, Jena 1909.

Holger Piening: Der Viehexport von Tönning nach England. In: Blick über Eiderstedt, Bd. 3, Husum 1991, S. 58-68.

Georg Quedens: Die WDR – Brücke von Inseln und Halligen zum Festland. In: Nordfriesland, Nr. 100 (Dez. 1992), S. 10-14.

Georg Quedens: Inseln der Seefahrer. Sylt, Föhr, Amrum und die Halligen, Hamburg 1982.

Hans Wolfgang Rogl: Die Nordsee-Inselbahnen, Düsseldorf 1980.

Ins Rollen gebracht. Die Marschbahn von 1845 bis 1927, Heide 1990.

Wilhelm Sager: Postgeschichte Schleswig-Holsteins, Heide 2002.

Schiffahrt und Häfen im Bereich der Industrie- und Handelskammer zu Flensburg. Hrsg. von der IHK, Flensburg 1971.

Hans-Jürgen Stöver: Von der Inselbahn und den Bäderschiffen Sylts, Schleswig 1979.

Aufschwung im Fremdenverkehr

Bode: Fünfzig Jahre Christliches Seehospiz auf Amrum, Bethel 1940.

C. P. Hansen: Der Fremdenführer auf der Insel Sylt. Ein Wegweiser für Badende in Westerland, Mögeltondern 1859; Nachdruck: Leer 1980 und Schleswig 1980.

C. P. Hansen: Die nordfriesische Insel Sylt wie sie war und wie sie ist. Ein Handbuch für Badegäste und Reisende, Leipzig 1859; Nachdruck: Schaan/Liechtenstein 1982.

C. P. Hansen: Das Nordseebad Westerland auf Sylt und dessen Bewohner. Durchgesehen

und um eine Biographie C. P. Hansens vermehrt von Chr. Jensen, Garding o. J.

Johannes Jensen: Die Geschichte der Insel Amrum. In: Amrum. Geschichte und Gestalt einer Insel. Hrsg. von Margot und Nico Hansen, 2. Aufl., Münsterdorf 1969, S. 55-106.

Werner Klose (Red.): 100 Jahre Bad Sankt Peter-Ording. Vom Badekarren zur Badekur, Sankt Peter-Ording 1977.

Hans-Jürgen Krähe: Kronprinzessin Victoria malt auf Föhr. In: NfJb 37 (2001), S. 99-112.

Hans Oestreich: Der Fremdenverkehr auf der Insel Sylt, Bredstedt/Bräist 1976.

Thade Petersen: Rømø. En bidrag til øens historie og beskrivelse, Åbenrå 1979.

Georg Quedens: Das Seebad Amrum, Insel Amrum 1990.

Julius Rodenberg: Stilleben auf Sylt, 3. Aufl., Berlin 1876; Nachdruck: Leer 1979.

Gustav Ross: Das Nordseebad Westerland auf der Insel Silt. Eine vorläufige Ankündigung, Altona 1858 (Reprint: Wenningstedt 1992).

(Oscar-Louis) Scheby-Buch, Nordseebad Sanct-Peter u. Ording nebst Übersicht über die Wirkung und Gebrauchsweise der Nordseebäder, Garding 1895; Nachdruck: St. Peter-Ording 1982.

Ulrich Schulte-Wülwer: Sylt in der Malerei, Heide 1996.

Ulrich Schulte-Wülwer: Föhr, Amrum und die Halligen in der Kunst, Heide 2003.

Harald Voigt: 1436-1986. 550 Jahre Westerland-Wäästerlön', Westerland 1986.

Harald Voigt: Konjunkturen durch Fremdenverkehr an den schleswig-holsteinischen Küsten von den Anfängen im 19. Jahrhundert bis zum Ersten Weltkrieg. In: Jürgen Brockstedt (Hrsg.): Wirtschaftliche Wechsellagen in Schleswig-Holstein vom Mittelalter bis zur Gegenwart, Neumünster 1991 (SWSG 1991), S. 265-293.

Manfred Wedemeyer und Harald Voigt: Westerland. Bad und Stadt im Wandel der Zeit, Westerland 1980.

Westerland. 100 Jahre Stadt. 150 Jahre Bad, Westerland 2005.

Küstenschutz, Halligsicherung, Naturschutz

Ivo Gerds: Geschichte des Naturschutzes in Schleswig-Holstein. In: Naturschutz in Schleswig-Holstein. Ein Handbuch für Naturschutzpraxis und Unterricht, Neumünster 1988, S. 93-105.

Erika Grund: Dr. Eugen Träger, ein Vorkämpfer für die Erhaltung der Halligen. In: Westküste 2 (1940), S. 182-186.

Reimer Hansen: Eugen Traeger. Nekrolog. In: Die Heimat 12 (1902), S. 49-51.

100 Jahre Cecilienkoog 1905-2005. Hrsg. vom Sielverband Cecilienkoog, Bräist/Bredstedt 2005 (vgl. die Jubiläumsschrift von 1980).

100 Jahre Morsumkoog 1866-1966. Festschrift zum 100jährigen Bestehen, Nordstrand 1966.

Christian Jensen: Die Halligen. In: Daheim, 1896.

Johann Kramer und Hans Rohde (Bearb.): Historischer Küstenschutz. Deichbau. Inselschutz und Binnenentwässerung an Nord- und Ost-see, Stuttgart 1992.

Harry KUNZ und Albert PANTEN: Die Köge Nordfrieslands, 2. Aufl., Bräist/Bredstedt 1999.

Karl Ernst LAAGE: Theodor Storms Halligwelt und seine Novelle „Eine Halligfahrt", Heide 2004.

Klaus LENGSFELD (Hrsg.): Halligleben um 1900, Heide 1998.

Jens LORENZEN: Die Halligen in alten Abbildungen, Bräist/Bredstedt 1992.

Wilhelm MEISE (Hrsg.): Fünfzig Jahre Seevogelschutz. Festschrift des Vereins Jordsand zur Begründung von Vogelfreistätten an den deutschen Küsten, Hamburg 1957.

Friedrich MÜLLER: Das Wasserwesen an der schleswig-holsteinischen Nordseeküste. Insbesondere: Erster Teil: Die Halligen, Bd. I und II, Berlin 1917.

Marcus PETERSEN: Die Halligen. Küstenschutz – Sanierung – Naturschutz, Neumünster 1981.

Georg QUEDENS: Nationalpark Wattenmeer, 2. Aufl., Breklum 1992.

A. RENGER-PAETZSCH: Die Halligen, Berlin 1927.

Joachim ROHWEDER: Die Vögel Schleswig-Holsteins. Neu hrsg. und mit einem Nachwort versehen von Rolf K. Berndt, Husum 2005.

Ulrich SCHULTE-WÜLWER: Föhr, Amrum und die Halligen in der Kunst, Heide 2003.

Thomas STEENSEN: 100 Jahre Cecilienkoog. Festvortrag. In: ZEW 2006.

Eugen TRAEGER: Die Halligen der Nordsee, Stuttgart 1892.

Eugen TRAEGER: Die Rettung der Halligen und die Zukunft der schleswig-holsteinischen Nordseewatten, Stuttgart 1900.

Wilhelm WOLF: Joachim Rohweder. Ein Erinnerungskranz für den Husumer Heimatforscher. In: ZEW 1959, S. 26-29.

Gesellschaftliches Leben und Kultur im Kaiserreich

Adel und Militär, Bürger und Bauern, Arbeiter und Arme / Frauen

Arno BAMMÉ (Hrsg.): Margarete Böhme. Die Erfolgsschriftstellerin aus Husum, München/Wien 1994.

Arno BAMMÉ und Jürgen DIETRICH (Hrsg.): Friede H. Kraze. Von Husum nach Weimar – Leben und Werk, München/Wien 2000.

Monika HECKER: Frauenwege. Stadtrundgang durch Husum, Husum 1999.

Karl Ernst LAAGE: Theodor Storm und seine Vaterstadt. In: ders. (Hrsg.): Theodor Storm. Studien zu seinem Leben und Werk mit einem Handschriftenkatalog, 2. Aufl., Berlin 1988, S. 124-129.

Franziska zu REVENTLOW: Sämtliche Werke, Briefe und Tagebücher, 5 Bde., Oldenburg 2004.

Kai Detlev SIEVERS: Sozialgeschichte Schleswig-Holsteins in der Kaiserzeit 1867-1914, Neumünster 1991 (Geschichte Schleswig-Holsteins 8, Teil 2, Lieferung I).

Kai Detlev SIEVERS und Harm-Peer ZIMMERMANN: Das disziplinierte Elend. Zur Geschichte der sozialen Fürsorge in schleswig-holsteinischen Städten 1542-1914, Neumünster 1994.

Thomas STEENSEN: Bredstedt in Preußen und im deutschen Kaiserreich. In: Bredstedt. Stadt in der Mitte Nordfrieslands, Bräist/Bredstedt 2000, S. 67-92.

Thomas STEENSEN: Kleinstadt in Preußen – Husum 1864-1914. In: Geschichte Husums, Husum 2003, S. 153-186.

Hans-Ulrich WEHLER: Deutsche Gesellschaftsgeschichte. 3. Bd.: 1849-1914, München 1995.

Dörfer und Städte im Wandel

Hans-Günther ANDRESEN: Baupflege und Heimatschutz in Nordfriesland. Landschaftsgerechtes Bauen zwischen Reform und Tradition, Husum 1979.

Hans-Günther ANDRESEN: Bauen in Backstein. Schleswig-Holsteinische Heimatschutz-Architektur zwischen Tradition und Reform, Heide 1989.

Hans-Günther ANDRESEN: Heimatschutzarchitektur in Nordfriesland. In: Thomas Steensen (Hrsg.): Das große Nordfriesland-Buch, Hamburg 2000, S. 314-321.

Jürgen DIETRICH: 100 Jahre zentrale Wasserversorgung in Husum 1902-2002, Husum 2002.

Jürgen DIETRICH: 140 Jahre Gasversorgung in der Stadt Husum 1863-2003, Husum 2003.

Erika EIFLER/Ralf KESSENICH: Vergessene Häuser. Nebengebäude und Alltagskultur in Nordfriesland, Bräist/Bredstedt 1992.

Ludwig FISCHER u. a.: Westerhever – Ein Dorf an der Nordsee. Vergangenheit – Gegenwart – Zukunft, Westerhever 1994.

Konrad GRUNSKY: Das Ostenfelder Bauernhaus in Husum – 100. Geburtstag des ältesten deutschen Freilichtmuseums. In: ZEW 2000, S. 99-110.

Konrad GRUNSKY: Ostenfelder Bauernhaus. Deutschlands ältestes Freilichtmuseum in Husum, Husum 2005.

Nils HANSEN/Doris TILLMANN: Dorferneuerung um 1900, Heide 1990.

Nils HANSEN/Doris TILLMANN: Schleswig-Holsteinische Dörfer in der Kaiserzeit, Heide 1990.

50 Jahre Schleswag in Schleswig-Holstein, Rendsburg 1979.

Alfred KAMPHAUSEN: Bauernstuben von allen Kanten und Küsten Schleswig-Holsteins, Neumünster 1979.

Rolf KUSCHERT: „Baupflege Kreis Tondern". Landschaftsgebundenes Bauen im Kreis Tondern am Anfang unseres Jahrhunderts. In: Die Heimat 84 (1977), S. 524-262.

Jutta MÜLLER: Bauernstuben. Kunst und Kunstvolles aus dem Flensburger Museum. Informationsblatt, Flensburg 1990.

O. C. NERONG: Die Insel Föhr, Dollerup 1903; Nachdruck: Leer 1980.

Emil NOLDE: Das eigene Leben. Die Zeit der Jugend. 1867-1902, Flensburg 1949 (Erstveröffentlichung 1931).

(Lorenz Conrad) PETERS: Zur Geschichte des nordfriesischen Bauernhauses. In: Schl.-Holst. Jahrbuch 1922, S. 34-38.

Friedrich RIEWERTS: Ein nordfriesisches Heimat-Museum auf Sylt. In: JbNfV 5 (1908/09), S. 85-90, hier S. 85.

Heinrich Sauermann (1842-1904). Ein Flensburger Möbelfabrikant des Historismus. Begleitheft zur Ausstellung im Städtischen Museum, Flensburg 1979.

Thomas STEENSEN: Bredstedt in Preußen und im deutschen Kaiserreich. In: Bredstedt. Stadt in der Mitte Nordfrieslands, Bräist/Bredstedt 2000, S. 67-92.

Thomas STEENSEN: Kleinstadt in Preußen – Husum 1864-1914. In: Geschichte Husums, Husum 2003, S. 153-186.

Harald VOIGT: 1893-1993. 100 Jahre Elektrizität auf der Insel Sylt. Ein geschichtlicher Rückblick, Westerland 1993.

Soziale Fürsorge, Gesundheitswesen

Johannes FRERICH und Martin FREY: Handbuch der Geschichte der Sozialpolitik in Deutschland. Bd. I, 2. Aufl., München 1996.

75 Jahre Husumer Arbeiter-Bauverein. Kreisbau- und Spargenossenschaft, Husum 1969.

100 Jahre Krankenhaus Husum 1883-1983, Husum 1983.

100 Jahre Krankenhaus Föhr-Amrum 1893-1993, Wyk 1993.

Kai Detlev SIEVERS: Sozialgeschichte Schleswig-Holsteins in der Kaiserzeit 1867-1914, Neumünster 1991 (Geschichte Schleswig-Holsteins 8.2.1).

Kai Detlev SIEVERS und Harm-Peer ZIMMERMANN: Das disziplinierte Elend. Zur Geschichte der sozialen Fürsorge in schleswig-holsteinischen Städten 1542-1914, Neumünster 1994.

Sönke THOMSEN: Die Medizinalgeschichte der Stadt Husum bis zum Ausgang des 19. Jahrhunderts unter Einbeziehung medizinischer Themen im Werke Theodor Storms, Diss., Kiel 1985.

Harm-Peer ZIMMERMANN: Historische Anstrengungen gegen die Wohnungsnot. Armenwohnungen, Miet- und Heizkostenzuschüsse in Husum, Flensburg und anderen Schleswig-Holsteinischen Städten 1600-1914. In: Kieler Blätter zur Volkskunde 24 (1992), S. 113-134.

Harm-Peer ZIMMERMANN: Die Armen-Anstalten in der „Pracherstraße". Zum Auf- und Ausbau der kommunalen Sozialfürsorge in Husum zwischen 1761 und 1914. In: Beiträge zur Husumer Stadtgeschichte 5 (1994), S. 78-107.

Kultur, Büchereien, Schulen, Zeitungen

Bürgerschule Husum 125 Jahre. 1876-2001, Festschrift, Husum 2001.

Die Einweihung des neuen Schulgebäudes am 18. October 1867. In: Programm der Königlichen Gelehrtenschule zu Husum, Neue Folge IV, Husum 1868, S. 1-18.

Jürgen DIETRICH: Sophie Jacobsen – Höhere Bildung auch für Mädchen. In: Beiträge zur Husumer Stadtgeschichte 8 (2002), S. 82-100.

Hermann-Tast-Schule. Husumer Gelehrtenschule 1527-2002. Festschrift, Husum 2002.

100 Jahre Bücherei Husum. Hrsg. von der Büchereizentrale, Flensburg 1992.

100 Jahre (1893-1993) Landwirtschaftsschule und Wirtschaftsberatungsstelle Bredstedt, Bredstedt/Husum 1993.

Werner KLOSE und Jürgen-Erich KLOTZ: 125 Jahre Verlag H. Lühr & Dircks, Sankt Peter Ording 1981.

Karsten MEHNER: Die ländliche Fortbildungsschule in der Provinz Schleswig-Holstein 1875-1914, Neumünster 1989 (SWSG, 19).

Thomas STEENSEN: „In Land und Stadt das Heimatblatt". Zur Zeitungslandschaft in Schleswig-Holstein – insbesondere Nordfriesland – während der Weimarer Republik. In: Mare Balticum. Festschrift zum 65. Geb. von Erich Hoffmann, Sigmaringen 1992, S. 391-412.

Wolfgang WEIMAR: Geschichte des Gymnasiums in Schleswig-Holstein, Rendsburg o. J.

Religion

Frank BAJOHR: „Unser Hotel ist judenfrei". Bäder-Antisemitismus im 19. und 20. Jahrhundert, Frankfurt am Main 2003.

Bericht des Synodal-Ausschusses über die kirchlichen und sittlichen Zustände der Gemeinden, sowie über die Aeußerungen der freien christlichen Liebesthätigkeit in den Gemeinden der Propstei Süd-Tondern, Niebüll 1890 (sowie für weitere Jahre).

De Domo Nordstrandica. Festschrift zum 350-jährigen Bestehen der alt-katholischen Pfarrgemeinde Nordstrand (1654-2004). Hrsg. von der alt-katholischen Pfarrgemeinde Nordstrand, Nordstrand 2004.

Friedrich Wilhelm GRAF und Hans Martin MÜLLER: Der deutsche Protestantismus um 1900, Göttingen 1996.

Friedrich HAMMER: Verzeichnis der Pastorinnen und Pastoren der Schleswig-Holsteinischen Landeskirche 1864-1976, Neumünster o. J.

Kirche im Umbruch, Neumünster 1989 (Schleswig-Holsteinische Kirchengeschichte, 5).

J. M. MICHLER: Kirchliche Statistik der evangelisch-lutherischen Kirche der Provinz Schleswig-Holstein, 2 Bände, Kiel 1886/87.

Karl MICHELSON u. a.: Beiträge zur Geschichte der Juden in Friedrichstadt. In: Mitteilungsblätter der Gesellschaft für Friedrichstädter Stadtgeschichte, diverse Ausgaben.

Friedrich PAULSEN: Aus meinem Leben, Jena 1909.

Fiete PINGEL und Thomas STEENSEN: „Es gab einmal Juden in Nordfriesland." Jüdisches Leben und Antisemitismus in Friedrichstadt und im übrigen Nordfriesland. In: Gerhard Paul und Miriam Gillis-Carlebach (Hrsg.): Menora und Hakenkreuz, Neumünster 1998, S. 297-315.

Fiete PINGEL und Thomas STEENSEN (Hrsg.): Jüdisches Leben und Judenverfolgung in den Frieslanden, Bräist/Bredstedt 2001.

Manfred WEDEMEYER: „Nichtchristliche Gäste verbeten". In: Die Heimat 90 (1983), S. 9-12.

Zu neuen Ufern

Ursel ALANDER: Die Auswanderung von der Insel Föhr in den Jahren 1850 bis 1875. In: Friesisches Jahrbuch 1961, S. 244-262.

Andreas BRAUER: Studien zur Auswanderung von der Insel Föhr nach Nordamerika unter besonderer Berücksichtigung des Zielraums Kaliforniens. In: NfJb 15 (1979), S. 47-70.

Knut Jungbohn CLEMENT: Lebens- und Leidensgeschichte der Frisen, insbesondere der Frisen nördlich von der Eider, Kiel 1845, S. 139.

Gemeinde Westerhever (Hrsg.): Dorfgeschichte Westerhever, Westerhever 2004.

Louisa Christina HANSEN-ROLLFING: Lebenserinnerungen einer Auswanderin, Heide 1982.

Hinrich C. HINRICHSEN: Beiträge zur Auswanderung von Föhr und Amrum nach Amerika. In: Friesisches Jahrbuch 1961, S. 225-243.

Gerhard KORTUM: Sozialgeographische Aspekte der Auswanderung von den Nordfriesischen Inseln in die USA unter besonderer Berücksichtigung des Zielraumes New York. In: NfJb 13 (1977), S. 9-48.

Gerhard KORTUM: Untersuchungen zur Integration und Rückwanderung nordfriesischer Amerikaauswanderer. In: NfJb 14 (1978), S. 45-91.

Hans KRÜGER (Hrsg.): Amerika-Auswanderer von Föhr und Amrum. Bd. I. Lebenserinnerungen und Erzählungen, Wyk/Föhr 1988.

Jutta MATZ: Vom Umgang mit der „häßlichen Militärgeschichte". Zur Rückkehr von Amerikaauswanderern nach Schleswig-Holstein von der Reichsgründung zur Jahrhundertwende, Kiel 1997.

Frederik PAULSEN: Das neue Rom. Der Anteil der Friesen an der Entstehung New Yorks. In: Nordfriesland, Nr. 8 (Nov. 1968), S. 265-276.

Paul-Heinz PAUSEBACK: Der Aufbruch in eine „Neue Welt". Die Auswanderung aus den schleswig-holsteinischen Kreisen Husum, Eiderstedt und Tondern in die Vereinigten Staaten in königlich-preußischer Zeit (1867-1914), Bräist/Bredstedt 1995.

Paul-Heinz PAUSEBACK: Aufbruch und Hoffnung. Zur Geschichte der nordfriesischen Amerika-Auswanderung. In: Nordfriesland, Nr. 102 (Juni 1993), S. 21-24.

Paul-Heinz PAUSEBACK: Übersee-Auswanderer aus Schleswig-Holstein, Husum und Bredstedt 2000.

Paul-Heinz PAUSEBACK und Thomas STEENSEN (Hrsg.): AmeriFrisica – Übersee-Auswanderung aus den Frieslanden, Bräist/Bredstedt 1996.

Alwin PFLÜGER: Ein Amerika-Friese als Pionier in Kaliformen. In: Sylt 86, Rendsburg 1986, S. 12-15.

Georg QUEDENS: 100 Jahre Föhrer und Amrumer K.U.V. in New York. In: Amrum 1984. Jahreschronik einer Insel, Nebel/Amrum 1985, S. 70-78.

Joachim REPPMANN: „Freiheit, Bildung und Wohlstand für Alle!" Schleswig-holsteinische „Achtundvierziger" in den USA 1847-1860, Wyk/Föhr 1994.

Brigitta SEIDEL: Aufbruch. Pellwormer in der Fremde – Fremde auf Pellworm, Pellworm 1998.

Kai Detlev SIEVERS: Fünf Jahrhunderte Wanderungsbewegungen der Föhringer. In: Zeitschrift für Volkskunde 68 (1972), S. 213-235.

Kai Detlev SIEVERS: Schleswig-Holstein im Rahmen der deutschen Überseewanderung im 19. und 20. Jahrhundert. In: ZSHG 101 (1976), S. 285-307.

Kai Detlev SIEVERS (Hrsg.): Die deutsche und skandinavische Amerikaauswanderung im 19. und 20. Jahrhundert, Neumünster 1981 (SWSG, 3).

Kai Detlev SIEVERS: Auswanderung aus Nordfriesland im 19. und 20. Jahrhundert. In: Friesenkongreß auf Föhr, 12.-15. Mai 1988. Kongreßbericht, Bräist/Bredstedt 1989, S. 27-42.

Maike WIERZOWIECKI: Die Auswanderung aus Nordfriesland in die USA in den Jahren nach 1945, Flensburg 1997 (unveröffentlichte Examensarbeit).

Vom Tellerwäscher zum Millionär: Ludwig Nissen

Zusätzlich:

Bilder aus der Neuen und der Alten Welt. Die Sammlung des Diamantenhändlers Ludwig Nissen, Cismar/Husum 1993.

Klaus LENGSFELD: Ludwig Nissen. In: Paul-Heinz Pauseback: Übersee-Auswanderer, Husum und Bredstedt 2000, S. 184-187.

Peter NICOLAISEN: Zwischen der Neuen und der Alten Welt: Ludwig Nissen und die deutsch-amerikanischen Beziehungen am Anfang der Weimarer Republik. In: Nordfriesisches Jahrbuch 42 (2006/07), S. 73-90.

Pionier in Südwestafrika: Sönke Nissen

Gustav CLAUSEN: Über das Leben und Werk von Sönke Nissen. In: ZEW 1972, S. 104-112.

William GERBER: Sönke Nissen. Sein Leben und seine kulturellen Schöpfungen, Hamburg 1963/64 (vervielfältigtes Manuskript).

Olga LEVINSOHN: Diamonds in the Desert. The Story of August Stauch and his Times, Kapstadt 1983.

Dieter LOHMEIER in SHBL 10, S. 267-169.

Nis PAULSEN: Sönke-Nissen-Koog 1924-1974, Breklum 1974.

Kurt SCHULTE AM HÜLSE: 25 Jahre Sönke-Nissen-Koog, Husum/Sönke-Nissen-Koog 1948.

Von Breklum in die Welt: das Werk Christian Jensens

D. BRACKER (Hrsg.): Unter der Fahne des Kreuzes. 50 Jahre Schleswig-Holsteinische Mission, Breklum 1926.

Breklumer Chronik. Bd. 2: Kirche und Schule, Breklum 1990.

Hans DUNKER: Christian Jensen. Ein Mann für unsere Zeit, Breklum 1970.

Ernst EVERS: Christian Jensen, ein Lebensbild, 4. Aufl., Breklum 1924.

Karl HAUSCHILDT: Schleswig-Holsteins Beitrag zur Mission. Von der Breklumer Missionsgesellschaft zum Nordelbischen Missionszentrum. In: Jens Motschmann (Hrsg.): Kirche zwischen den Meeren, Heide 1981, S. 109-123.

Otto HEICK: Deutsche Pastoren aus dem Predigerseminaren des „Martineums" in Breklum und „Eben-Ezers" in Kropp, Breklum 1978.

Ernst HENSCHEN: 100 Jahre Mission unter der Losung: Jesus allein. Eine Breklumer Chronik, Breklum 1976.

Hauke Heuck: Der Apostel der Batak. Zum 150. Geburtstag von Ingwer Ludwig Nommensen. In: Nordfriesland, Nr. 69 (März 1984), S. 11-14.

Kirche im Umbruch, Neumünster 1989 (Schleswig-holsteinische Kirchengeschichte, Bd. 5).

Gustav Menzel: Ein Reiskorn auf der Straße. Ludwig I. Nommensen „Apostel der Batak", Wuppertal 1984.

Ernst Pohl: Aus den Anfängen der Breklumer Mission, 6. Aufl., Breklum 1966.

Martin Pörksen: Die Weite eines engen Pietisten, Breklum 1956.

Martin Pörksen: Pastoren für Amerika. Aus der Geschichte des Breklumer Martineums, Breklum 1980.

Hartmut Schmidt: Kirche in Bewegung. Das Verhältnis von „äußerer" und „innerer" Mission bei Wilhelm Löhe und Christian Jensen. Diss., Heidelberg 1977.

Hartmut Schmidt (Hrsg.): Christian Jensen. Die Geschichte seiner Breklumer Gründungen, 4 Bände, Ammersbek bei Hamburg bzw. Aachen 1998-2001.

Johann Schmidt in SHBL 1, S. 163 f.

Klaus Sensche: Christian Jensen und die Breklumer Mission. Der missionstheologische Ansatz Christian Jensens und seine Verwirklichung in der Breklumer Missionsgeschichte, Bräist/Bredstedt 1976.

Helmut Sethe: Wirken in die Weite. Pastor Christian Jensen und die Breklumer Mission. In: Nordfriesland, Nr. 4 (Mai 1967), S. 12-23.

Johannes Warneck: D. Ludwig I. Nommensen. Ein Lebensbild, 4. Aufl., Wuppertal 1934.

Dietrich Werner: Christian Jensens Breklumer Mission. Erinnerungen – Stationen – Denkanstöße. In: Nordfriesland, Nr. 149 (März 2005), S. 11-19.

Die friesische Bewegung in preußisch-deutscher Zeit

Thomas Steensen: Die friesische Bewegung in Nordfriesland im 19. und 20. Jahrhundert (1879-1945), Neumünster 1986 (QuFGSH, 89 und 90)

und die dort genannte Literatur; seitdem u. a. erschienen:

Dieter Lohmeier: Nordfriesland in der Literatur. In: Thomas Steensen (Hrsg.): Das große Nordfriesland-Buch, Hamburg 2000, S. 256-267.

Horst Haider Munske u. a. (Hrsg.): Handbuch des Friesischen. Handbook of Frisian Studies, Tübingen 2001.

Claas Riecken: Nordfriesische Sprachforschung im 19. Jahrhundert (1817-1890). Ein Beitrag zur Geschichte der Friesischen Philologie und der deutsch-dänisch-friesischen Nationalitätenfrage in Schleswig-Holstein, Bräist/Bredstedt 2000.

Thomas Steensen: Friesischer Schulunterricht in Nordfriesland im 20. und 21. Jahrhundert. In: NfJb 38 (2002), S. 77-119.

Thomas Steensen: 100 Jahre Nordfriesischer Verein. Vortrag am 31. Mai 2002 im Rittersaal des Schlosses vor Husum. In: Nordfriesland Nr. 138 (Juni 2002), S. 10-18 (auch als Sonderveröffentlichung des Nordfriesischen Vereins).

Thomas Steensen: 100 Jahre Nordfriesische Jahrbücher – ein Überblick. In: NfJb 41 (2005), S. 7-19.

Ommo Wilts: Die nordfriesische Literatur. In: Thomas Steensen (Hrsg.): Das große Nordfriesland-Buch, Hamburg 2000, S. 242-247.

Nordfriesen in Kunst, Kultur und Wissenschaft

Theodor Storm

Georg Bollenbeck: Theodor Storm. Eine Biographie, Frankfurt/M. 1988.

Gerd Eversberg: Storm-Haus. Storm-Museum. Storm-Archiv, Braunschweig 1992.

David A. Jackson: Theodor Storm. Dichter und demokratischer Humanist, Berlin 2001.

Johannes Jensen: Nordfriesland in den geistigen und politischen Strömungen des 19. Jahrhunderts (1797-1864), Neumünster 1961 (Nachdruck: Bräist/Bredstedt 1993).

Karl Ernst Laage in SHBL 1, S. 265-269.

Karl Ernst Laage (Hrsg.): Theodor Storms Welt in Bildern. Eine Bildbiographie, Heide 1987.

Karl Ernst Laage: Theodor Storm in Husum und Nordfriesland. Ein Führer durch die Stormstätten, 2. Aufl., Heide 1988.

Karl Ernst Laage: Theodor Storm. Leben und Werk, 6. Aufl., Husum 1993.

Karl Ernst Laage: Theodor Storms Dichter-Welt, Heide 1995.

Karl Ernst Laage: Theodor Storm. Biographie, Heide 1999.

Frithjof Löding: Theodor Storm und Klaus Groth in ihrem Verhältnis zur schleswig-holsteinischen Frage, Neumünster 1985 (QuFGSH, 84).

Dieter Lohmeier: Theodor Storm und die Politik. In: Brian Coghlan und Karl Ernst Laage (Hrsg.): Theodor Storm und das 19. Jahrhundert, Berlin 1989, S. 26-40.

Heiner Mückenberger: Theodor Storm – Dichter und Richter. Eine rechtsgeschichtliche Lebensbeschreibung, Baden-Baden 2001.

Schriften der Theodor-Storm-Gesellschaft, Nr. ff. (1952 ff.).

Thomas Steensen: Theodor Storm als demokratischer Humanist. In: MUT 434 (Oktober 2003), S. 68-73.

Theodor Storm: Sämtliche Werke. Hrsg. von Karl Ernst Laage und Dieter Lohmeier, 4 Bände, Frankfurt/Main 1987/88.

Theodor Mommsen

Horst Braunert in SHBL 4, S. 154-159.

Carl Gehrke: Theodor Mommsen als schleswig-holsteinischer Publizist, Breslau 1927.

Alfred Heuss: Theodor Mommsen und das 19. Jahrhundert, Kiel 1956.

Gangolf Hübinger: Theodor Mommsen und das Kaiserreich, Friedrichsruh 2003.

Peter Köpf: Die Mommsens. Von 1848 bis heute – die Geschichte einer Familie ist die Geschichte der Deutschen, Leipzig 2004.

Karsten KRIEGER (Hrsg.): Der „Berliner Antisemitismusstreit" 1879-1881. Eine Kontroverse um die Zugehörigkeit der deutschen Juden zur Nation. Kommentierte Quellenedition, 2 Teile, München 2003.

Adelheid MOMMSEN: Mein Vater. Erinnerungen an Theodor Mommsen, München 1992 (Erstveröffentlichung 1936).

Stefan REBENICH: Theodor Mommsen. Eine Biographie, München 2002.

Von Seebüll bis nach Berlin. Gardings Ehrenbürger Theodor Mommsen. Herkunft – Leben – Leistung, St. Peter-Ording 2003.

Dieter STAACKEN: Theodor Mommsen, der große Sohn der Stadt Garding, Faltblatt, 2. Aufl., Garding 2003.

Thomas STEENSEN: Bemerkungen zu Theodor Mommsen. In: ZEW 2004, S. 80-88.

Dieter TIMPE: Theodor Mommsen. Zur 80. Wiederkehr der Verleihung des Nobelpreises. In: Nordfriesland, Nr. 70 (Juni 1984), S. 50-58.

Sönnich VOLQUARDSEN: Theodor Mommsen und Nordfriesland. In: ZEW 1989, S. 148-172.

Lothar WICKERT: Theodor Mommsen. Eine Biographie. Bd. I: Lehrjahre 1817-1844, Frankfurt/M. 1959; Bd. II: Wanderjahre. Frankreich und Italien, Frankfurt/M. 1964; Bd. III: Wanderjahre. Leipzig – Zürich – Breslau – Berlin, Frankfurt/M. 1969; Bd. IV: Größe und Grenzen, Frankfurt/M. 1980.

Josef WIESEHÖFER (Hrsg.): Theodor Mommsen: Gelehrter, Politiker und Literat, Stuttgart 2005.

Friedrich Paulsen

Fritz BLÄTTNER in SHBL 1, S. 215-217.

Chronikblätter aus Langenhorn, Hefte 9, 11, 12, 13 und 16; bearb. von Johann Friedrichsen.

Johannes JENSEN: Ein Philosoph und Pädagoge aus Nordfriesland. Zum 150. Geburtstag von Friedrich Paulsen. In: Nordfriesland, Nr. 115 (Sept. 1996), S. 7-18.

Reinhard KRÄNSEL: Die Pädagogik Friedrich Paulsens, 2 Bde., Bredstedt/Bräist 1973.

Friedrich PAULSEN: Die nordschleswigsche Angelegenheit und der Fall Delbrück. In: Deutsches Wochenblatt, XII. Jg., Nr. 2, 13.1.1899.

Friedrich PAULSEN: Aus meinem Leben. Vollständige Ausgabe. Herausgegeben von Dieter Lohmeier und Thomas Steensen, Bräist/Bredstedt 2008.

Friedrich PAULSEN: Gesammelte Pädagogische Abhandlungen. Hrsg. und eingeleitet von Eduard Spranger, Stuttgart/Berlin 1912 (mit Bibliographie der Schriften Paulsens).

Friedrich PAULSEN: Ausgewählte pädagogische Abhandlungen. Besorgt von Clemens Menze, Paderborn 1960.

Johannes SPECK: Friedrich Paulsen. Sein Leben und sein Werk, Langensalza 1926.

Edgar WEISS: Friedrich Paulsen und seine volksmonarchistische-organizistische Pädagogik im zeitgenössischen Kontext, Frankfurt am Main 1999; dazu die Besprechung in: NfJb 40 (2004), S. 130-134.

Ferdinand Tönnies

Jendris ALWAST in SHBL 6, S. 279-284.

Dieter ANDRESEN: Philosophia Frisionum. Philosophische Existenz im Briefwechsel Ferdinand Tönnies' und Friedrich Paulsens 1876-1908. In: Vor hundert Jahren: Dänemark und Deutschland 1864-1900, Kopenhagen usw. 1981/82.

Arno BAMMÉ (Hrsg.): Ferdinand Tönnies. Soziologe aus Oldenswort, München/Wien 1991.

Uwe CARSTENS: Ferdinand Tönnies. Friese und Weltbürger. Eine Biografie, Kiel 2005.

Lars CLAUSEN u. a. (Hrsg.): Tönnies heute. Zur Aktualität von Ferdinand Tönnies, Kiel 1985.

Rolf FECHNER (Hrsg.): Der Dichter und der Soziologe. Zum Verhältnis zwischen Theodor Storm und Ferdinand Tönnies, Hamburg 1985.

Eduard Georg JACOBY: Die moderne Gesellschaft im sozialwissenschaftlichen Denken von Ferdinand Tönnies, Stuttgart 1971.

Rainer POLLEY (Hrsg.): Ferdinand Tönnies – Lebenserinnerungen aus dem Jahre 1935 an Kindheit, Schulzeit, Studium und erste Dozententätigkeit (1855-1894). In: ZSHG 105 (1980), S. 187-227.

Ferdinand TÖNNIES: Gemeinschaft und Gesellschaft. Grundbegriffe der reinen Soziologie. Neudruck der 8. Aufl. von 1935, 3. Aufl., Darmstadt 1991.

Ferdinand TÖNNIES: Zur Verfassungsgeschichte Nordfrieslands. In: Nordfriesland, Nr. 54/55 (Oktober 1980), S. 72-81; vgl. Nordfriesland, Nr. 66 (Juni 1983), S. 32.

Ferdinand TÖNNIES: Gesamtausgabe. Geplant: 24 Bände, Berlin und New York seit 1998.

Ferdinand TÖNNIES/Friedrich PAULSEN: Briefwechsel 1876-1908. Hrsg. von Olaf Klose, E. G. Jacoby, Irma Fischer, Kiel 1961.

Emil Nolde

Werner HAFTMANN: Emil Nolde, 8. Aufl., Köln 1988.

Emil Hansen aus Nolde, der Maler aus dem schleswigschen Grenzland, eine Gestalt zwischen Deutschland und Dänemark, Flensburg 1974.

Monika HECKER: Ein Leben an der Grenze. Emil Nolde und die NSDAP. In: Nordfriesland, Nr. 110 (Juni 1995), S. 9-15.

Emil NOLDE: Das eigene Leben (1867-1902), Berlin 1931; 2. erw. Aufl., Flensburg 1949; 8. Aufl., Köln 2002.

– Jahre der Kämpfe (1902-1914), Berlin 1934; 2. von Nolde überarb. Aufl., Flensburg 1958; 7. Aufl., Köln 2002.

– Welt und Heimat (1913-1918), Köln 1965; 4. Aufl., Köln 2002.

– Reisen – Ächtung – Befreiung (1919-1946), Köln 1967; 6. Aufl., Köln 2002.

– Mein Leben (gekürzte, in einem Band zusammengefasste Ausgabe der vierbändigen Selbstbiographie), Köln 1976; 11. Aufl., Köln 2000.

Tilman OSTERWOLD und Thomas KNUBBEN (Hrsg.): Emil Nolde. „Ungemalte Bilder". Aquarelle 1938 bis 1945 aus der Sammlung der Nolde

Stiftung Seebüll, Ostfildern-Ruit 1999.
Brigitte REINHARD mit Tilman OSTERWOLD (Hrsg.): Emil Nolde – Blickkontakte. Frühe Porträts, Ostfildern-Ruit 2005.
Manfred REUTHER: Das Frühwerk Emil Noldes. Vom Kunstgewerbler zum Künstler, Köln 1985.
Max SAUERLANDT: Emil Nolde, München 1921.
Martin URBAN: Emil Nolde – Landschaften. Aquarelle und Zeichnungen, Köln 1968; Neuauflage 2002.
Sönnich VOLQUARDSEN: Emil Nolde und Westschleswig. In: Schriften der Heimatkundlichen Arbeitsgemeinschaft für Nordschleswig 60 (1989), S. 7-77.

Weitere Künstler

Beiträge im SHBL.
Dorothee BIESKE: Hans Peter Feddersen. Ein Maler zwischen Tradition und Moderne, Heide 1998.
Charlotte CHRISTENSEN: Porträtist im Goldalter der dänischen Malerei. Christian Albrecht Jensen (1792-1870). In: Nordfriesland, Nr. 100 (Dez. 1992), S. 36-40.
Berend Harke FEDDERSEN: Schleswig-Holsteinisches Künstler-Lexikon, Bredstedt 1984.
Hans Peter Feddersen, ein Maler in Schleswig-Holstein. Mit einem Fotobericht aus der Heimat des Malers von Karin SZÉKESSY, Kiel 1979.
Konrad GRUNSKY-PEPER, Klaus LENGSFELD, Ernst SCHLEE: Gemaltes Nordfriesland. Carl Ludwig Jessen und seine Bilder, Husum 1983.
Uwe HAUPENTHAL (Hrsg.): Nord-Kunst. Schleswig-Holstein im 20. Jahrhundert, Neumünster 2003.
Lilli MARTIUS: Schleswig-holsteinische Malerei im 19. Jahrhundert, Neumünster 1956.
Ernst SCHLEE: Christian Carl Magnussen. Ein Künstlerschicksal aus der Kaiserzeit, Husum 1991.
Ulrich SCHULTE-WÜLWER: Schleswig-Holstein in der Malerei des 19. Jahrhunderts, Heide 1980.
Ulrich SCHULTE-WÜLWER: Richard von Hagn. Ein Malerleben zwischen Husum und Dresden, Husum 1983.
Ulrich SCHULTE-WÜLWER: Sylt in der Malerei, Heide 1996.
Ulrich SCHULTE-WÜLWER: Föhr, Amrum und die Halligen in der Kunst, Heide 2003.
Sigurd SCHULZ: C. A. Jensen. 2 Bde, København 1932.
Cornelius STECKNER (Hrsg.): Der Bildhauer Adolf Brütt. Schleswig-Holstein – Berlin – Weimar. Autobiographie und Werkverzeichnis, Heide 1989.

Schriftstellerinnen in und aus Nordfriesland

Beiträge im SHBL.
Arno BAMMÉ (Hrsg.): Ingeborg Andresen. Die Eiderstedter Dramatikerin und Novellistin, München und Wien 1993.
Arno BAMMÉ (Hrsg.): Margarete Böhme. Die Erfolgsschriftstellerin aus Husum, München und Wien 1994.

Arno BAMMÉ (Hrsg.): Marie Burmester. Eine christliche Erzählerin nordfriesischer Familiengeschichten, München und Wien 1996.
Arno BAMMÉ (Hrsg.): K. v. d. Eider. Die Erzählerin eiderstedtischer Dorfgeschichten, München und Wien 1997.
Arno BAMMÉ (Hrsg.): Thusnelda Kühl. Die Dichterin der Marschen, München und Wien 1992.
Arno BAMMÉ (Hrsg.): Elfriede Rotermund. Die Halligdichterin, München und Wien 1994.
Arno BAMMÉ (Hrsg.): Meta Schoepp. Helgoland, die Marine und das Leben, München und Wien 2001.
Arno BAMMÉ: Schreibende Frauen im Nordfriesland der Jahrhundertwende. In: NfJb 40 (2004), S. 51-76.
Arno BAMMÉ u. a. (Hrsg.): Zu früh zum Aufbruch? Schriftstellerinnen im Nordfriesland der Jahrhundertwende, Bräist/Bredstedt 1996.
Arno BAMMÉ und Jürgen DIETRICH (Hrsg.): Friede H. Kraze. Von Husum nach Weimar – Leben und Werk, München und Wien 2000.
Richard FABER: Franziska zu Reventlow und die Schwabinger Gegenkultur, Köln/Weimar/Wien 1993.
Brigitta KUBITSCHEK: Franziska Gräfin zu Reventlow. Leben und Werk, München und Wien 1998.
Franziska ZU REVENTLOW: Sämtliche Werke, Briefe und Tagebücher, 5 Bde., Oldenburg 2004.
Johanna SEEGERS (Hrsg.): Franziska zu Reventlow. Rezeptionsdokumente aus über 100 Jahren, Oldenburg 2005.
Jakob THOLUND: Vom Schatz der Lieder. Stine Andresen – eine Dichterin von Föhr, Husum 1991.
Jakob THOLUND: Eilunsfresken – Inselfriesen, Bräist/Bredstedt 1995 (Nordfriesische Lebensläufe, 4).
Manfred WEDEMEYER (Hrsg.): Margarete Boie. Die Dichterin der Insel Sylt, München und Wien 1997.

Helgoland

Beiträge zur Geschichte der Insel Helgoland. Aus den Handschriften zusammengestellt von Erwin WEBER. 3 Bde., Cuxhaven 1985/86.
Andreas BIRKEN: Der Helgoland-Sansibar-Vertrag von 1890. In: Internationales Jahrbuch für Geschichts- und Geographieunterricht 15 (1974), S. 194-204.
Claude FRÖHLE und Hans-Jürgen KÜHN: Hochseefestung Helgoland. Eine militärgeschichtliche Entdeckungsreise, 2 Bde., Herbolzheim 1998 und 1999.
Heinrich GÄTKE: Die Vogelwarte Helgoland, Braunschweig 1891.
Helgoland 1890-1990. 100 Jahre deutsch. Festschrift. Im Auftrage der Gemeinde Helgoland hrsg. von H. P. RICKMERS und H. HUSTER, Otterndorf/Helgoland 1990.
Helgoland und die Helgolander. Memorabilien des alten Helgolander Schiffscapitains Hans Frank Heikens. Hrsg. von Adolf STAHR, Oldenburg 1844 (Nachdruck: Leer 1976).
Michael HERMS: Flaggenwechsel auf Helgoland. Der Kampf um einen militärischen Vorposten

in der Nordsee. Unter Mitarbeit von Eckhard Wallmann, Berlin 2002.

Jürgen KLIMPEL: Die neuzeitliche Entwicklung der Inselgemeinde Helgoland unter besonderer Berücksichtigung des Fremdenverkehrs, Konstanz 1965.

Paul KUCKUCK: Der Nordseelotse. Lehrreiches und lustiges Vademekum für Helgoländer Badegäste und Besucher der Nordsee, Hamburg 1908.

Herbert KUKE: Kurs Helgoland. Eine Geschichte des Seebades, des Seebäderdienstes und der Seebäderschiffe seit 1829, Oldenburg/Hamburg 1974.

Emil LINDEMANN: Das deutsche Helgoland, Berlin-Charlottenburg 1913.

Adolf LIPSIUS: Helgoland. Beschreibung der Insel und des Badelebens, Leipzig 1892 (Nachdruck: Leer 1977).

Werner MOHRHENN: Helgoland zur Zeit der Kontinentalsperre, Berlin 1928 (Nachdruck: Helgoland 1985).

Friedrich OETKER: Helgoland. Schilderungen und Erörterungen, Berlin 1855 (Nachdruck: Bremen 1975).

Lorenz PETERSEN: Zur Geschichte der Verfassung und Verwaltung auf Helgoland. In: ZSHG 67 (1939), S. 29-190.

Henry Peter RICKMERS (Hrsg.): Helgoland. Naturdenkmal der Nordsee. Deutsche Schicksalsinsel, Hamburg 1980.

Henry Peter RICKMERS, Carl RÖPER und Herbert HUSTER: Helgoland. Schicksal einer Heimat, Otterndorf/Helgoland 1986.

Henry Peter RICKMERS und Frank WOOSNAM: Helgoland – eine Insel auf dem Wege nach Europa, Otterndorf 1992.

Arno SCHREIBER-LOETZENBURG: Helgoland und seine Verwaltung seit 1890, Berlin 1927.

Heino SCHRÖDER: 75 Jahre Deutsches Helgoland. Die Verwaltung Helgolands in Vergangenheit und Gegenwart. In: Deutsches Verwaltungsblatt, 1. Juli 1965, S. 403-504.

Benno Eide SIEBS und Erich WOHLENBERG: Helgoland und die Helgoländer, Kiel 1953.

Thomas STEENSEN: Die friesische Bewegung in Nordfriesland im 19. und 20. Jahrhundert (1879-1945), Neumünster 1986 (QuFGSH, 89 und 90).

Thomas STEENSEN: Helgoland – eine friesische Insel im Weltmeer. In: MUT, Nr. 424, Dezember 2002, S. 16-22.

Gottfried VAUK: Geschichte der Vogelwarte und der Vogelforschung auf der Insel Helgoland, Otterndorf 1977.

Eckhard WALLMANN (Hrsg.): Heinrich Heine auf Helgoland. Briefe, Berichte und Bilder aus den ersten Jahren des Seebads Helgoland, Helgoland 1997.

Petra WERNER: Die Gründung der Königlichen Biologischen Anstalt auf Helgoland und ihre Geschichte bis 1945. In: Helgoländer Meeresuntersuchungen 47 (1993), S. 1-182.

Ludolf WIENBARG: Tagebuch von Helgoland, Hamburg 1838 (Nachdruck: Frankfurt/Main 1973).

Wilhelm II.: Ereignisse und Gestalten aus den Jahren 1878-1918, Leipzig/Berlin 1922.

Nordfriesland im Ersten Weltkrieg

Beiträge zur Geschichte der Insel Helgoland. IV. Teil: 1890-1933, Helgoland 1998.

Chronik des Kirchspiels und des Dorfes Enge, Enge-Sande 1997.

Chronik Ockholm. Geschichte eines Nordfriesischen Dorfes, Ockholm 1997.

Hans J. GLÄSER: Zeppeline in Tondern. In: Deutscher Volkskalender für Nordschleswig 1976, S. 90-98.

Hans J. GLÄSER: Zeppelinere i Tønder. In: Sønderjysk Månedsskrift 7/8, 1991, S. 211-220.

Michael HERMS: Flaggenwechsel auf Helgoland. Der Kampf um einen militärischen Vorposten in der Nordsee. Unter Mitarbeit von Eckhard Wallmann, Berlin 2002.

Wilhelm KOOPS: Südtondern in der Zeit der Weimarer Republik, Neumünster 1993 (QuFGSH, 101).

Hans MEYER: Schwabstedt. 5000 Jahre Schwabstedter Geschichte, Schwabstedt 1968.

Sven SIMON (Hrsg.): Sylt. Abenteuer einer Insel, Hamburg 1980.

Christian M. SÖRENSEN: Husum – eine politisierte Provinzstadt (1914-1949). In: Geschichte Husums, Husum 2003, S. 187-238.

Thomas STEENSEN: Erster Weltkrieg. In: Bredstedt. Stadt in der Mitte Nordfrieslands, Bräist/Bredstedt 2000, S. 89-92.

Gerd THIESSEN: Ipernstedt – eine Dorfchronik, 2. Aufl., Ipernstedt 1992.

Jakob THOLUND: Eilunsfresken – Inselfriesen, Bräist/Bredstedt 1995; darin das Kapitel über Namine Witt, S. 37-44.

Jens TÖWE: Die Unvergessenen von Dörpum. In: ZEW 1978, S. 134-146.

Harald VOIGT: Die Festung Sylt. Geschichte und Entwicklung der Insel Sylt unter militärischem Einfluss 1894-1945, Bräist/Bredstedt 1992.

Sönnich VOLQUARDSEN: „Matuska Rasseja" än e Wiringhiird. „Mütterchen Rußland" und de Wiedingharde. In: ZEW 1990, S. 52-71.

Gerhard VÖLZ: Luftfahrt zwischen Nord- und Ostsee, Neumünster 1975.

Manfred WEDEMEYER und Harald VOIGT: Westerland. Bad und Stadt im Wandel der Zeit, Westerland 1980.

Hans-Ulrich WEHLER: Deutsche Gesellschaftsgeschichte. 4. Band: Vom Beginn des Ersten Weltkriegs bis zur Gründung der beiden deutschen Staaten 1914-1949, München 2003.

Diverse Zeitungsberichte.

Die Zahlenangabe zu den Gefallenen beruht auf einer Umfrage bei Ämtern und Kirchengemeinden.

Bildnachweis

Altonaer Museum 33
AG Ortschronik St. Peter-Ording 118 o.
Sammlung Nils Århammar 194, 204 u.
Arkivet ved Dansk Centralbibliotek for Sydslesvig, Flensburg 17, 21, 22 u., 24, 33 u., 53 o., 56, 83 u., 88/89, 92, 93, 103, 104 u., 105, 113 u., 116 o., 123 o., 133 o., 134 o., 135, 145, 146, 148, 156 u., 170 o., 185, 198 u.
Auswanderer-Archiv Nordfriesland (Nordfriisk Instituut) 161 o., 161 m., 162, 164
Breklumer Mission 167, 168 o.
Ulf Dahl 156 o.
Sammlung Jürgen Dietrich 95, 152 u.
Dorfarchiv Risum-Lindholm 102 u., 114 o.
Sammlung Jacob Peter Eggers, Osterhever 111 o.
Sammlung Volkert F. Faltings 38 o., 90 l. u.
Erben Hans Peter Feddersen 157
Dr. Carl-Haberlin-Friesenmuseum, Wyk auf Föhr 8
Gesellschaft für Tönninger Stadtgeschichte 90 r., 153 o., 153 m.
Sammlung Photo Hansen, Niebüll 86 o., 121, 154 o.
Kreisarchiv Nordfriesland (Stadtarchiv Husum) 23 o., 27, 43 l., 43 r.m., 75, 83 o., 87, 88 l. u., 99 u., 112, 113 o.l., 120, 122, 136 o., 153 u., 197
Sammlung Gerd Kühnast 116 u.
Kunsthalle zu Kiel 189
Lokalhistorisk Arkiv for Tønder Kommune 91 o.
Museumsberg Flensburg 141
NordseeMuseum Ludwig Nissen-Haus 73, 138 u., 165, 187
(Sammlung) Nordfriisk Instituut 9, 10, 11, 15, 16 u., 18, 19 o., 22 o., 23 u., 25, 28, 29, 31, 32, 35, 37, 38, 39, 41, 43 r.o., 44, 45 u., 46 o., 47, 53, 55, 57, 59 u., 60 l., 62 u., 65 u., 68 o., 71, 76, 77, 78, 79, 80 u., 81, 82 u., 83 m., 84, 86 u., 88 l. o., 89 u., 90 r.o., 91 u., 96, 100, 101, 102 o., 104 o., 106, 108, 109, 110, 111 u., 113 o.r., 114 u., 115, 118 m., 118 u., 119 m., 124, 126, 127, 128 o., 131, 132 u., 133 u., 137, 138 o., 139, 140 o., 142, 149, 150, 151, 154 u,. 155 u., 158, 159, 160, 163, 166, 173, 180 u., 182, 183, 184, 188, 190, 191, 192, 193, 195, 196, 200 u., 201 u., 202, 203, 205. Genauere Angaben finden sich zum Teil im Bildnachweis der „Geschichte Nordfrieslands" (2. Auflage), S. 258/259.
Sammlung Carl Paulsen, Leck 119 o.
(Sammlung) Georg Quedens 13, 40, 61, 85, 123 u., 129, 134 u., 140 u., 161 u., 206
Schleswig-Holsteinische Landesbibliothek, Kiel 48, 49, 67, 80 o., 201
Stadtarchiv Friedrichstadt 55, 69, 119 u.
(Sammlung) Thomas Steensen (Nordfriisk Instituut) 19 u., 42, 43 r.u., 45 o., 46 u., 52 o., 58, 59 o., 60 r., 63, 64, 65 o., 66, 70, 86 u., 90, 98, 99 u., 107, 143, 144, 152 u., 169, 170 m., 170 u., 171 o., 172, 174, 175, 176, 177, 198 o.
Stiftung Seebüll Ada und Emil Nolde, Neukirchen 186
Sammlung Hans-Jürgen Stöver, Wenningstedt 35
Theodor-Storm-Gesellschaft, Husum 16 o., 90 l.o., 178, 179, 180 o.
Sylter Archiv 6, 36, 50, 51, 52 u., 53 u., 54, 62 o., 128 u., 130, 132 o., 152 o., 171 u, 199
Verein für Bredstedter Geschichte und Stadtbildpflege 20, 30, 82 o., 97, 99 o., 117, 147, 155 o.
Vereinigte Evangelische Mission, Wuppertal 168 u.
Sammlung Harald Voigt 200 o., 204 o.
Sönnich Volquardsen, Tetenbüll 136 u.
Wyker Dampfschiffs-Reederei 125
Nicht in allen Fällen konnten die Inhaber der Bildrechte zweifelsfrei ermittelt werden. Wir bitten gegebenenfalls um Mitteilung.

Geschichte Nordfrieslands

Neuausgabe

Herausgegeben vom Nordfriisk Instituut
in Zusammenarbeit mit der Stiftung Nordfriesland

Teil 1:
Albert Bantelmann
Nordfriesland in vorgeschichtlicher Zeit
Durchgesehen und ergänzt von Martin Segschneider
80 Seiten

Teil 2:
Albert Panten
Die Nordfriesen im Mittelalter
80 Seiten

Teil 3:
Rolf Kuschert
Nordfriesland in der frühen Neuzeit
Neu bearbeitet von Martin Rheinheimer,
Fiete Pingel und Thomas Steensen
176 Seiten

Teil 4:
Thomas Steensen
Im Zeichen einer neuen Zeit
Nordfriesland 1800 bis 1918
224 Seiten

Teil 5:
Thomas Steensen
Geschichte Nordfrieslands
von 1918 bis in die Gegenwart
224 Seiten

Teil 6:
Fiete Pingel und Thomas Steensen
Geschichte Nordfrieslands
Zeittafel – Literaturverzeichnis – Register
112 Seiten